U0165952

楊維哲教授的數學講堂

人人是資優生，
人人可以是資優生
數學要讀向前，
不是溫故知新

基礎坐標幾何

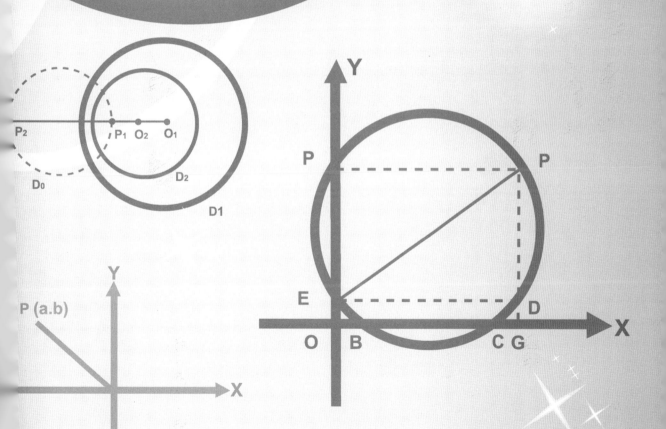

資優專家台大 楊維哲 教授為中學生編寫的數學專書

PREFACE

[序]

　　這是我的濱江序列第二冊，雖然時間上是第四。前此已有了代數、整數論與平面幾何。但是，對於許多初中資優生，這本書是代數之外的第二本必讀。

　　我曾經在三民書局出過一本給初中生的解析幾何。我想這本書與那一本書相當不同，所以不算是冗餘。而且出現在這個系列，也算是很有道理的。

　　本書的第1章，解說一些幾何概念，一共只13頁，與那本幾何導介，也談不上重複！這一章需要操作。尤其是許多作圖題，必須在操作之後才有清楚的概念。

　　整本書大概分成四部分。第1-4章是第一部分，介紹坐標法；第5-10章是第二部分，介紹線形幾何中的坐標法；第11-14章是第三部分，介紹圓（與一點點錐線）中的簡單坐標法；第15-18章是第四部分，介紹簡單的一點點三角法（與指數函數）。

　　我的態度總是看似矛盾的混合：有些摩登又有些古板。我常常回想起小時候學習時的情景，如果我覺得一種講法雖然常被認為太高深，但我當時並不覺得如此，我就不遲疑地採用這種講法！（故第15-18章都是一以貫之的！）第10和第13章，是有趣的『日本算額』集例，也可看出本書有些特色吧！題目來自D.Pedoe與深川英俊的名著，我衷心感謝！我費心地選擇，並且要以初中資優生的角度解決！（還要自己畫圖，不可侵犯版權！）

　　好像范際平沒有寫過『大學先修解析幾何學』，我也沒有找過哪些參考讀物。所以就少了對於前輩們的謝辭。（除了Pedoe－深川。）

那麼，我最感謝的是我的這些小朋友（『小孫子們』）：陳品衣、林沂萱、林于涓、陳炫豪、劉立、余睿洋。

有些題目，我說：「只要脾氣好！」但講的時候不一定真的有信心！

而你們真的脾氣那麼好！跟我的脾氣一樣好！比我的脾氣更好！「終於算出來了！」你們給我很大的快樂：證明了我果然是很優秀的教師。

楊維哲

［開場白］

1. 以下所說「幾何」，都是平面幾何！所有談到的東西：「點」、「曲線」，都在一個固定的平面上！

2. 幾何中的「圖形」都是由「點」構成的，所以幾何圖形都是「點的集合」：一直線 ℓ，就是這直線上的點全體所成的集合；一圓 C，就是這圓上的點全體所成的集合，依此類推。初等的平面幾何學，主要就是討論用圓弧和線段去湊成的圖形。

3. 平面幾何學，結晶在 Euclid（歐幾里德）的幾何原本中，這是個古老而且極美麗的理論，已有兩千多年的歷史！而且：歐氏幾何是人類文明的最佳代表！

   但是我們只能講「一點點」。（大多訴諸於人類的經驗直覺！）

4. 從十七世紀以後，笛卡爾（等人）又發現一種新方法來研究幾何學，這就是「坐標（系的辦）法」。坐標幾何法通常是很方便容易：它「把代數用到幾何來」！這主要用到「解方程式」的工具。

   我們大概只能解：「聯立一次（不要太多元的！）方程式」，以及一元二次方程式，而且又不能使用「三角函數」，因此，對於「圓」，也只能做簡單的計算！

5. 我們不會有太繁複的計算，但是：我們不要怕計算！

   以下列出的這些近似值，應該背起來！

$$\sqrt{2}\approx1.414\,;\ \sqrt{3}\approx1.732\,;\ \sqrt{5}\approx2.236$$

- 幾何必備的工具是：圓規、直尺。

  【規矩】「以公輸班之巧，不以規矩，則：作圖就免談了！」

  「矩」是直尺，用以畫直線。「規」是圓規，用以畫圓。

- 坐標幾何必備有方格紙。

- 三角板與量角器只是一種方便而已，不是完全必要。

CONTENTS

[目録]

4 CHAPTER

坐標法的初等概念　　37

5 CHAPTER

一次函數與直線　　45

6 CHAPTER

垂　線　　61

CONTENTS C
目錄

基礎坐標幾何

算術代數與幾何   (171)

複數的介紹   (189)

三角學的介紹   (209)

基礎坐標幾何

CHAPTER 1
［簡單幾何概念］

1.1 直　線

【線段，半線，直線】

兩個不同的點 A, B 就可以畫出一條線段，這條線段就記做 $\overline{AB}$，而 A, B，就是其端點。

只要記得一個要領：「這兩點 A, B，要盡量離得遠！」（這樣可以減少誤差！）概念上我們可以將線段向兩方無限延伸，而得到一條直線，就記做 $\overleftrightarrow{AB}$，那麼它的兩端都無限！

當然我們也可以只在一邊無限延伸，這就得到一條半線，就記做 $\overrightarrow{AB}$，只有一個有限的端點 A，另一端無限。

要知道：我們畫在紙上的東西，永遠是有限的！但我們卻可以想像無限的直線或半線！

註 「$\overline{AB}$ 的長度」應該記做 $|\overline{AB}|$。習慣上我們也就單用 $\overline{AB}$ 表示這個線段的長度！當然這就是 A, B 兩點的距離 $d(A, B)=\overline{AB}$！（$d=$ distance，距離。）

過平面上不同的兩點 A, B，就恰好可以畫一條直線。

【三角形】

如果三點 A, B, C 不在一條線上，那麼，兩兩畫出線段，就圍得一個真正的三角形（區域），記做 $\triangle ABC$。

這三點稱為三個頂點，而三個線段，稱為三個對應邊：

$$c=\overline{AB}，a=\overline{BC}，b=\overline{CA}$$

於是：

$$a + b > c > |a - b|$$

【角域與角度】

兩條「半線」PA, PB，有共同的端點 P 時，除非它們連成一線 APB，否則，就形成了兩個範圍，分別叫做劣角域（下左圖）與優角域（下右圖）；除非特別指明，我們寫 $\angle APB$ 都是指劣角域。如果圖中再無別的線段半線以 P 為端點，我們就單寫個 $\angle P$ 代表這個角域。角域或者簡稱「角」，可以用量角器來度量！在通常的巴比倫制，優角就是 $> 180°$，而劣角就是 $< 180°$。$\angle APB$ 的角度，應該記作 $|\angle APB|$。習慣上我們也就單用 $\angle APB$ 表示這個角度。

註 當 $\angle APB = 180°$ 時，兩條「半線」PA, PB 就連成一線！於是寫 $\angle APB$ 就不知道你指的是那兩個平角之中的哪個了！

【量角器】

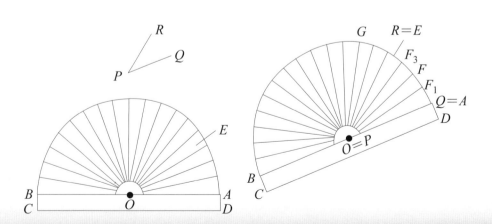

左圖上，有一角 $\angle QPR$（此地，$|\angle QPR|=37°$），我們就解釋為：與圖左下（量角器！）的角 $\angle AOE$ 合同！

$$\angle QPR \cong \angle AOE$$

量角器是個透明板，所以合同操作就很清楚了！量角器有基線 $\overline{AB}$，原點或基準頂點是 O 點；我們可以平移它到所要量度的角 $\angle QPR$ 之頂點 P 處去，然後又旋轉，就可以把「一邊」$\overrightarrow{OA}$ 合同於 $\overrightarrow{PQ}$。

通常的量角器把平角分割為 180 等份，（我們這裡只顯現到平角的 18 等份即 10°。）如此，在本例，量角器上 $\overrightarrow{OE}$ 與 $\overrightarrow{PR}$ 重合，因此由量角器所標示的 37°，知道：

$$|\angle QPR|=|\angle AOE|=37°$$

【內角和定理】

如果有個三角形 ABC，我們常單寫 $\angle A=\angle BAC$，這是內角，外角是（下圖中的）$\angle CAB'$ 或 $\angle BAC'$，因此，

$$內角 + 外角 = 180°$$

$$\angle A + \angle B + \angle C = 180°$$

銳角三角形與鈍角三角形的情形，分列下圖左右！

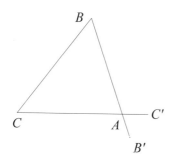
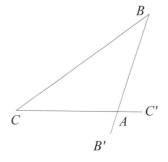

【正三角形】

若三角都相等，則都是 60°，成了正三角形，也就是等邊三角形！

將正三角形「對半」，就得到常見的直角三角板 $\triangle ABD, \triangle ACD$，（角度為

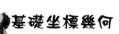

（30°, 60°, 90°）三邊長的比例是：

$$1 : \sqrt{3} : 2$$

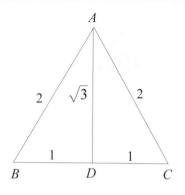

【多邊形】

如果有 N（> 2）個點：$P_1, P_2, \cdots, P_N$，我們依次連接線段，$\overline{P_1P_2}$, $\overline{P_2P_3}$, $\cdots$, $\overline{P_{N-1}P_N}$，再加上線段 $\overline{P_NP_1}$，就連出一個 N 段閉折線。

設：不同的兩段，最多只有共同的一點，即一端點且這兩段就是相鄰邊；則：這閉折線就圍出一多邊形（區域），記作 $\delta o(P_1P_2\cdots P_N)$。它有 N 個頂點，N 個邊，與 N 個內角！

通常三「邊」形 $\delta o(ABC) = \triangle ABC$ 稱作三「角」形，$N > 3$ 時，比較常用「邊」。此時，等邊不必等角，等角不必等邊；必須等邊又等角，才叫做正多邊形。四邊形我們特別用記號□。當四邊形的內角都是 90°（換句話說：相鄰邊垂直）時，這是個矩形（長方形）；而當四邊形的各邊等長時，這是個菱形。故正方形就是「矩形且菱形」。

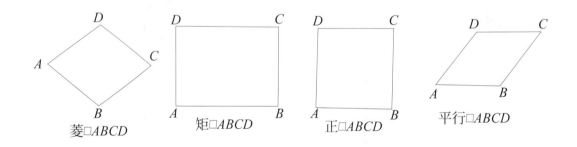

菱□ABCD　　矩□ABCD　　正□ABCD　　平行□ABCD

【平行線】

兩條線 ℓ, m，不論如何延伸，都不相交，就叫做「平行」，記成：

$$\ell \parallel m$$

如果給你一條直線 ℓ，又有一點 P，不在這條線上，那麼一定可以作出一條直線 m，經過 P 點，而且與 ℓ 平行，這樣子的平行線 m 只有一條！

【作圖題：平行線的畫法】

（如果你有一根尺，及一個三角板。）

- 讓三角板的一股 $\overline{CA}$，重合於直線 ℓ，按壓住它！
- 然後讓那根尺與三角板的另一股 $\overline{CB}$ 密合；現在按壓住這根尺！尺的位置就是直線 $n = \overleftrightarrow{CB}$。
- 現在讓三角板在那根尺上「滑移」，$\overline{CB}$ 就是在 n 上變動的線段！我們要滑移到使三角板的另一段 $\overline{CA}$ 通過 P 點（圖中，三角板 ABC 滑移到新位置 LMN），那麼畫出直線 $m = \overleftrightarrow{CA}$（新位置是 $\overleftrightarrow{NL}$），就是所求！

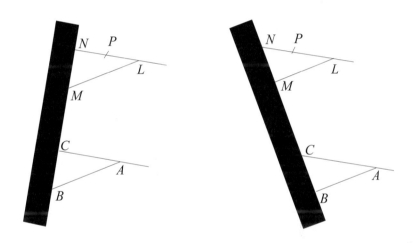

📖 通常的直角三角板，都是(30°, 60°)的「一二三直角三角板」，(30°, 60°, 90°是30°的一二三倍！) 其實，我們的作法是利用同位角定理的逆，和三角板的形狀無關！左圖中，同位角是用：

$$|\angle LNM| = |\angle ACB| = 90°$$

右圖中，同位角是用：

$$|\angle LNM| = |\angle ACB| = 60°$$

【希臘規矩作圖法】

如果沒有（＝「不能用」！）三角板，那麼你可以有許多方法；如下，舉兩個例子：

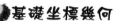
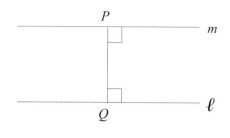

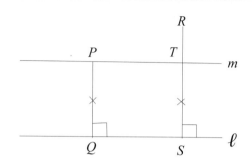

圖左：

- 先過 P，作垂線 $\overline{PQ} \perp \ell$；再過 P，作垂線 $\overleftrightarrow{PR} \perp \overline{PQ}$。
- 那麼就得到所求：$m = \overleftrightarrow{PR} \| \ell$。
- 這個道理可以簡括為：「垂直線的垂直線是平行線」！

圖右（也許是更好的作圖法）：

- 先過 P，作垂線 $\overline{PQ} \perp \ell$（垂足 Q）。
- 再任選一點 R，不在 $\overleftrightarrow{PQ}$ 上，而且與 P 在 ℓ 的同一側，於是過 R，作垂線 $\overline{RS} \perp \ell$（垂足 S）。
- 在 $\overrightarrow{SR}$ 上，擇取 T 點，使得：$ST = QP$。
- 則 $\overrightarrow{PT}$ 即是所求！

這個道理是：四邊形 $PQST$，若有：

$$|\angle PQS| = |\angle TSQ| = 90°；PQ = TS$$

則必：$\overleftrightarrow{PT} \| \overleftrightarrow{RS}$。

 1.2 圓

【圓】

給一點 P（叫做圓心），以及另外一點 Q，就可以用 $\overline{PQ}$ 做半徑，畫出一圓：圓上的點恰好與 P 相距為 $\overline{PQ}$。（記號是 $\odot(P; Q)$，或者 P_Q。）請問你如何畫出？

【圓與直線】

平面上一圓與一直線 ℓ 的關係位置，恰有三種：

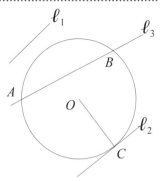

- 相離：沒有交點（情況如 ℓ_1）
- 相切：恰有一個交點（情況如 ℓ_2）
  交點 C 叫做切點，直線稱為圓的切線。
- 相割：有相異兩交點（情況如 ℓ_3）
  交點 A, B 叫做割點，直線稱為圓的割線。

【圓內圓外】

如果有一圓 λ，圓心 P，半徑 r，而點 Q 與點 P 的距離：

$\overline{PQ} > r$，則 Q 在圓 λ 外。

$\overline{PQ} < r$，則 Q 在圓 λ 內。

【切線】

過圓 λ 外一點 P，必可畫出兩條切線！

【切線作圖法】

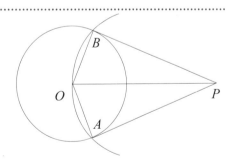

- 以 λ 的圓心 O 與點 P 的線段為直徑畫圓。
- 兩圓交於兩點 A 與 B，此即切點。
- 連線 $\overleftrightarrow{PA}, \overleftrightarrow{PB}$，即所求兩切線。

1.3 軌跡，三角形的心

【軌跡】

幾何的問題，最常見而且最重要的一類，就是軌跡的問題。舉個最簡單的例子：

給你一點 P，又給你一段長度 r，問：什麼樣的點，會「與 P 的距離為

r？」所有符合這條件的點，都在「以 P 為圓心，r 為半徑的圓」上。（反過來說也對：此圓上的點，也都符合這條件！）

軌跡的問題，就是給出一（些）個條件，然後問：什麼樣的點，會滿足這（些）個條件？通常這些點就組成一條曲線，我們就說：符合這條件的動點之軌跡，就是這條曲線！（上面這例子的軌跡就是一圓。）

【廣義的軌跡】

當然，有時候，符合這（些）條件的動點，不組成（曲）線，而是組成一大片區域（叫做解答域），或者只有少數幾點（叫做解答點）。這是廣義的軌跡問題。

【中垂線】

對於相異兩點 A, B，求與它們等距的動點之軌跡！

答案是：此線段 $\overline{AB}$（或這兩點 A, B）的中垂線（＝垂直平分線）。

【中垂線作圖】

以足夠大之相同半徑，各以 A, B 為心，畫兩圓，相交於兩個交點 P, Q，此兩交點連線 $\overleftrightarrow{PQ}$，就是所求！

（半徑取為線段長 AB，如右圖，當然方便，但不是必要的！）

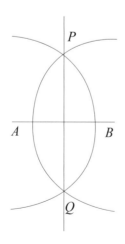
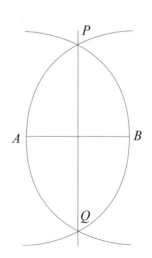

【外接圓，外心】

對於不共線的三點 A, B, C，求一點與它們等距！

答案是：只有一點 O，稱為三角形 ABC 的外接圓心。只要將這三點連結成一三角形，這三角形的三邊之垂直平分線有共同的交點，就是所求！

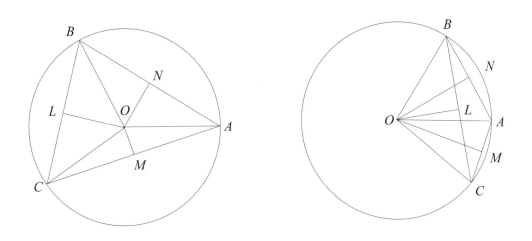

【垂足與垂線】

如果給你一條直線 Γ，以及直線外的一點 P_1，請在直線上找到一點 P_2，使得它與 P_1 的距離盡量的小！

答案就是：自 P_1 作一條直線與 Γ 垂直，交點稱做點 P_1 到直線 Γ 的垂足，這就是所求（下左圖）！而此最短距離就是「點 P_1 到直線 Γ 的距離，簡稱<u>點線距</u>」。

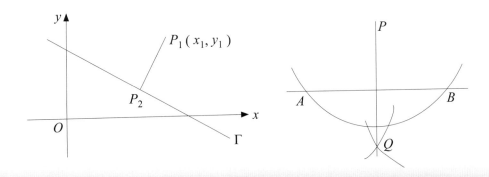

【垂足與垂線作圖法】

（上右圖）先以 $P=P_1$ 為圓心作圓，交直線 Γ 於兩點 A, B，以同樣這半徑，但各以 A, B 為心，畫圓交於另外一點 Q，則 $\overleftrightarrow{PQ}$ 即所求！

【垂心】

自三個頂點到對應邊作垂線，這三條高線 $\overleftrightarrow{AP}, \overleftrightarrow{BQ}, \overleftrightarrow{CR}$，相交於一點 H，叫做垂心。

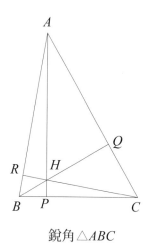

銳角 $\triangle ABC$

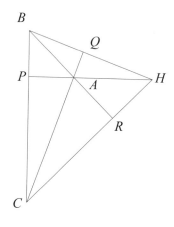

鈍角 $\triangle ABC$

【分角線】

如果給你一個角 $\angle AOB$，請在這個角的範圍內，找動點 P，使得：它到兩邊 OA, OB 的點線距相等！

此動點之軌跡為這個角的分角線！分角（半）線 OP 真的把這個角 $\angle AOB$ 分成相等的兩半！（下左圖）

$$\angle AOP = \angle POB = \angle \frac{1}{2} AOB$$

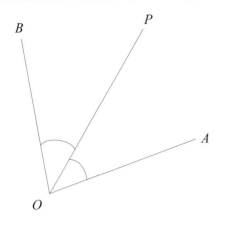 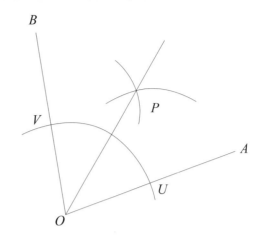

【分角線作圖】

（上右圖）以 O 為心，畫圓交兩邊於 U, V 兩點，再各以 U, V 為心，$OU = OV$ 為半徑，畫圓相交於另一點 P，則 $\overleftrightarrow{OP}$ 即所求！

【內切圓與內心】

給你一個三角形 ABC，(i)：求一點使它與三邊等距！(ii)：求作一圓與三邊都相切！

(i)：作三個內角平分線，三線會相交於所求之點，稱為三角形的內心。

(ii)：由內心 I 到三邊的距離，就是內切圓半徑，由此作出的圓就是所求的圓，稱為三角形的內切圓。

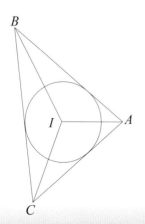 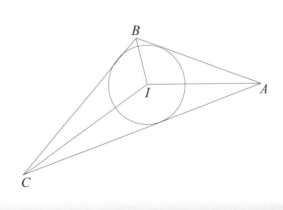

【重心定理】

三角形的三條中線 $\overline{AL}, \overline{BM}, \overline{CN}$ 共點！交點 G 稱為重心。

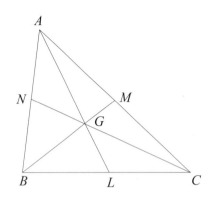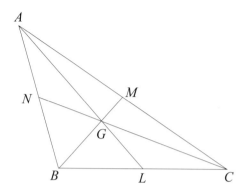

1.4 拼湊原理

【單體】

三角形（triangle）（區域）是平面幾何裡的單體（simplex）：最基本的素材，拼湊時的原料！

【基本定理】

三角形的內角之和為平角，即是 $\pi = 180°$。

【拼湊原理（加法原理）】

甲、乙拼湊成為丙，則就「內角之和」來說：

$$甲 + 乙 = 丙$$

【推論：減法原理】

將上式移項，就得到：

甲－丙－乙

【推論：對折原理】

如果：甲＝乙，則有：

$$甲＝乙＝\frac{1}{2}*丙$$

【基本定理的證明】

□$BPCE$ 為矩形，內角和＝360°，直△BCE≅△CBP；

（對折）內角和＝180°，

$\angle EBC + \angle BCE + \angle CEB = 180°$

同理，對直△BED：

$\angle BED + \angle EDB + \angle DBE = 180°$

上兩式相加，（減去平角CED，）立得：

$\angle BCD + \angle CDB + \angle DBC = 180°$

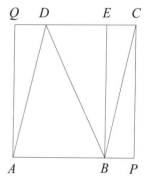

註 若是鈍△ABC？

【面積】

面積的記號是 A(＝Area)。在上述，若是把「內角和」改為「面積」，加減對折拼湊的原理，也是一樣！因此，△BCD 的面積為：底 $\overline{CD}$，乘以高 $\overline{BE}$，除以 2。

CHAPTER 2

[笛卡爾坐標系]

2.1 直線上的坐標系

平面解析幾何學中的坐標系以二維的為主，但是我們仍然從一維的，數線上的坐標系講起！（你需要一根有刻度的直尺！）

【一維坐標系】

如果固定了一條直線 ℓ，我們就可以在直線 ℓ 上，建立的一個卡氏坐標系：

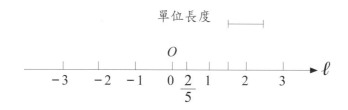

1.先在其上適當選取一點 O 為原點（origin），規定 O 點的坐標是 0。

2.取定它的一側稱為正（positive），或右方。

3.取定一線段作為單位（unit）長度（length）。

4.原點之右，距離原點1個單位長度的點為基準點或單位點（unit point），
 我們稱此點的坐標為1。

於是，

原點之左，距離原點 1.4 個單位長度的點，坐標為 -1.4。

原點之右，距離原點 1 個單位長度的點，即「基準點」，坐標為 1。

原點之左，距離原點 23.5 個單位長度的點，坐標為 -23.5。

其它依此類推。比如，位於原點右邊 $\sqrt{2}$ 個單位長度的點，坐標為 $\sqrt{2}$；位於原點左邊 $\frac{3}{4}$ 個單位長度的點，坐標為 $-\frac{3}{4}$，…等等。

對於一直線，當我們取定原點及單位點後，此直線上的每一個點都可以用一個（實）數去代表它，稱為該點的坐標；反之對於任意一個實數，我們也可以在此直線上找到一點，使其坐標等於該數。這樣，我們已看出，直線的點和數之間已構成「一個對一個」的局面，這種對應關係叫做直線上的一個坐標系。賦予坐標系後，這條直線又叫數線（number line）或實數直線（real line）（或實數軸）。

☞ 注意 1：通常說「一個坐標系是隨其原點及單位長度的取定而確定」，這句話其實不太正確；其實，有原點及單位長，我們可以在 O 兩邊各取一點 E, E'，使 OE 及 OE' 都是單位長，但這兩點的坐標必然一正一負，我們必須再選定其一（選「符號」，也就是選「方向」），所以我們寧可說：坐標系即「原點及單位點」。

☞ 注意 2：在一直線上存在有許多坐標系！

【操作】

以下，在一直線上，取定一個坐標系，把點與坐標混為一談！

1.標出這些點：$A = -2, B = \frac{13}{3}$。

2.若有一點 C，介於上述這 A, B 兩點間，要如何表達這個限制？

3.有一點，與 A 的距離是 3；這點是什麼？

4.$D = x, E = -x$ 兩點誰在右，誰在左？

5.$F = -5, G = 7$ 兩點的中心是什麼？

【距離】

在一條坐標直線上，若兩點 A, B 的坐標各是 a 與 b，那麼

$$\text{dist}(A, B) = d(A, B) = \text{「} A, B \text{ 兩點之間的距離」} = |a - b|$$

這是個根本公式。你怎麼證？分成六種狀況逐個去驗證！

註 $d=$ distance，距離，寫 dist 也不錯。

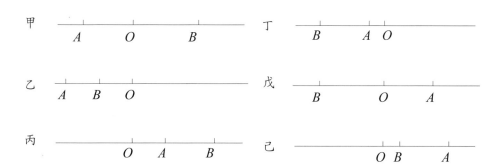

甲　A　O　B

乙　A　B　O

丙　O　A　B

丁　B　A　O

戊　B　O　A

己　O　B　A

註 不好！不太系統！甲、乙顛倒比較好！

註 所以要掌握距離的概念，要點在絕對值。數 x 的絕對值，可以記做

$$\text{abs}(x)=|x|=\begin{cases} x，當 x \geq 0 \\ -x，當 x < 0 \end{cases}$$

註 當然比較常用的是 $|x|$，但是在電腦時代，$\text{abs}(x)$ 也漸漸有用了！

【中點公式】

設 A 點的坐標為 a，B 點的坐標為 b，則：

$\overline{AB}$ 線段中點之坐標為 $\dfrac{a+b}{2}$。這是 $|x-a|=|x-b|$ 的解答！

例題1　在數線上，標出點 x 的範圍，使得：

(i)：$d(x, 5)=9$

(ii)：$d(x, 5) < 9$

(iii)：$d(x, 5) > 9$

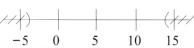

例題 2 在數線上，標出點 x 的範圍，使得：

(i)：$d(x, 5) \leq 9$

(ii)：$d(x, 5) \geq 9$

習 題

1. 在數線上，求點 x，使得

    (a) $d(x, 7) < 3$

    (b) $d(x, 2) > 1$

    (c) $d(x, -3) = 3$

2. 求一點 C，於數線上，使得 $d(B, C) = 2 * d(A, C)$。
    但已知 $A = (-9), B = (-3)$。

3. 解如下方程式：（注意其幾何的意義！）

    (a) $|x + 3| + |x - 1| = 5$

    (b) $|x + 3| + |x - 1| = 4$

    (c) $|x + 3| + |x - 1| = 3$

    (d) $|x + 3| - |x - 1| = 5$

    (e) $|x + 3| - |x - 1| = 4$

    (f) $|x + 3| - |x - 1| = 3$

4. 已知 $|x - 3| = x - 3$，試問 x 是什麼樣的東西？

5. 在數軸上標出 x（的範圍），（也就是解方程式與不等方程式）

    (a) $|x - 2| = 3$

    (b) $|x + 1| + |x + 2| = 1$

    (c) $|x - 2| > 3$

    (d) $|x + 13| < 7$

    (e) $|x + 13| < 7$，且 $|x - 2| > 3$

2.2 平面上的坐標系

【坐標軸】

「直線上的一個坐標系」，就是「用一個數 x 來表達直線上的一點」的辦法！而「平面上的坐標系」，就是「用兩個（一組！）實數 (x, y)，來表達平面上的一點」的辦法！

- 在平面上作互相垂直的兩條直線，相交於 O 點。習慣上這兩線是橫與縱，橫線叫橫軸或 x 軸，縱線叫縱軸或 y 軸。

- 對 x 軸與 y 軸取定相同的單位長度。且以 O 為原點，賦予直線坐標系，如圖所示。於是 O 稱為此平面坐標系的原點。

- x 軸與 y 軸將平面分割成四個區域，右上角的區域稱為第一象限，左上角的區域稱為第二象限，左下角的區域稱為第三象限，右下角的區域稱為第四象限。「閉象限」包含其邊界，「開象限」則否。

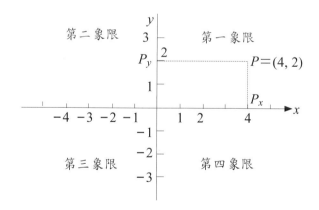

- 若 P 為平面上任一點，由 P 點分別作垂直於 x 軸與 y 軸的直線，其垂足分別為 P_x 與 P_y，其坐標若分別為 4 與 2，則我們稱 4 為 P 點的橫坐標（或 x 坐標），2 為 P 點的縱坐標（或 y 坐標），而稱 P 點的坐標為 $(4, 2)$。反之，如果有一對實數 (a, b)，我們也可以在平面上找到一點，使

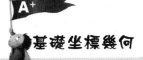

其坐標為 (a, b)。

【右手規則】

握緊右手，姆指朝上，則手指由（正）x 軸轉到（正）y 軸。

 例題 1 試描畫出 $(4, 3)$，$(3, 4)$，$(-2, 1)$，$(-3, -4)$，$(4, -3)$ 所代表的點。

解

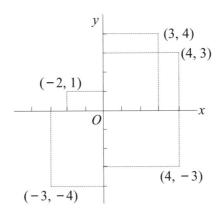

　　因此我們已看出，數耦與平面上的點構成一一對應的局面，這種對應關係叫做平面上的一個坐標系，今後我們常常把點及其坐標看成二而一的東西：兩位一體！因此若 P 點的坐標為 (a, b) 時，我們往往就用 $P=(a, b)$ 或 $P(a, b)$ 來表示。

　　註 我們建議用前者，即完整的句子！

☞ 注意：我們必須用兩個數，即一數耦 (a, b)，才可以描述平面上的點！所以平面叫做二維空間，而直線叫做一維空間！

☞ 注意：$(4, 3)$ 與 $(3, 4)$ 所代表的點不同，故坐標的次序不可調換。

例題 2

原點的坐標為 $(0, 0)$。

例題 3

第一象限的點 (a, b) 具有 $a > 0$，$b > 0$ 的性質。

第二象限的點 (a, b) 具有 $a < 0$，$b > 0$ 的性質。

第三象限的點 (a, b) 具有 $a < 0$，$b < 0$ 的性質。

第四象限的點 (a, b) 具有 $a > 0$，$b < 0$ 的性質。

問 1 在坐標平面上標出下列各點的位置：

$$(2, 5) \text{、} (4, \sqrt{3}) \text{、} (-\sqrt{2}, 3) \text{、} (8, -3) \text{、} (-3, -5) \text{、}$$

$$(-6, -2) \text{、} (0, 5) \text{、} (\frac{-5}{2}, 0) \text{、} (\frac{11}{2}, \frac{-2}{3})$$

問 2 在坐標平面上，依序連結各點，製成何種圖形？

1. $(5, 2)$、$(5, -4)$、$(-1, -4)$、$(-1, 2)$

2. $(3, 2)$、$(8, 0)$、$(0, -9)$

3. $(-1, 6)$、$(5, 2)$、$(-1, 2)$

4. $(1, 3)$、$(4, 2)$、$(6, 8)$

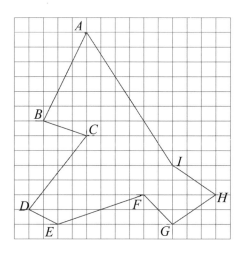

習題

如圖，有九邊形 $ABCDEFGHI$，已知 $A = (0, 8)$；求其餘各點（的坐標）！

$B = ($ $,$ $)$，$C = ($ $,$ $)$

$D = ($ $,$ $)$，$E = ($ $,$ $)$

$F = ($ $,$ $)$，$G = ($ $,$ $)$

$H = ($ $,$ $)$，$I = ($ $,$ $)$

【卡氏矩形】

已知 $A = (3, 9), B = (0, 5), C = (8, -1), D(11, 3)$；$ABCD$ 是怎樣的四邊形？

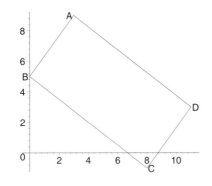
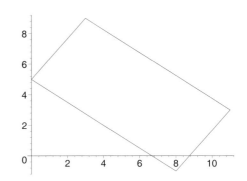

我們特別強調：這不是「卡氏矩形」！雖然它明明是矩形！因為：卡氏矩形必須其長寬與兩軸平行！我叫電腦畫同樣一張圖，結果右邊變成不是矩形，理由是：它畫的時候，縱與橫尺度不同！（左邊縱與橫尺度相同，因此才是矩形！）若是「卡氏矩形」，就不會有這個問題：縱與橫尺度不同也無所謂！

CHAPTER 3

[面　積]

 3.1 多邊形的面積

【記號】

用 A 表示面積，讀做 Area。

已知 $N \geq 3$：$P_j = (x_j, y_j)$, $(j = 1, 2, 3, \cdots, N)$，要計算其面積！由拼湊原理，要點在 $N = 3$。

考慮如右圖的三角形 $P_1 P_2 P_3$；將頂點 P_j 投影到 x 軸上得到 $Q_j = (x_j, 0)$ 等三點。（這裡假定 $x_3 < x_2 < x_1$，且 P_2 在 $\overline{P_1 P_3}$ 的上方！三角形在 x 軸的上方，$y_j > 0$。）

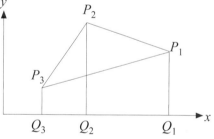

則依照拼湊（加減）原理，

$$A(\triangle(P_1 P_2 P_3)) = A(\Box Q_2 P_2 P_3 Q_3) + A(\Box Q_1 P_1 P_2 Q_2) - A(\Box Q_1 P_1 P_3 Q_3)$$

即 $= \dfrac{1}{2}[(y_2 + y_3) * (x_2 - x_3) + (y_1 + y_2) * (x_1 - x_2) - (y_1 + y_3) * (x_1 - x_3)]$

$$A(\triangle(P_1 P_2 P_3)) = \frac{1}{2}[(x_1 y_2 - x_2 y_1 + x_2 y_3 - x_3 y_2 + y_1 x_3 - x_1 y_3)]$$

答案很容易記！三角形 $P_1 P_2 P_3$ 有三邊，

$$\overrightarrow{P_1 P_2}, \ \overrightarrow{P_2 P_3}, \ \overrightarrow{P_3 P_1}$$

我們稱之為「有向線段」，都分「起點」、「終點」！而且頭尾銜接！

對於每一段，我們都以 <u>起點</u> 的 x 乘以 <u>終點</u> 的 y，減去 <u>起點</u> 的 y 乘以 <u>終點</u> 的 x，稱之為 <u>Sarrus 乘積</u>，總和還要乘以因子 $\dfrac{1}{2}$：

$$\overset{}{\overrightarrow{P_1 P_2}} := (x_1 y_2 - x_2 y_1); \ \ A(\triangle(P_1 P_2 P_3)) = \frac{1}{2}(\overrightarrow{P_1 P_2} + \overrightarrow{P_2 P_3} + \overrightarrow{P_3 P_1})$$

例題 1 求三角形 ABC 的面積，$B = (9, -2)$，$C = (7, 13)$，$A = (1, 5)$。（畫圖！）

(解) （雖然我們本來假定三點都在 x 軸上方，而此地 B 在下方！但是我們知道：x 軸本來可以任意上下移動，不影響這個計算！

我們在推導公式時，也假定了 $x_1 > x_2 > x_3$，但是標籤1, 2, 3，本來也可以隨我方便！）答案是53。

例題 2 求三角形 ABC 的面積，$A = (9, 13)$, $B = (7, 3)$, $C = (1, 5)$。

(解) -32。（畫圖看看！）

【有號面積】

上例算出負號的面積！奇怪？由圖看出：B 在邊 AC 的下方！和原來在推導公式時的圖不一樣！所以我們把這公式算出的面積叫做「有（正負）號」面積（signed area）！

正負號的規則是：有向線段頭尾銜接時，如果「旋向為正」，（即是「逆時針方向」！）就得到正號面積！若「旋向為負」，（即是「順時針方向」！）就得到負號面積！！

【多邊形的面積】

用拼湊原理，就得到多邊形 $P_1 P_2 \cdots P_N$ 的有號面積為

$$\vec{A}(\eth_O(P_1 P_2 \cdots P_N)) = \frac{1}{2}(\overrightarrow{P_1 P_2}^{\times} + \overrightarrow{P_2 P_3}^{\times} + \cdots + \overrightarrow{P_{N-1} P_N}^{\times} + \overrightarrow{P_N P_1}^{\times})$$

【記憶術】

上面這個公式可以用下面的交叉規則來記憶：

· 把各點之坐標 (x, y) 排成兩列，如下

$$x_1 \quad x_2 \quad x_3 \quad \cdots\cdots\cdots \quad x_n$$

$$y_1 \quad y_2 \quad y_3 \quad \cdots\cdots\cdots \quad y_n$$

· 把首一行重寫一遍在最後，得

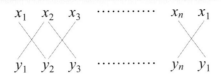

· 然後相鄰兩行做「交叉乘法」：往右下的不變號，往右上的要變號！全部加起來，再乘以 $\frac{1}{2}$ 就好了。

 例題 3   已知一五邊形頂點依序為：$(4, 1)$, $(2, 7)$, $(0, 6)$, $(-4, 2)$, $(-2, -1)$，求面積。

解

		2		0		−24		−4		−4
4	2		0		−4		−2		4	
1	7		6		2		−1		1	
		28		12		0		4		−2

$(28 + 12 + 0 + 4 - 2) - (2 + 0 - 24 - 4 - 4) = 42 - (-30) = 72$；面積為36。

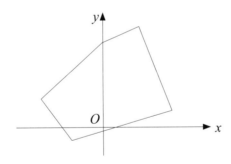

習 題 ●

1. 求下列以三點為頂點的三角形之面積：

(a)$(0, 0)$，$(0, 8)$，$(12, 0)$

(b)$(-2, -5)$，$(-4, 4)$，$(7, 1)$

(c)$(-5, -3)$，$(2, 3)$，$(9, -7)$

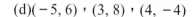
(d)$(-5, 6)$，$(3, 8)$，$(4, -4)$

(e)$(-5, 0)$，$(0, 7)$，$(8, -4)$

(f)$(1, 4)$，$(10, 5)$，$(3, -4)$

2. 求多邊形的面積，其諸頂點如下：

(a)$(-2, 2)$，$(2, 6)$，$(8, 3)$，$(5, -3)$

(b)$(0, -4)$，$(3, 4)$，$(12, 0)$，$(10, -3)$

(c)$(-3, -1)$，$(0, 8)$，$(12, 4)$，$(9, -5)$　　**註** 驗證此為長方形。

(d)$(-2, -4)$，$(-3, 3)$，$(4, 6)$，$(7, 2)$，$(4, -3)$

3.2 格子多邊形的面積

【格子點】

在坐標平面上的點 $P = (x, y)$，如果坐標 x, y 都是整數，我們就說：「點 P 是一個格子點（lattice point）。」

如果一個多邊形，其所有頂點都是格子點，我們就說它是一個格子多邊形。

 你能畫出最小的格子三角形？最小的格子四邊形？（有幾種？）

【內部格子點與邊界格子點】

如果有個格子多邊形（區域）$\mathcal{R}$，那麼，除了所有頂點都是格子點之外，在它的邊界線段上，當然也可能還有一些格子點，那麼這些格子點（不論是否為頂點），都是這個格子多邊形（區域）$\mathcal{R}$ 的「邊界格子點」，而其總數就記做 $B(\mathcal{R})$。（B＝boundary，邊界。）

除此之外，在此多邊形區域的內部，也許（通常！）還有一些格子點，那麼這些格子點都是這個格子多邊形（區域）$\mathcal{R}$ 的「內部格子點」，而其總數就記做 $I(\mathcal{R})$。（I＝interior，內部。）

問

你能畫出：沒有內部格子點 $I(\mathcal{R})=0$ 的格子三角形？四邊形？…

你能畫出：$I(\mathcal{R})=1$ 的格子三角形 $\mathcal{R}$？四邊形？五邊形？…

你能畫出：$I(\mathcal{R})=2$ 的格子三角形 $\mathcal{R}$？四邊形？五邊形？…

【Pick 問題】

對於一個格子多邊形區域 $\mathcal{R}$，其面積 $A(\mathcal{R})$，與「內部格子點數」$I(\mathcal{R})$、邊界格子點數 $B(\mathcal{R})$，有何關係？

【卡氏格子矩形】

先考慮簡化的問題：卡氏格子矩形的情形！設邊長為 m, n，則：

$$I(\mathcal{R})=$$

$$B(\mathcal{R})=$$

$$A(\mathcal{R})=$$

【拼湊原理】

假設有兩個格子多邊形（區域）$\mathcal{R}_1$, $\mathcal{R}_2$，它們有共同的邊界 PQ，兩者拼湊成格子多邊形區域

$$\mathcal{R}_3=\mathcal{R}_1+\mathcal{R}_2$$

如果 Pick 公式適用於 $\mathcal{R}_1$, $\mathcal{R}_2$，那麼也就適用於 $\mathcal{R}_3$。

註 請自己畫圖，取兩個格子三角形

$\triangle ABC=\mathcal{R}_1$, $\triangle ACD=\mathcal{R}_2$，此時，

$I(\mathcal{R}_1)=$ ，$B(\mathcal{R}_1)=$ ，$I(\mathcal{R}_2)=$ ，$B(\mathcal{R}_2)=$ ；邊界 CE 上，有格子點數 $\ell=$ ？

 我們要從兩個式子

$$(i)\ A(\mathcal{R}_1)=I(\mathcal{R}_1)+\frac{1}{2}B(\mathcal{R}_1)-1$$

$$(ii) \quad A(\mathcal{R}_2) = I(\mathcal{R}_2) + \frac{1}{2}B(\mathcal{R}_2) - 1$$

去算出下式

$$(iii) \quad A(\mathcal{R}_3) = I(\mathcal{R}_3) + \frac{1}{2}B(\mathcal{R}_3) - 1$$

我們先加起來：

$$A(\mathcal{R}_1) + A(\mathcal{R}_2) = [I(\mathcal{R}_1) + I(\mathcal{R}_2)] + \frac{1}{2}[B(\mathcal{R}_1 + B(\mathcal{R}_2)] - 2$$

我們注意到：$\mathcal{R}_1, \mathcal{R}_2$ 兩者的內部格子點，一定都是 $\mathcal{R}_3$ 的內部格子點！

而 $\mathcal{R}_3$ 的邊界格子點一定都是 $\mathcal{R}_1$ 或 $\mathcal{R}_2$ 的邊界格子點！

問題出在共同邊界 $\overline{PQ}$ 上的格子點！假設其個數為 ℓ，那麼：$\ell \geq 2$，因為最少有 P, Q 兩點。

實際上：P, Q 這兩點，當然繼續是 $\mathcal{R}_3$ 的邊界格子點！

其它的 $\ell - 2$ 個點，本來算是 $\mathcal{R}_1, \mathcal{R}_2$ 的邊界格子點，現在卻成為 $\mathcal{R}_3$ 的內部格子點！而非邊界格子點！

因此：

$$I(\mathcal{R}_3) = I(\mathcal{R}_1) + I(\mathcal{R}_2) + (\ell - 2)$$
$$B(\mathcal{R}_3) = [B(\mathcal{R}_1) - (\ell - 2)] + [B(\mathcal{R}_2) - (\ell - 2)] - 2$$

於是：

$$I(\mathcal{R}_3) + \frac{1}{2}B(\mathcal{R}_3) - 1 = [I(\mathcal{R}_1) + \frac{1}{2}B(\mathcal{R}_1) - 1] + [I(\mathcal{R}_2) + \frac{1}{2}B(\mathcal{R}_2) - 1]$$

由 $(i), (ii)$ 式，這也就是：

$$A(\mathcal{R}_1) + A(\mathcal{R}_2)$$

但這面積 $= A(\mathcal{R}_3)$，因此就證明了：

$$A(\mathcal{R}_3) = I(\mathcal{R}_3) + \frac{1}{2}B(\mathcal{R}_3) - 1$$

註 上面的拼湊是用加法來看的！反之，若 Pick 公式適用於 $\mathcal{R}_3, \mathcal{R}_2$，那麼也就適用於 $\mathcal{R}_1$，這是用減法來看的！

$$\mathcal{R}_1 = \mathcal{R}_3 - \mathcal{R}_2$$

【卡氏直角（格子）三角形】

例如說：

$$\mathcal{R} = \triangle ABC；C = (0, 0)，A = (m, 0)，B = (0, n)$$

利用對折原理！

【卡氏橫底格子三角形】

例如說：

$$\mathcal{R} = \triangle DAB；D = (-\ell, 0)，A = (m, 0)，B = (0, n)$$

注意到：這裡假定 ℓ 是自然數；作「高線」$BC, C = (0, 0)$，於是利用拼湊原理！

$$\triangle DAB = \triangle DCB + \triangle ABC$$

注意到：若 ℓ 是負的整數；就要改加為減！

$$\triangle DAB = \triangle ABC - \triangle DBC$$

【卡氏橫底格子梯形】

例如說：

$$\mathcal{R} = ABCD；A = (m, 0)，B = (n, 0)，C = (p, \ell)，D = (q, \ell)$$

$m, n, \ell > 0$，p, q 都是整數！$m < n$，$p > q$。

利用拼湊原理！

$$ABCD = \triangle CDA + \triangle ABC$$

「橫底」是指底邊是橫的：與 x 軸平行！當然也可以改為縱的：與 y 軸平行！

【一般的格子三角形】

利用拼湊加減原理，Pick 公式就適用到一般的格子三角形！

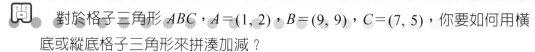

對於格子三角形 ABC，$A = (1, 2)$，$B = (9, 9)$，$C = (7, 5)$，你要如何用橫底或縱底格子三角形來拼湊加減？

我們已經說過「三角形」是「單體」，於一般的格子多邊形（區域）都可以用格子三角形去拼湊出來！因此 Pick 公式就永遠成立。

$$A(\mathcal{R}) = I(\mathcal{R}) + \frac{1}{2}B(\mathcal{R}) - 1$$

3.3 代數與面積

【和的平方公式】

如圖，令邊長：$\overline{AB} = u$, $\overline{BC} = v$; $\overline{AC} = u + v$

都是矩形（正方形）

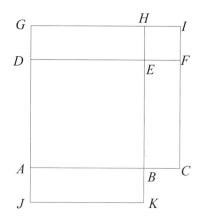

$A(\square ABED) =$

$A(\square EFIH) =$

$A(\square BCFE) =$

$A(\square GDBH) =$

$A(\square ACIG) =$

由拼湊加法原理，最後者是前四者之和。

因此得到和的平方公式：

$$(u + v)^2 = u^2 + v^2 + 2u * v$$

【幾十五的平方】 （一定要記下來！）

$15^2 =$	$25^2 =$
$35^2 =$	$45^2 =$
$55^2 =$	$65^2 =$
$75^2 =$	$85^2 =$
$95^2 =$	$105^2 =$
$115^2 =$	$125^2 =$

【背】

$n^2 = $？（$n$ 從 1 到 22 為止）

習．題． 用畫圖來表明：

$(x + y + z + t)^2 = x^2 + y^2 + z^2 + t^2 + 2x * y + 2x * z + 2x * t + 2y * z + 2y * t + 2z * t$

問 $(x + y + z)^2 = $？$(x + y + z - u)^2 = $？如何背？

【平方差的公式】

如上頁圖，矩形 $ABJK$（面積）＝矩形 $BCFE$。

由拼湊加法原理，自正方形 $ACIG$ 中扣去正方形 $EFIH$，就剩下：

（矩形和）$ABED + GDBH + BCFE$

＝（矩形和）$ABED + GDBH + AJKB = $（矩形）$JKGH$

於是有「平方差公式」

$$w^2 - v^2 = (w + v)(w - v)$$

問

$39 \times 41 = $＿＿＿；$68 \times 72 = $＿＿＿＿；$105 * 95 = $＿＿＿。

【附帶的代數練習】比較！

$(x + 1)(x + 2) = x^2 + \quad x + $ ；	$11 \times 12 = $ ；
$(x + 1)(x + 3) = x^2 + \quad x + $ ；	$11 \times 13 = $ ；
$(x + 1)(x + 4) = x^2 + \quad x + $ ；	$11 \times 14 = $ ；
$(x + 2)(x + 3) = x^2 + \quad x + $ ；	$12 \times 13 = $ ；$102 * 103 = $
$(x + 1)^3 = x^3 + \quad x^2 + \quad x + $ ；	$11^3 = 1331$
$(x + 1)^4 = x^4 + \quad x^3 + \quad x^2 + \quad\quad x + $ ；	$11^4 = 14641$

3.4 畢氏定理

【畢氏定理】

直角三角形 ABC，$\angle C = 90°$，

邊長：（弦）$\overline{AB} = c$，（勾或股）$\overline{BC} = a$，$\overline{CA} = b$，則

$$a^2 + b^2 = c^2$$

（雖然證明法有幾百種！如下的證明是美國總統 Garfield 的發現！）

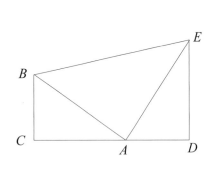
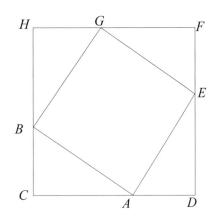

左圖中，直角 $\triangle ABC$ 全等於 $\triangle EAD$，而 $\triangle ABE$ 是等腰直角 $\triangle$；梯形 $BCDE$（面積）＝三者的和！故：

$$\frac{(b+c)}{2} * (b+c) = \frac{1}{2} a * b + \frac{1}{2} a * b + \frac{1}{2} c * c$$

於是算出待證式！

註 也許更常見的是如圖右的證明！

正方形 $CDFH$ 內接一個小正方形 $AEGB$；其中

$$b = \overline{CA} = \overline{DE} = \overline{FG} = \overline{HB}$$
$$a = \overline{CB} = \overline{HG} = \overline{FE} = \overline{DA}$$
$$c = \overline{AB} = \overline{BG} = \overline{GE} = \overline{EA}$$

於是

$$A(CDFH) = A(AEGB) + 4 * A(\triangle ABC)$$

$$(a + b)^2 = c^2 + 4 * \frac{a*b}{2}$$

左圖等於右圖打對折！

3.5 Heron（黑龍）公式

畢氏定理是幾何計算時最有用的工具！如下就舉一個例子：
利用畢氏定理來證明（很有用的！）黑龍公式。

【Heron問題】

已給出$\triangle ABC$的三邊長，求其面積$A(\triangle ABC)$。

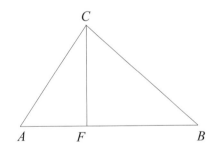 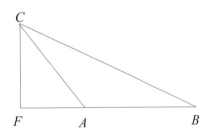

 三邊長是：

$$a = \overline{BC}, b = \overline{CA}, c = \overline{AB}$$

當然：兩邊和大於第三邊！

$$b + c > a, c + a > b, a + b > c$$

如上圖左，先作垂線CF；令：

$$\overline{AF} = v, \overline{FB} = u; \overline{CF} = h$$

註 腦筋要冷靜！a, b, c是已知的，而u, v, h是未知的，只是過渡的工具！實
際上主要是求出高h就好了！因為面積$= \frac{c*h}{2}$。但是要利用畢氏定理，
就要引入u與v。

我們有兩個 Pythagoras 方程式可以利用！

(i) $a^2 = h^2 + u^2$

(ii) $b^2 = h^2 + v^2$

註 代數學中的一個基本原則是：三個未知數通常就需要三個方程式！此地的第三個就是：

$$(iii)\ u + v = c$$

我們說過：h 才是主要的目標，u, v 是次要的目標，可是，這個工程必須先（解決）達成次要的目標，如果求得其一，就馬上得到 h 了！

今$(i), (ii)$相減！故得

$$(iv)\ v^2 - u^2 = b^2 - a^2$$

由此，用(iii)去除，得到

$$(v)\ v - u =$$

我們記得「和差問題」，那就是：

由：$\begin{cases} x+y=A \\ x-y=B \end{cases}$ 得：$\begin{cases} x=\dfrac{A+B}{2} \\ y=\dfrac{A-B}{2} \end{cases}$

所以，把這個「和差法」用到聯立方程式$(iii), (v)$，就得到

$$v=$$

再代回 (ii) 式，這樣就可以算出 h^2：

$$h^2 =$$

☞ 注意：開方可以算出 h，但是重要的是：「不要開方！」

請把這個 h^2，代入下式左側：

$$(2 * A(\triangle ABC))^2 = h^2 * c^2$$

☞ 切記：不要「展開來」！一展開就完蛋了！

代入後，請利用公式 $X^2 - Y^2 = (X-Y)(X+Y)$ 來分解因式！

【Heron 公式】

若半周長 $s = \dfrac{a+b+c}{2}$，$2(s-a) = b + c - a > 0$，

$$A(\triangle ABC) = \sqrt{s(s-a)(s-b)(s-c)}$$

問．三角形三邊長為 $7, 8, 9$，求面積。 ● ● ● ● ● ● ● ● ● ●

【鈍角的麻煩】

如上圖右，$\angle A = \angle BAC > 90°$ 是鈍角，那麼如何計算？實際上毫無問題：只是此時

$$\overrightarrow{AF} = v < 0$$

換句話說：我們在線邊 AB 上，擇定意向，以 $\overrightarrow{AB} = c$ 為正，同理 $\overrightarrow{FB} = u > 0$，而圖中的 $\overrightarrow{FH} = v$ 為負！對於計算完全無妨！

不過，此時 $v < 0, u > c > 0$，算出：

$$a^2 = h^2 + (c-v)^2 = h^2 + v^2 + c^2 - 2c*v = b^2 + c^2 - 2c*v > b^2 + c^2$$

（因為 $2c*v < 0$。）

【不等號的畢氏定理】

（三角學中有更精細的討論：餘弦定律。）

$\angle A$ 是鈍角，則：$a^2 > b^2 + c^2$

$\angle A$ 是銳角，則：$a^2 < b^2 + c^2$

$\angle A$ 是直角，則：$a^2 = b^2 + c^2$

★ 3.6 距離公式

畢氏定理的一個很重要的應用就是由坐標計算距離。

假設有兩點 $A = (x_1, y_1)$，$B = (x_2, y_2)$，我們作出點 $C = (x_2, y_1)$，則：

$$\overline{AC} = |x_2 - x_1|,\ \overline{BC} = |y_2 - y_1|,\ \angle ACB = 90°$$

根據（勾股弦）畢氏定理，

$$\overline{AB} = \sqrt{\overline{AC}^2 + \overline{BC}^2} = \sqrt{(x_2 - x_1)^2 + (y_2 - y_1)^2}$$

我們必須注意兩件事：

1. 在一維（直線）坐標的狀況，距離公式$|x_2 - x_1|$其實可以寫成

$$\sqrt{(x_2 - x_1)^2}$$

現在的距離公式是

$$\sqrt{(x_2 - x_1)^2 + (y_2 - y_1)^2}$$

你可以想像：在三維立體空間，多了個 z 坐標，而距離成為：

$$\sqrt{(x_1 - x_2)^2 + (y_1 - y_2)^2 + (z_1 - z_2)^2}$$

2. 我們記 $x_2 - x_1 = \Delta x$，Δ 指「差」（difference），Δx 是「x 坐標之差」，同理，Δy 是「y 坐標之差」，即$(y_2 - y_1)$，那麼公式是

$$\sqrt{(\Delta x)^2 + (\Delta y)^2}$$

【特例】

點 $P = (x, y)$ 與原點 O 的距離是

$$\overline{OP} = \sqrt{x^2 + y^2}$$

距離公式非常重要，我們現在只舉一個例子說明。

例題1 如何驗證三點 $A = (x_1, y_1)$，$B = (x_2, y_2)$，$C = (x_3, y_3)$ 共線？更清楚些：B 在線段 $\overline{AC}$ 上？

我們知道：這個性質只是 $\overline{AB} + \overline{BC} = \overline{AC}$，故要點就是把距離公式代入！

問. $A = (3, -6), B = (-2, 4), C = (1, -2)$ 是否共線？

【圓的方程式】

若圓心為 $C = (h, k)$，半徑為 $r > 0$，則圓上的任一點 $P(x, y)$，都滿足：

$$(x - h)^2 + (y - k)^2 = r^2$$

反過來說：若有點 $P(x, y)$ 滿足此方程式，就一定在那個圓上！

你看出來：距離公式就解決了我們的第一個軌跡問題！與定點 $C = (h, k)$ 的距離固定為 r 的動點 P 之軌跡可以表示成這個方程式，因為，滿足軌跡條件的點，都滿足這個方程式，而滿足這個方程式的 (x, y)，就是符合軌跡條件的點。

CHAPTER 4

[坐標法的初等概念]

4.1 方程式與圖解

 例題 1 有一對父子，現在的年齡，父親是兒子的 4 倍，但 6 年後父親的年齡將比兒子的 3 倍少 2 歲，求他們的現齡！

【解法1：純代數】

這是非常簡單的代數！

設兒子現齡為 x，則父年為 $4x$；於是，6 年後：

$$4x + 6 = 3(x + 6) - 2 = 3x + 16$$

$$x = 16 - 6 = 10$$

上述是一元方程的辦法！另外的一個辦法是「改用兩元」：

設兒子現齡為 x，父親現齡為 y；於是有：

$$(i) \; y = 4 * x$$

$$(ii) \; y + 6 = 3(x + 6) - 2$$

（當然不用做下去了！）

以上是純代數的解法！要點是：用文字變數代表未知數！「代數」這一詞就是由此而來！

我們要特別注意：設了幾個未知數（「元」），通常就要有幾個方程式！

【解法2：坐標法】

我們改變一下看法！上面的兩個二元一次方程式，各自代表了一條直線！

可以在一個坐標平面上畫出來！於是交點的坐標就是答案！

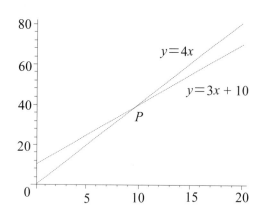

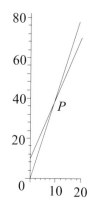

註 上面這兩個圖的區別是：右圖要求「縱橫同一尺度」！

有一些問題，必須如此嚴格要求！例如畫「圓」，因為這牽涉到「距離」！（必須「縱向距離」與「橫向距離」一致。）有許多幾何的討論，都是如此！但是有一些問題，則不必如此要求！那麼左圖比較方便！

【坐標法的精神】

· 任何一個二元方程式都代表一條曲線！

　而任何一條曲線應該也可以用一個二元方程式來表達！

· 任何兩個二元方程式聯立的解，就恰好是它們所代表的兩條曲線的交點（的坐標）！

· （所以）代數的問題常常可以轉換為幾何來思考。

· （所以）幾何的問題常常可以轉換為代數來思考。

註 當然（見後述）：任何一個二元一次方程式都代表一條直線！數學的用詞是把「直線」看成（很特別的）一種「曲線」！請勿咬文嚼字！

4.2 函數與圖解

例題 1　考慮如下的一個式子：（我們姑且稱做 Galilei 公式。）

$$y = (w - \frac{g}{2}) * t = w * t - \frac{g}{2} * t^2$$

它的意思是：鉛垂向上，以速度 w，投出一個石頭，那麼經過時間 t，就到達高度 y。這裡有幾個文字：y, w, g, t；其中，g 是所謂的（地面上的！）重力加速度，通常寫：

$$g = 9.8 \text{ 每秒每秒米}$$

所以它是固定不動的，所謂常數，其它三個文字都是變數。那麼右邊是個二元二次式。（元是 w, t，而 $w * t$, $\frac{g}{2} t^2$，都是「二次」，最高次是 2。）

這個等式，如果 w, t, g 一起看，就是三元的一個方程式；但是也可以解釋成：y 是 (w, t) 二元的二次函數。因為：右邊這個二次式，隨便用什麼數代入 w 與 t，我們就可以算出一個值，來做為 y 的值，稱為函數值。變數 w, t 為兩個「獨立變數」，而變數 y 為「依賴變數」，這個等式，就定義了一個兩（獨立）變數函數關係。

當然，對於某些討論，我們說不定要固定 w，那麼，w 也成了常數！於是，這個等式就定義了一個單數函數關係，以 t 為「獨立變數」，而變數 y 為「依賴變數」。

【函數描點作圖法】

以上我們已經講過：坐標法常常需要由一個方程式去作出其圖形！（在沒有電腦的時代，）這本來是一件很煩的工作。

在最初等的坐標幾何學中，我們大概只能如此來作圖：

把所給我們的二元方程式，解出其中一個變數！寫在方程式的一側，通常在左側，這個變數稱為「依賴元」（「依賴變數」），通常是 y；而另一側只含有其他的那個變數，稱之為「獨立元」（「獨立變數」），通常是 x；我們就說

這是個是<u>函數</u>關係。於是作圖法就比較簡單！請看下例。

例題 2 求作 $xy^2 = 1$ 的圖形。

解 當我們說「$xy^2 = 1$ 的圖形」時，我們就是要找出所有能夠符合方程式 $xy^2 = 1$ 的點 (x, y)。

這個方程式「外表上」不是個函數關係！但是我們可以將它改寫成：

$$x = \frac{1}{y^2}$$

這樣子就成了「函數關係」：變數 y 為「獨立變數」，而變數 x 為「依賴變數」。（我故意和通常的習慣相反！）

那麼我們就可以隨便寫幾個 y，代入上式右側，就算出 x，列成一表：

x	16	9	4	1	0.25	0.11	0.0625
y	0.25	0.33	0.5	1	2	3	4

然後，在坐標紙上就可以標出這七個點，大概就可以連成一條近似的曲線吧！（參看下左圖）

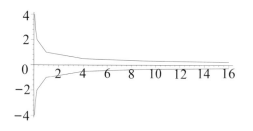
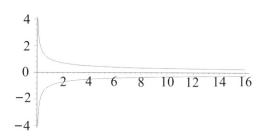

註 當然我們會碰到這個困難：曲線上的點無限多，我們不可能都把它算出來！還好，你可以抱著這個信念：只要取了夠多的，而且（適度）精密的點，所（適當地）連成的曲線就是很好的近似圖形。上右圖則是用電腦畫出的更精細的圖。

【對稱性】

你當然注意到：我們只列了七點，y 都是正的，故應該只有上半支曲線！事實上，因為 $x = \dfrac{1}{y^2}$，所以 $\pm y$ 所對應的 x 值是一樣的！所以：「算出一個，你就得到兩點」！等於工作量「打對折」！

習．題． 畫出平方函數圖 $y = x^2$，$|x| \le 3$。

【顯隱函數與作圖】

以上我們已經分辨了兩種坐標幾何作圖題：方程式的作圖與函數的作圖。前者有時可以很困難！因為這是要對於種種的 x 去解出 y。（也可以顛倒講！）所以這是要看給我們的題目而定。例如，給我們 $9y - 5x + 160 = 0$，這個方程式很容易解：$y = \dfrac{5}{9}(x - 32)$，或者 $x = 32 + 1.8 * y$。這樣一解出，就變成簡單的函數作圖！我們就把方程式的作圖叫做隱函數的作圖，因為那個函數本來只是隱形在那裡！如果我們把它明白解出，它就顯露出函數的形狀了！

【數據作圖法】

此地要說些非常重要的「題外話」：

在科學研究時，經常要做另外一種工作，叫數據作圖。數據作圖並非用公式去計算這些「點」，恰好顛倒：數據作圖的目的是：要由這個圖，猜測函數公式！

例題3 Boyle（玻義耳）他（們）做了很多實驗，來考慮：一定量的氣體，在固定溫度下，「體積與壓力」的關係。他得到很多「數據」，但如下的紀錄只是杜撰的！

壓力	0.7	0.9	1.1	1.3	1.5	1.7	1.9	2.1	2.3
體積	32.0	24.9	20.4	17.2	14.9	13.2	11.8	10.7	9.7

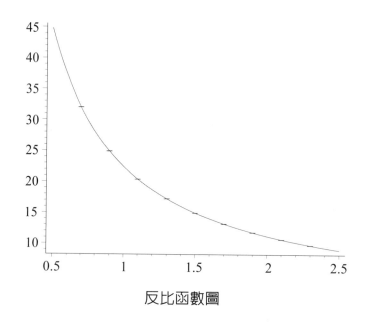

反比函數圖

註

· 我們要再三強調：坐標法有兩種，一是（我們名之為）<u>幾何的</u>，一是（我們名之為）<u>物理的</u>。

前者，因為要表現距離與角度，所以兩軸的尺度必須相同！兩軸稱為 x, y，這也是常規。（而這平面就叫 (x, y) 平面。）

後者，兩個物理量通常並不是<u>同一類的</u>，故兩者單位的選擇各不相干！即使是同一類的物理量，（因為著重點不同，）也可採用不同的尺度。

· 物理的坐標平面，如上例，因為體積（volume）用 v 而壓力（pressure）用 p，兩軸各叫 v 軸, p 軸，這平面就叫做 (v, p) 平面。

- 本來縱橫兩軸完全對等，但是，習慣上我們先說橫軸，再說縱軸。

  在物理的坐標平面，橫軸所代表的變量是「自變量」，縱軸的卻是「因變量」；換句話說：在(p, v)平面，你比較注意「p變化時，v會怎樣跟著變」。

  其實，在物理學中，大半的機會是以時間為自變量！橫坐標是t。

- Boyle所得的數據永遠是有限個！人力只能做「有限」的事！不過，我們卻可以想像出有一個關係圖是連續不斷的曲線！數學就是要運用想像，對付這個想像中的曲線！你不要以為「這是不切實際的」。當我們得出這條曲線的規律時，我們就可以根據它而算出：「p如何時，v將如何」。科學絕不是「取得（有限個）數據」而已，就是因為有著數學的想像與推理！

- 觀測的誤差絕對是難免的！不過，經驗告訴我們：從近似值之中，我們也可以得出近似的「真理」。Boyle當然知道他的數據只能準確到一個程度，但是他絕不因此以為：「錯1c.c.也是錯的，錯50m³也是錯」。其實Boyle由他的數據，判定了：「v與p反比」！猜出$v=\dfrac{22.4}{p}$。

  這個Boyle定律只是個近似定律，只對「理想氣體」才完全適用。世界上當然沒有理想氣體！但是如果沒有「理想氣體」這個概念的發明，就不可能有近代的科學！適度的「簡化」、「理想化」，是科學所必需的。

CHAPTER 5

[一次函數與直線]

例題 1 函數 $y = 3x$ 的圖解為何？

解 如下左圖。

$x=$	1	2	3	4	6	7	……
$y=$	3	6	9	12	18	21	……

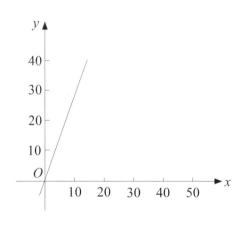
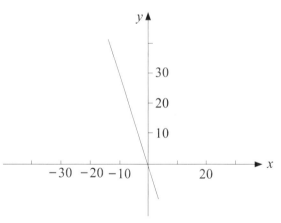

例題 2 函數 $y = -3x$ 的圖解為何？

解 如上右圖。

基礎坐標幾何

【齊一次函數】

當兩個變數 x 與 y 有方程式

$$y = m * x \quad (m \neq 0)$$

的關係時，我們就說：y 是 x 的齊一次函數。

雖然齊一次函數 $y = m * x$ 是最簡單的函數，卻也是最重要的函數！因為在應用上，它是一再出現的！

例題1 （單價：）● ● ● ● ● ● ● ● ● ● ● ● ● ● ● ● ● ●

在商業經濟行為上，若某一商品，單價為 m，則在購買 x 單位時，所需價款 y 就是貨量 x 的齊一次函數：

$$y = m * x$$

註 這例子是一種理想化的模型：因為涉及人的因素，當然只是「差不多」。例如「1 個 6 元，1 打（12個）算你 70 元，」反倒平常！更常見的是：小賣有「小賣價」，大賣有「大賣價」。

問 台電的電費是「一度」多少錢？郝大帥家，每月用幾度？（當然單價不同！）

例題2 等速運動：● ● ● ● ● ● ● ● ● ● ● ● ● ● ● ● ● ●

假設我的車子為維持一定的時速 $v = 70$（每時公里），那麼經過 t 小時，走過的路程 s 就是時間 t 的齊一次函數：

$$s = v * t$$

（用的變數當然是照通常的習慣！此地，v, t, s 相當於剛剛的 m, x, y。）

在實際的狀況，當然不可能維持等速！但是，有可能在一段時間內，保持「差不多等速」。

例題 3 自由落體的等加速運動：

Galileo（迦立略）發現：假設在高塔上，放開手中拿著的一塊石頭（或任何東西？），讓它（自由）鉛垂地掉落到地面，那麼速度 v 將是所經過時間 t（秒）的齊一次函數：

$$v = g * t$$

此地 $g = 9.8$（「每秒每秒米」）是所謂「地面上的重力加速度」。

例題 4 Einstein 的質能轉換：

原子彈與核能發電的根本道理是愛因斯坦的公式：質量 m 可以轉換為能量

$$E = c^2 * m$$

$c = 3 * 10^8$（每秒米）是（於真空中的）光速。

例題 5 不同單位的換算：

1 英吋是 2.54 糎；所以量得 x 英吋，就是 y 糎：

$$y = 2.54 * x$$

特例 6 溫度相差攝氏 ΔC 度，就是相差華氏 ΔF 度，

$$\Delta F = 1.8 * \Delta C$$

註 希臘大寫字母 Δ，唸做 delta；意思是：「差」、「相減」。不是「用 Δ 去乘 F，或乘 C。」

【一次函數】

當兩個變數 x 與 y 有方程式

$$y = m * x + k \quad (m \neq 0)$$

的關係時，我們就說：y 是 x 的一次函數。「齊次」或「不齊次」，就看是否 $k = 0$ 而定。

例題 7 溫度換算：

溫度計上，刻上攝氏 C 度，就是華氏 F 度；而
$$F = 32 + 1.8 * C$$
和剛剛的特例比較！

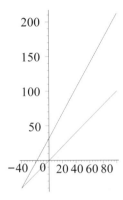

問 何時攝氏刻度與華氏刻度相同？

解 我們只要看這個圖中兩條直線的交點就好了：
$$F = 32 + 1.8 * C；與 F = C$$
當然這就是解聯立方程式！

例題 8 等速運動：

如例 2 的情形，假設我的車子為維持一定的時速 $v = 70$（每時公里），行駛於高速公路上。「高速公路管理局」把「高速公路」看成一條直線而建立坐標系！在高速公路上的位置都有其「坐標」，（例如說「南下 97 公里處」，）那麼，如果上去高速公路後，經過某個位置 $b = 97$ 時，看一下手錶，那麼，從此開始經過 t 小時，走到的位置 X 就是時間 t 的（不齊次！）

一次函數：

$$X = v * t + b$$

例 8 與例 2 的函數圖可以對照一下：

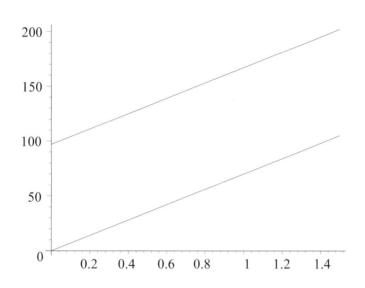

例題9 等加速運動：

考慮例 3，當落體經過 1.5 秒時，（此時落體的速度是 147 每秒米，）恰好經過某一層樓，而其處有一客人正對窗外照相，由其時算起，則這個落體的速度將是：

$$v = g * t + 147 （每秒米）$$

那麼例 9 與例 3 的函數圖可以對照一下：

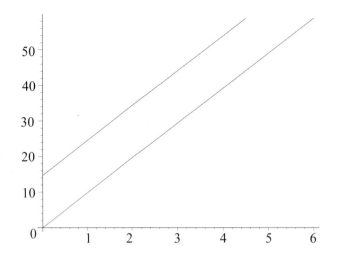

例題 10 「起跳的模型」：●●●●●●●●●●●●●●●●●●

有一種服務業，它的收費是：（除了材料費另計之外，）以他的車子出發開始計算時間 t，而服務費為

$$F = m * t + k$$

從例 7 以下的例子，都是（不齊的）一次函數，在應用上一再出現。

5.2 斜　率

【斜率】

我們現在用坐標幾何的語句，（橫坐標用 x，縱坐標用 y，而且假定兩者有相同的尺度，）來思考這個式子：

$$\Gamma : y = m * x + k$$

畫在坐標圖上，Γ 是一條直線。從前節的那些例子中，已經可以看出來：若 x 增加了 Δx，則 y 會隨著「增加了」Δy；兩者成「正比」，這個比例就是 m，我們稱之為斜率（slope），記作：

$$\sigma\left(\Gamma\right):=\frac{\Delta y}{\Delta x}=m$$

它的意思是：「在這條直線 Γ 上，橫坐標（往右）增加一格時，縱坐標（往上）增加幾格」，就是斜率。

註 數學的語句，講「增加」不一定真的「增加」！我們都允許正或負！「負的增加」，其實是減少！

【一次函數】

上面的式子，給出 x, y 之間的關係，叫做一次函數，這裡要求：$m \neq 0$，而不在乎 k，$k=0$ 則為齊次，否則 $k \neq 0$ 為不齊次；其圖解必然是一條直線，但不是橫線（與 x 軸平行）也不是縱線（與 y 軸平行）。

反過來說，這樣子的直線也一定是某個一次函數之圖形！

註 「一次以下」的函數：我們要求 $m \neq 0$，才是「真的」一次函數！若 $m=0$，則得 x, y 的關係是：

$$y=k$$

換句話說：不管 x 如何變化，y 固定是<u>常數</u> k。本來，「y 是 x 的函數」的意思是：「x 變化，y 就隨著變」。但數學的語句，把不變看成是變化的一種特別情形！所以我們應該允許斜率為 $m=0$。此時，直線是橫線，與 x 軸平行！（數學的語句，允許此直線是 x 軸的情況！）此時：y 是 x 的「一次以下」的函數。

【陡率】

如果有一條山路，姑且說是東西向吧，我們如何講它的「陡峻的程度」？應該用斜率。

我們以水平向東為 x 軸，某（起點）處的鉛垂線向上為 y 軸，那麼這段路就是

$$y=m*x$$

那麼 m（或者嚴格地說，$|m|=m$ 的絕對值，）就代表了陡峻的程度。所以斜率也許可以說是「陡率」！

習題1 ●

查詢一下，在鐵路建設的立場，路基斜率必須限制在什麼範圍內？

【平行與斜率】

坐標平面上的任意兩條直線，它們會平行的條件就是其斜率相等！

例如：$y = 2.3 * x + 7.3$，$y = 2.3 * x - 4.6$，斜率相同！會平行！

因為沒有交點！

它們的交點就是聯立解！

但是這兩個方程式

當然是沒有聯立解！

（互相矛盾！）

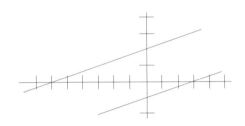

【規約：斜率無限大】

現在請看圖中的一些直線：$y = m * x$。

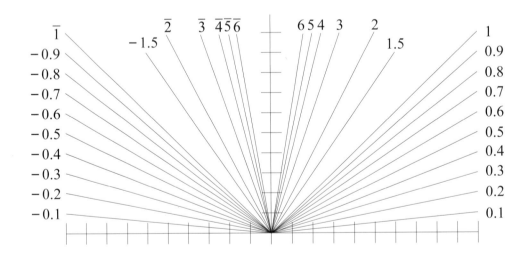

（上面的標籤就是斜率 m，而 $\overline{m}$ 是 $-m$。）你看得出來：上述諸直線（2, 3, 4, 5, 6），斜率越來越大，直線 $y = mx$ 越來越陡，如果可以一直下去，那麼「終

於」成為垂直直線，即 y 軸；相似地，在左側，m 為負，斜率 -2，-3，-4，-5，-6，斜率越來越「小」，（絕對值越大！負得越來越厲害！）也一樣「終於變成」y 軸。

因為這個緣故，我們規定：鉛垂直線的斜率為 ∞。這個符號（8橫著寫！）讀做「無限大」。我們這樣規定之後，剛剛的「平行與斜率定理」，就很完整了！

 例題 1 試證下列四點可連成平行四邊形：
$$A=(-4,-2)，B=(2,0)，C=(8,6)，D=(2,4)$$

證

過 A, B 之直線斜率為 $m_1 = \dfrac{-2-0}{-4-2} = \dfrac{-2}{-6} = \dfrac{1}{3}$

過 C, D 之直線斜率為 $m_2 = \dfrac{6-4}{8-2} = \dfrac{2}{6} = \dfrac{1}{3}$

故 $m_1 = m_2$，所以 $\overline{AB} \mathbin{/\!/} \overline{CD}$

同理，$\overline{AD}$，$\overline{BC}$ 斜率都 $=1$，故平行

故 $ABCD$ 構成一平行四邊形。

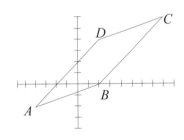

☞注意：如果有四點 $A=(x_1, y_1)$，$B=(x_2, y_2)$，$C=(x_3, y_3)$，$D=(x_4, y_4)$，構成一平行四邊形，條件將是：

$$x_1 + x_3 = x_2 + x_4$$
$$y_1 + y_3 = y_2 + y_4$$

幾何上這就是：對角線互相平分！

【記憶的要領】

如上的式子，我們可以簡單記成：
$$A + C = B + D；D = A + C - B（等等。）$$
我們只要把這樣的式子，理解為：「分別對縱橫坐標來計算」！

對於有些幾何的證明題，我們可以按照問題的需要，而選定一個更為方便的坐標系。

【平行四邊形定律】

平行四邊形的四邊平方和等於對角線之平方和。

$$\overline{AC}^2 + \overline{BD}^2 = \overline{AB}^2 + \overline{BC}^2 + \overline{CD}^2 + \overline{DA}^2$$

 我們命 $ABCD$ 為：

$$A = (0, 0)，B = (x_1, y_1)，C = (x_1 + x_2, y_1 + y_2)，D = (x_2, y_2)$$

所以

$$\overline{AD}^2 = \overline{BC}^2 = x_2^2 + y_2^2$$
$$\overline{AB}^2 = \overline{DC}^2 = x_1^2 + y_1^2$$

但

$$\overline{AC}^2 = (x_1 + x_2)^2 + (y_1 + y_2)^2$$
$$\overline{BD}^2 = (x_2 - x_1)^2 + (y_2 - y_1)^2$$

這裡利用恆等式

$$(x_1 + x_2)^2 + (x_1 - x_2)^2 = 2(x_1^2 + x_2^2)$$

故

$$\overline{AC}^2 + \overline{BD}^2 = 2(x_1^2 + x_2^2 + y_1^2 + y_2^2)$$
$$= \overline{AB}^2 + \overline{BC}^2 + \overline{CD}^2 + \overline{DA}^2$$

5.3 直線的斜截式一般式

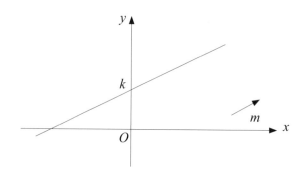

【斜截式】

方程式

$$y = m * x + k$$

叫做直線的斜截式，因為：m 為斜率，而 k 為截距。前者的意思，在前面已經講過了，至於截距 k 的意思也是很簡單：這條直線通過 y 軸時的 y 坐標！

做為直線的方程式，斜截式是非常方便、非常有用的！它唯一的缺點是：利用斜截式來討論直線，就必須煩惱：「會有例外」！因為對於斜率 $m = \infty$ 的情形，即：與 y 軸平行的直線 $x = h$，它無法使用！（因為此時截距 k 也是「無限大」！）

問1 $y = 5x - 16$ 之斜率為何？在 y 軸上之截距為何？

問2 Γ 之斜率為 -7，在 y 軸上截距為4，求直線 Γ 之方程式。

【直線的一般式】

兩元的真一次方程式

$$a \cdot x + b \cdot y + c = 0$$

代表一條直線！反過來說，任何一條直線也必定可以用真一次方程式來代表。

提醒一下：

$$3x^2 - 4x^2y - 8x + 6y - 23$$

這是對 x 二次，對 y 一次，但是，對 x, y 三次。講「次數」，總是以「最高次項」來談，而如果沒有特別限定「對 x」或「對 y」，那就是「對 x, y 一起談」，於是 $-4x^2y$ 這一項，就是 $2 + 1 = 3$ 次了。

$ax^2 + bx + c = 0$，這是幾次方程式？通常就回答二次。

這麼說，難道 $0x^2 + 4x - 3 = 0$ 是二次方程式？

（$a = 0, b = 4, c = -3$）當然，這時候是「惡意的咬文嚼字」！

這裡說真一次，是真正的一次，也就是說：a, b 不同時為零。

實際上，若 $b \neq 0$，則其斜率為 $m = \dfrac{-a}{b}$，截距為 $k = \dfrac{-c}{b}$。但若 $b = 0$，則

其斜率為 $m = \infty$，這是與 y 軸平行的直線

$$x = \frac{-c}{a}$$

註 「真一次」，而 $b = 0$，就保證此時 $a \neq 0$！同時我們也解釋了：

$$\frac{-a}{0} = \infty$$

例題1 直線 $5x - 8y + 9 = 0$ 之斜率為 $\frac{5}{8}$，截距為 $\frac{9}{8}$。

問3 求下列直線之斜率、截距：

1. $3x + 4y = 5$
2. $3x + 4y = -9$
3. $8x + 5y = 11$

做為直線的方程式，這個一般式是非常沒用的！因為一條直線，有無限個「一般式」！因為 $x + 2y + 3 = 0$，與 $2x + 4y + 6 = 0, 7x + 14y + 21 = 0$，都是同一條直線。「一般式」唯一的優點是：不會有例外。

【兩條直線的關係】

坐標幾何的觀點是：直線一定用一個真一次方程式來表達，如果給我們兩個真一次方程式：

$$L_1 : a_1 x + b_1 y + c_1 = 0$$
$$L_2 : a_2 x + b_2 y + c_2 = 0$$

那麼兩條直線 L_1, L_2，其間的關係可以直接從方程式看出來：

- 若一次係數「不成比例」$a_1 * b_2 - a_2 * b_1 \neq 0$，則稱為<u>正常</u>情形，而聯立方程式有解答而且只有一組解答，幾何上表示兩直線恰有一交點！
- 若一次係數「成比例」$a_1 * b_2 - a_2 * b_1 = 0$，則稱為<u>不正常</u>，兩條直線或者「完全重合」（當然「交點無限多」、「交點不止一個」），這其實可以一看就知：

$$a_1 : a_2 = b_1 : b_2 = c_1 : c_2$$

或者真正平行，「沒有交點」：

$$a_1 : a_2 = b_1 : b_2 = \neq c_1 : c_2$$

兩方程式互相矛盾。

註 正常性判準：如上式的兩條直線的關係，不正常或正常，純由

$$\det \begin{bmatrix} a_1, b_1 \\ a_2, b_2 \end{bmatrix} = a_1 * b_2 - a_2 * b_1 \overset{?}{=} 0$$

來決定！

5.4 直線的其他形式

【點斜式】

給定一點 $P_0 = (x_0, y_0)$，及一個斜率 m，那麼經過這點且有這個斜率的直線為：

$$y - y_0 = m * (x - x_0)$$

註 這叫做點斜式。如果斜率 $m = \infty$，那麼點斜式就是

$$x = x_0$$

問 1 求直線 Γ（之方程式）：

1. Γ 過點 $(1, 3)$，斜率為 $(-4/3)$。

2. Γ 過點 $(1, 3)$，斜率為 -7。

例題 1 若知道直線在 y 軸上的截距 k，及斜率 m，則可令 $x_0 = 0, y_0 = k$，於是有 $y = mx + k$；當然這就是直線之斜截式。

【兩點式】

設 $A_1 = (x_1, y_1)$, $A_2 = (x_2, y_2)$ 為平面上不同的兩點，則經過這兩點的直線 ℓ 方程式為

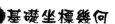

$$\frac{y - y_1}{x - x_1} = \frac{y_2 - y_1}{x_2 - x_1}$$

$$或 \quad y = y_1 + \frac{y_2 - y_1}{x_2 - x_1} * (x - x_1)$$

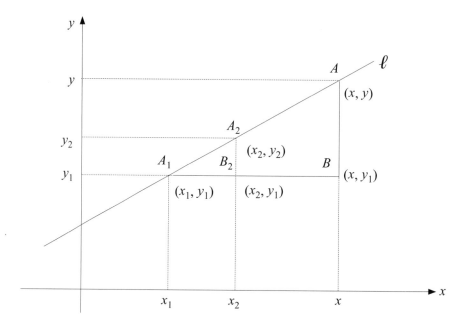

 實際上，因為直線過此兩點，所以其斜率 $m = \frac{y_2 - y_1}{x_2 - x_1}$；所以再利用點斜式就好了！

🈷 其實不用背公式：先算出斜率，再用點斜式。再說一遍我們的記憶法則：斜率是 $\frac{\Delta y}{\Delta x}$，其中 Δ 指 difference 之（希臘字母）首字（讀成 delta），意指「差（分）」，x 從 x_1 變到 x_2，y 從 y_1 變到 y_2，其間之變化（差分）是 $\Delta x = x_2 - x_1$, $\Delta y = y_2 - y_1$，故 $\frac{\Delta y}{\Delta x} = \frac{y_2 - y_1}{x_2 - x_1}$ 指此段變化中的變化率，即幾何學上之斜率。要注意：兩點 (x_1, y_1) 與 (x_2, y_2) 之地位完全相同，那麼，在上式中，對調足碼 1 與 2，應該得到相同的斜率。當然，若是 $x_1 = x_2$，那就不用再算下去了！直接寫出兩點式為

$$x = x_1 = x_2$$

例題2 試求經過點 $(3, -4)$ 及點 $(7, 6)$ 的直線方程式。

解 $2y - 5x + 23 = 0$

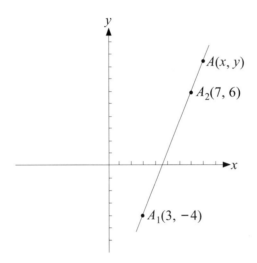

問2 試求過點 $(3, 5), (1, -2)$ 的直線方程式。

【面積式】

兩點式可以有另一種解釋！

已給兩點 $P_1 = (x_1, y_1) \neq P_2 = (x_2, y_2)$，我們考慮一點 $P = (x, y)$，何時其面積 $\triangle P_1 P_2 P = 0$？當然，幾何上這表示「P 在 P_1, P_2 的連線上」！然則，依照面積的公式（p.23），（可以省去 $\frac{1}{2}$，）點 $P = (x, y)$ 會在 P_1, P_2 的連線上的條件就是：

$$x y_1 + x_1 y_2 + x_2 y - x_2 y_1 - x_1 y - x y_2 = 0$$

其實也就是兩點式方程：

$$\frac{y - y_1}{x - x_1} = \frac{y_2 - y_1}{x_2 - x_1}$$

 試證三點 $(1, 2), (7, 6), (4, 4)$ 共線!

例題4 三點 $(1, -3), (-2, 5), (4, k)$ 在一直線上,試求 k 之值。

 $k = -11$

【截距式】

假設直線 λ 經過兩軸上的點 $(h, 0)$ 及 $(0, k)$,其中 $h * k \neq 0$(即 h, k 都不為零),則 λ(之方程式)為

$$\frac{x}{h} + \frac{y}{k} = 1$$

這公式很容易記憶!

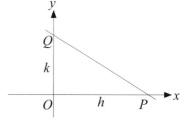

證

由兩點式,λ 即:

$$\frac{y - 0}{x - h} = \frac{k - 0}{0 - h}$$

可以化為 $-h * y = k * x - h * k$ 或 $k * x + h * y - h * k = 0$;用 $h * k$ 去除,就得到所求!

當然,$h = OP$,$k = OQ$ 分別是 λ 在 x 軸與在 y 軸上的截距。

問3 試求一直線之方程式,使其截距為3, -5。

CHAPTER 6

[垂　線]

6.1 正方形

 給你兩點 $A(3, -2), B = (5, 4)$，試畫出正方形 $ABCD$。

(解) 以 $\overline{AB}$ 為斜邊，可以畫出兩個直角△，使得「勾股」與兩軸平行，這就是所謂的卡氏直角△，如下左圖中的 $\triangle APB$ 與 $\triangle BQA$，當然□$APBQ$ 是所謂的卡氏矩形，以 $\overline{AB}$ 為對角線，$P = (5, -2), Q = (3, 4)$。

因為 $\overline{AB}$ 並不與兩軸之一平行，□$ABCD$ 不是所謂的卡氏正方形。

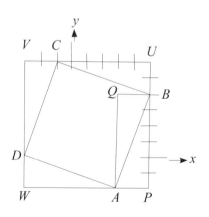 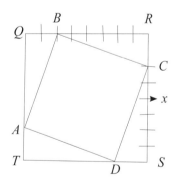

上左圖中，□$PUVW$ 是所謂的卡氏正方形，而□$ABCD$ 是其「內接的」正方形，因此，

$$\triangle BUC \cong \triangle CVD \cong \triangle DWA \cong \triangle APB$$

這樣子，從 A, B 兩點的「坐標差」，就可以算出

$$AP = 5 - 3 = 2，PB = 4 - (-2) = 6$$

那麼就得到：

$$BU = CV = DW = AP = 2，UC = VD = WA = PB = 6$$

於是逐點的坐標都可以算出來了：

$$P = (5, -2)，U = (5, 6)，V = (-3, 6)，W = (-3, -2)$$

從而：$C = (-1, 6)，D = (-3, 0)$

整個困擾是在「正負號」！在這個例子中，從 A 到 B，兩點的「坐標差」，就是

$$\triangle x = AP = 2，\triangle y = PB = 6（都是正的！）$$

那麼，從 B 到 C，兩點的「坐標差」，就是

$$c_x - b_x = -\triangle y = -6，c_x = 5 - 6 = -1$$
$$c_y - b_y = \triangle x = 2，c_y = 4 + 2 = 6$$

$\overrightarrow{AB}$ 的斜率為正（西南－東北），而 $\overrightarrow{BC}$ 的斜率為負（東南－西北）！如果在方格紙上畫圖，就不會弄錯了！最少要畫個草圖。

你也看出另有一解（上圖右）：□$ABCD$ 內接於卡氏正方形□$QRST$，那麼：

$$Q = (3, 4)，R = (11, 4)，S = (11, -4)，T = (3, -4)$$

其「內接的」正方形是□$ABCD$：

$$A = (3, -2)，B = (5, 4)，C = (11, 2)，D = (9, -4)$$

習 題 給你兩點 $A = (5, -2), B = (9, -5)$，試畫出正方形 $ABCD$。

本節就推廣上節的計算要領：$\overline{BC} \perp \overline{AB}$。

這個垂直的概念，在平面幾何中很重要，下面的結果告訴我們，何時兩直線會互相垂直。（又稱為正交。）

【定理】

兩直線互相垂直的充分必要條件是：它們的斜率乘積為

$$m_1 * m_2 = -1$$

 設有相異三點 $A = (x_1, y_1)$, $B = (x_2, y_2)$, $C = (x_3, y_3)$，兩線為 AC, BC，而交點為 C，於是：

AC 之斜率為：$m_A = \dfrac{y_1 - y_3}{x_1 - x_3}$

BC 之斜率為：$m_B = \dfrac{y_2 - y_3}{x_2 - x_3}$

這兩線會垂直的條件是：（畢氏定理）

$$AC^2 + BC^2 = AB^2$$

也就是：

$$[(y_1 - y_3)^2 + (x_1 - x_3)^2] + [(y_2 - y_3)^2 + (x_2 - x_3)^2] = (x_1 - x_2)^2 + (y_1 - y_2)^2$$

先寫

$$(x_1 - x_2) = (x_1 - x_3) - (x_2 - x_3) ; (y_1 - y_2) = (y_1 - y_3) - (y_2 - y_3)$$

再展開來：

$$(x_1 - x_2)^2 = (x_1 - x_3)^2 + (x_2 - x_3)^2 - 2(x_1 - x_3) * (x_2 - x_3)$$
$$(y_1 - y_2)^2 = (y_1 - y_3)^2 + (y_2 - y_3)^2 - 2(y_1 - y_3) * (y_2 - y_3)$$

代入（畢氏定理的）條件式！於是：

$$-2(x_1 - x_3) * (x_2 - x_3) - 2(y_1 - y_3) * (y_2 - y_3) = 0$$

或

$$(x_1 - x_3) * (x_2 - x_3) = -(y_1 - y_3) * (y_2 - y_3)$$

除以$(x_1 - x_3) * (x_2 - x_3)$，得：

$$\frac{(y_1 - y_3)}{(x_1 - x_3)} * \frac{(y_2 - y_3)}{(x_2 - x_3)} = -1$$

亦即是：

$$m_A * m_B = -1$$

☞注意：我們漏掉了「兩線分別平行於 x 軸、y 軸的情形」！不過在此時，我們已經定義兩個斜率分別為0, ∞；所以我們只要把 $m_A * m_B = -1$ 這式子擴大解釋為包含這種情形就好了！

例題1 求作△ABC，以 $A = (3, 4)$，$B = (-2, -1)$，$C = (4, 1)$ 為頂點，並證明其為直角三角形。

今設 m_1, m_2 分別為 $\overline{BC}, \overline{CA}$ 之斜率，則有

$$m_1 = \frac{-1-1}{-2-4} = \frac{-2}{-6} = \frac{1}{3}$$
$$m_2 = \frac{1-4}{4-3} = \frac{-3}{1} = -3$$
$$m_3 = \frac{4-(-1)}{3-(-2)} = \frac{5}{5} = 1$$

因 $m_1 \cdot m_2 = -1$，故∠C 為直角。（而 m_3 不用算！）

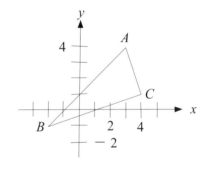

☞注意：有三個斜率！若選錯了，則計算是白做了！因此你必須先畫圖！如果要硬算，那不如計算三邊長平方，驗證畢氏定理！

問1 若一直線垂直於以下各組已知點的兩點連線，試求其斜率：

1. $(1, 2)$，$(-1, 3)$
2. $(3, 7)$，$(-2, 7)$

問2 試證下列各點可連成一矩形：

$$(-3, -3) , (5, 1) , (2, 5) , (-5, 1)$$

6.3 最小平方法

【二次函數】

如果我寫

$$f(x) := 3x^2 - 8x + 11$$

這是什麼意思？

右邊是一個「二次式」，二次式通常有三項！（從最高次項寫起「降冪」，冪＝「次方」。）

把冒號與等號合起來寫，叫做冒等號，意思是「定義」。我們「規定」$f(x)$就是右邊的二次三項式，因此就定義了一個函數 f。

函數就是「機器」：給它「原料」，就產生「產品」！此地 f 是一個機器，給它「原料」1，就產生「產品」$f(1)=4$；給它「原料」2，就產生「產品」$f(2)=7$；給它「原料」3，就產生「產品」$f(3)=14$；給它「原料」-4，就產生「產品」$f(-4)=91$；等等。

數學裡面的機器都是抽象的：這裡的「原料」、「產品」通常都是「數」。例如，「絕對值函數」，現在（電腦時代）已經習慣給它一個<u>名字</u> abs，因此，$abs(\pi - 6) = 6 - \pi$，$abs(7 - 9^2) = 74$，等等。

（在數學裡面，）函數太重要了！但是「有名字的函數」，寥寥無幾！所以我們必須臨時、方便地，給我們要用到的函數一個名字！例如此地的 f。

例題 對於如上的二次函數 f，請問：給它什麼樣的原料 x，可以得到最小的產品 $f(x)$。

解 由配方法：

$$f(x) := 3x^2 - 8x + 11 = 3\left(x - \frac{4}{3}\right)^2 + \frac{17}{3}$$

由右邊的第一項看來就知道：只有取 $x = \dfrac{4}{3}$ ，才會得到最小的（「產品」＝）函數值 $f\left(\dfrac{4}{3}\right) = \dfrac{17}{3}$ 。

【配方法原理】

對於二次函數

$$f(x) := ax^2 + bx + c$$

（若 $a > 0$ ，）在 $x = \dfrac{-b}{2a}$ 時，有<u>最小函數值</u>

$$f\left(\dfrac{-b}{2a}\right) = -\dfrac{b^2 - 4ac}{4a}$$

註 若 $a < 0$ ？只是改「最小」為「最大」！

$\dfrac{-b}{2a}$ 叫做這個函數的<u>臨界點</u>，最小點（或最大點）。

【中點定理】

直線上有兩點 A, B ，求此直線上一點 P ，使得它與這兩點的距離平方之和 $PA^2 + PB^2$ 為最小！？答案是：取 P 為 AB 的中點！

 用坐標幾何法！用小寫字母表示其等之坐標，則：

$$f(p) := PA^2 + PB^2 = (p - a)^2 + (p - b)^2 = 2p^2 - 2p * (a + b) + (a^2 + b^2)$$

於是：最小點 $= \dfrac{a + b}{2}$ 。

【平均原理】

坐標直線上有許多點 $a_1, a_2, \cdots, a_N$ ，求此直線上一點 x ，使得它與這些點的距離平方之和

$$f(x) := (x - a_1)^2 + (x - a_2)^2 + \cdots + (x - a_N)^2$$

為最小！？答案是：取<u>平均</u>（或者叫<u>重心</u>）

$$x = \dfrac{a_1 + a_2 + \cdots + a_N}{N}$$

習　題 有 7 個人（某次考試）的成績如下： • • • • • • • • •

$$78, 84, 49, 69, 95, 76, 81$$

現在要用一個分數 x，來代表這些人的分數，但要求「總平方誤差」

$$(78-x)^2 + (84-x)^2 + (49-x)^2 + (69-x)^2 + (95-x)^2 + (76-x)^2 + (81-x)^2$$

為最小！

【重心定理】

三角形 ABC 頂點為：

$$A=(x_1, y_1)，B=(x_2, y_2)，C=(x_3, y_3)$$

現在要用一點 $P=(x, y)$，來代表這三點，但要求「總平方誤差」

$$PA^2 + PB^2 + PC^2$$

為最小！則答案是：取 P 為 $\triangle ABC$ 的重心：

$$x=\frac{x_1+x_2+x_3}{3}，y=\frac{y_1+y_2+y_3}{3}$$

註 如果有 $N(>3)$ 個點 $A_1, A_2, \cdots, A_N$？

【煩惱題】

如果把「總平方誤差」改為「總絕對誤差」呢？

問 用坐標法證明如下定理： • • • • • • • • •

設 $ABCD$ 為矩形，則對平面上任一點 $P=(x, y)$：

$$\overline{AP}^2 + \overline{CP}^2 = \overline{BP}^2 + \overline{DP}^2$$

如何取坐標系最方便？當然是讓矩形之長寬與兩軸平行，因而矩形成為卡氏的矩形！故可設：

$$A=(k, \ell)，C=(m, n)；B=(m, \ell)，D=(k, n)$$

 點線距

例題1 給你點 $A=(-5, 3)$，以及直線 Γ：$2x+3y-12=0$，求此直線上的一點 P，使得它與 A 之距離最小！

解 點 $P=(x, y)$ 與 A 之距離為（e＝error，誤差）

$$e=\sqrt{(x+5)^2+(y-3)^2}$$

要使得它盡可能的小，只須要：

$$e^2=(x+5)^2+(y-3)^2$$

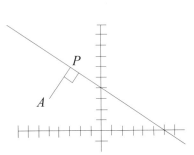

盡可能的小！

但是，x, y 並不是「互不相干」！因為限定：

$$2x+3y-12=0，\quad y=4-\frac{2x}{3}$$

所以

$$e^2=(x+5)^2+(1-\frac{2x}{3})^2=(\frac{13}{9})x^2+\frac{26}{3}x+26=\frac{13}{9}(x+3)^2+13$$

因此，由配方法算出：當 $x=-3$ 時，$e^2=13$ 為最小

那麼：最小距離為 $PA=\sqrt{13}$；而 $P=(-3, 6)$。

 直線 PA 的方程式？

 $y-3=\frac{3}{2}(x+5)$（與 Γ 垂直！）

【點線距定理】

在直線 Γ：$a*x+b*y+c=0$ 之上，可以找到一點 $P=A^\dagger$，使得它與點 $A=(x_0, y_0)$ 有最小的距離，這個最小的距離，就叫做這個點與直線的距離 $d(A, \Gamma)$。

事實上，自點 A 到直線 Γ 作垂線，則垂足就是 $A^\dagger$。（參見 p.9.）

習題1

1. 求點 $(5, 3)$ 至 $3x + 2y = 6$ 之距離與垂足。

2. 求點 $(-2, -1)$ 至 $2x - y = 4$ 之距離與垂足。

3. 求連接兩點 $(-2, -1)$ 與 $(4, 3)$ 之直線至點 $(3, -2)$ 之距離與垂足。

【點線距公式】

垂足是：$A_\Gamma = (x_0 - \dfrac{2a(a*x_0 + b*y_0 + c)}{a^2 + b^2}, y_0 - \dfrac{2b(a*x_0 + b*y_0 + c)}{a^2 + b^2})$

點線距：$d(A, \Gamma) = \dfrac{|ax_0 + by_0 + c|}{\sqrt{a^2 + b^2}}$

你可以照前述的配方法推導出這些公式！從而證明點線距定理；如果你知道：AA_Γ 與 Γ 垂直，我們可以如此推導點線距公式。

自 A 作垂線 AA_Γ 到 Γ，垂足為 $A_\Gamma = (u, v)$，現在要計算出 $\triangle x = u - x_0$，$\triangle y = v - y_0$。

今 AA_Γ 與 Γ 垂直，故斜率之積為

$$(i): \frac{\triangle y}{\triangle x} \cdot \frac{-a}{b} = -1$$

並且 A_Γ 在 Γ 上，即是

$$(ii): a \cdot u + b \cdot v + c = 0$$

和

$$(iii): f(A) := a \cdot x_0 + b \cdot y_0 + c$$

相比較，則得$(ii) - (iii)$式：

$$(iv): a\triangle x + b\triangle y = -f(A)$$

今將(i)式改為

$$\triangle y = \triangle x \left(\frac{b}{a}\right)$$

則

$$d^2 = (\triangle y)^2 + (\triangle x)^2 = (\triangle x)^2 \left(\frac{b^2 + a^2}{a^2}\right)$$

而

$$d = |\triangle x| \frac{\sqrt{a^2 + b^2}}{|a|}$$

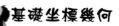

(iv)式，即 $a\Delta x + \dfrac{b^2}{a}\Delta x = -f(A)$，故 $\dfrac{|f(A)|}{\sqrt{a^2+b^2}} = \dfrac{\sqrt{a^2+b^2}}{|a|}|\Delta x| = d$

證明了點線距公式！

【規範化】

以上的點線距公式非常容易背！

任何一條直線，都可以寫成一次方程式 $a*x + b*y + c = 0$，右側為零而左側為一次式；

一個一次式 $a*x + b*y + c$ 用 $\sqrt{a^2+b^2}$ 去除它，這個步驟叫做規範化！

一次式在規範之後，函數值有變化，但是，一次方程式 $a*x + b*y + c = 0$ 在規範化之後，並不影響其內容！與舊的方程式完全等效：幾何上代表了同一個直線。這個一次式

$$\frac{ax+by+c}{\sqrt{a^2+b^2}}$$

叫做此直線的<u>範式</u>，或者<u>法式</u>；只要在右側加上＝0，就是此直線的<u>規範方程式</u>，或者<u>法方程式</u>；

$$\frac{ax+by+c}{\sqrt{a^2+b^2}} = 0$$

但我們以下就把規範方程式，或者法方程式，混稱為<u>範式</u>，或<u>法式</u>；而點線距公式就是說：把點 P_1 的坐標 (x_1, y_1) 代入線 Γ 的法式，再取絕對值！

習題2 試試把剛剛的習題，用這個公式計算點線距。

註 有號距離與法式：直線 $(3x - 4y - 9) = 0$ 可以規範化成為：

$$\frac{3}{5}x - \frac{4}{5}y - \frac{9}{5} = 0$$

而 $(-3*x + 4*y + 9) = 0$ 可以規範化成為：

$$\frac{-3}{5}x + \frac{4}{5}y + \frac{9}{5} = 0$$

當然這兩者是相同的直線 Γ。（互相是變號而已。）無所謂哪個比較好！

但是有人主張要用前者：讓常數項為負！當然這只對於不過原點的直線

才說得通！以下就討論這種狹義的法式！

以這個例子來說，對於任一點 $P_1 = (x_1, y_1)$，將其坐標 x_1, y_1 代入法式，得到

$$f(x_1, y_1) = \frac{-3}{5}x_1 + \frac{4}{5}y_1 + \frac{9}{5}$$

其絕對值 $|f(x_1, y_1)|$ 就是點線距，那麼，（不要取絕對值！）$f(x_1, y_1)$ 本身叫做有號的點線距：

事實上，如果 $f(x_1, y_1) \neq 0$，（當然 P_1 不在直線 Γ 上，）

若 $f(x_1, y_1) > 0$，則點 P_1 與原點 $O = (0, 0)$ 就在此直線的異側！

若 $f(x_1, y_1) < 0$，則點 P_1 與原點 $O = (0, 0)$ 就在此直線的同側！

所以這個狹義的法式有點用：可以算出有號的點線距，因而判定其「側」。

例題2 求自直線 $x - y - 5 = 0$ 至點 $(3, 4)$ 之距離。

 直線的法式為 $\dfrac{x}{\sqrt{2}} - \dfrac{y}{\sqrt{2}} - \dfrac{5}{\sqrt{2}} = 0$ ，故點線距為：

$$d = \frac{3}{\sqrt{2}} - \frac{4}{\sqrt{2}} - \frac{5}{\sqrt{2}} = -\frac{6}{\sqrt{2}} < 0$$

所求之距離為負，故點 $(3, 4)$ 與原點同在直線之一邊。

 有哪些點與直線 $3x - 4y + 1 = 0$ 之距離恆為 2？

 $(3x - 4y - 9) * (3x - 4y + 11) = 0$

習題3

求下列兩平行線的距離（垂直距離）：

1. $2x - 3y = 5$，$4x - 6y = -7$
2. $x = 4$，$x = -7$
3. $y = 4x - 7$，$y = 4x + 17$
4. $y = 17$，$y = -18$
5. $x = 4 - 5y$，$x = 9 - 5y$

CHAPTER 7

三角形的心

7.1 中垂線與高線

【中點與中垂線】

假設：坐標平面上有（相異）兩點 $P_1 = (x_1, y_1)$, $P_2 = (x_2, y_2)$；那麼中點為：

$$Q = \left(\frac{x_2 + x_1}{2}, \frac{y_2 + y_1}{2} \right)$$

而其連線 $P_1 P_2$ 的斜率是：

$$\frac{y_2 - y_1}{x_2 - x_1}$$

那麼，相垂直的直線之斜率是：

$$-\frac{x_2 - x_1}{y_2 - y_1}$$

於是由點斜式，過線段 $P_1 P_2$ 中點，而與此線段垂直的直線，（稱為<u>中垂線</u>，）就是：

$$(y - y_1) * (y_2 - y_1) + (x - x_1) * (x_2 - x_1) = 0$$

【距離的說法】

在中垂線上任何一點 P，它和 P_1, P_2 兩點是等距的：

$$PP_1 = PP_2$$

 中點的意思是：$QP_1 = QP_2$；再由畢氏定理：

$$(PP_1)^2 = (PQ)^2 + (QP_1)^2 = (PQ)^2 + (QP_2)^2 = (PP_2)^2$$

所以，中垂線的方程式又可以如此導出：

中垂線上的任何一點 $P = (x, y)$，都必須有：

$$(PP_1)^2 = (x - x_1)^2 + (y - y_1)^2 = (PP_2)^2 = (x - x_2)^2 + (y - y_2)^2$$

整理之後就是了！

註 平方差公式很有用：$u^2 - v^2 = (u - v) * (u + v)$

 算出 $P_1 P_2$ 的中垂線：

1. $P_1 = (7, -3)$，$P_2 = (13, 9)$
2. $P_1 = (4, -3)$，$P_2 = (-10, 5)$
3. $P_1 = (10, 8)$，$P_2 = (2, -6)$
4. $P_1 = (4, -3)$，$P_2 = (6, 11)$

7.2 分角線

【角與角域】

如右圖，兩條直線 UV, ST 相交於點 P，由圖就看得出來：整個平面被這兩線分成四個角域；也就跟隨著有四個「角」，寫成：

$$\angle UPS, \angle SPV, \angle VPT, \angle TPU$$

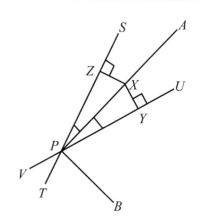

這裡 P 是它們的共同的頂點。而半線 $\overrightarrow{PU}, \overrightarrow{PS}$ 是 $\angle UPS$ 的兩邊！

註 記號一方面是「可省則省」，一方面是「不可省則絕不省」！如果畫了一個三角形 ABC，那麼，寫 $\angle A$ 就是指 $\angle BAC$，（只要寫中間的頂點字母就夠了！）不會有困擾；

然而此地是有四個角都以 P 為頂點，那就一定要完整寫出來！

另一方面，寫 $\angle UPS$，有時是指這個幾何上的角（域），有時是指量出

來的角度！不要咬文嚼字！不會有困擾！在此圖例中，

對頂角度：$\angle UPS = \angle VPT$

內外角度：$\angle UPS + \angle SPV = 180° = \angle TPU + \angle UPS$

【分角線】

上圖中，半線 PA 是 $\angle UPS$ 的分角線；當然延伸到另一半，就是 $\angle VPT$ 的分角線；對頂角的分角線是同一條直線！

那另外的一對對頂角的分角線，圖中的半線 PB，與 $\overline{PA}$ 相垂直！這是因為：

$$\angle UPS + \angle TPU = 180°$$

$$\angle UPA = \angle APS = \frac{1}{2}\angle UPS$$

$$\angle TPS = \angle BPU = \frac{1}{2}\angle TPU$$

圖中，分角線 $\overline{PA}$ 上的一點 X，到兩邊作垂線，垂足為 Y, Z，則由兩角夾邊定理，有全等的三角形

$$\triangle XPZ \cong \triangle XPY$$

於是

$$XY = XZ$$

分角線上的點與此兩直線等距！

例題 假設：

$$直線\ UV：33x - 56y - 1472 = 0$$

$$直線\ TS：63x - 16y - 1992 = 0$$

相交於 $P = (-24, 30)$。如何求兩者交角的分角線？

解 如上述，「交角的分角線」可能指半線 PA，可能指半線 PB。

此地係數的平方和恰好都是 $65^2 = 4225$，改用法式，則都用 65 去除！

$$直線\ UV：\frac{33 * x - 56 * y - 1472}{65} = 0$$

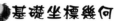

直線 TS：$\dfrac{63*x-16*y-1992}{65}=0$

利用「分角線上的點與此兩直線等距」，就算出：

PA：$\dfrac{33*x-56*y-1472}{65}+\dfrac{63*x-16*y-1992}{65}=0$

PB：$\dfrac{33*x-56*y-1472}{65}-\dfrac{63*x-16*y-1992}{65}=0$

整理之後，得：

$$PA：96*x-72*y-3464=0$$

$$PB：30*x+50*y-520=0$$

馬上驗證出此二分角線互相垂直！

註 分角線的求法，都可以照這個例子！但是要分辨兩個分角線之中的哪一
個！

【考驗題】

對於三角形 $\triangle ABC$，$A=(-5,6)$，$B=(8,-3)$，$C=(6,9)$

1. 算出三邊 BC, CA, AB 各自的中點 L, M, N，以及中垂線 LO, MO, NO；以
及共同的交點，即外心 O。

2. 算出從頂點到對邊的垂線（稱為高線）AU, BV, CW；以及共同的交點，
即垂心 H。

3. 算出從頂點到對邊中點的連線（稱為中線）AL, BM, CN；以及共同的交
點，即重心 G。

4. 算出三個內角平分線；以及共同的交點，即內心 I。

7.3 幾何應用

【坐標系的設定】

有許多幾何的證明題，都可以用坐標法解決。通常要適當地選擇坐標系，
尤其是原點，以方便計算。

兩線 $\overleftrightarrow{HIJK}$ 與 $\overleftrightarrow{IABC}$ 相交於 I，而：

$$HI = IJ = JK$$
$$IA = AB = BC$$

則三線 $\overrightarrow{HA}, \overrightarrow{BK}, \overline{CJ}$ 共點！

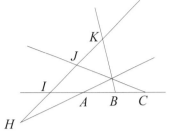

解 我們取 I 為原點，A 為 x 軸「單位點」，即：

$I = (0, 0)$，$A = (1, 0)$，$B = (2, 0)$，$C = (3, 0)$

那麼，只要知道 $J = (e, f)$，就得到：

$$J = (e, f)；K = (2e, 2f)，H = (-e, -f)$$

以下用兩點式，算出：

$$\overrightarrow{HA} : y = \frac{-f}{-e-1}(x-1)$$

$$\overrightarrow{BK} : y = \frac{2f}{2e-2}(x-2)$$

$$\overrightarrow{CJ} : y = \frac{f}{e-3}(x-3)$$

由前兩者聯立解出：

$$x = \frac{e+3}{2}，y = \frac{f}{2}$$

代入後式也滿足！

若有平行四邊形 $ABCD$，而邊 $\overline{AB}, \overline{CD}$ 的中點，各是 P, R，則 $\overline{DP}, \overline{RB}$ 將把對角線 $\overline{AC}$ 平分為三等份！

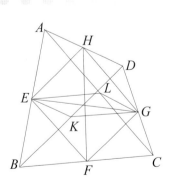

 （中點四邊形與重心）

若凸□$ABCD$，四邊 $\overline{AB}, \overline{BC}, \overline{CD}, \overline{DA}$ 的中點各為 E, F, G, H；對角線 $\overline{AC}, \overline{BD}$ 的中點各為 L，K；則：(i)□$EFGH$ 是平行四邊形，(ii)$\overline{KL}, \overline{EG}, \overline{FH}$ 共點！

註 完全四邊形：任取這四（頂）點 A, B, C, D；兩兩連接則得到「六邊」：

（參看右圖）$\overline{AB}, \overline{CD}$; $\overline{AC}, \overline{BD}$; $\overline{AD}, \overline{BC}$

如上是一共三組「對邊」！（意思是：你不要畫圖！分不清哪兩個一組是「對角線」！）三組「對邊」的中點之連線共點！此點為四邊形「重心」！

習題3 設 M, N 分別為 $\triangle ABC$ 兩腰 $\overline{AC}, \overline{AB}$ 的中點；在底邊上任取一點 $P \in \overline{BC}$，連接 $\overline{PM}, \overline{PN}$，且兩倍延伸到 Q, R，則：A, Q, R 共線！（下左圖。）

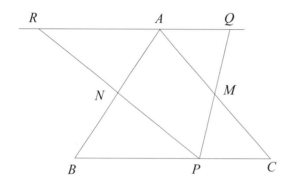

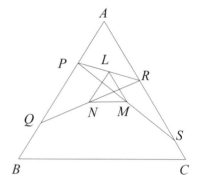

習題4 設有等腰 $\triangle ABC$，在兩腰 $\overline{AB}, \overline{AC}$ 上分別取等長的線段：（上右圖）

$$PQ = RS, P \in \overline{AB}, Q \in \overline{AB}, R \in \overline{AC}, S \in \overline{AC}$$

再取 $\overline{RP}, \overline{PS}, \overline{QR}$ 的中點 L, M, N；則：$\triangle LMN$ 等腰！且 $\overline{MN} \parallel \overline{BC}$。

角度，尤其直角

如果沒有三角函數的工具，歐氏幾何中，涉及角度的問題，（例如分角線，）用坐標法並不容易處理！我們這裡只討論直角的一個特例。

【線段旋轉一直角】

如果平面上有兩點 $O=(x_0, y_0)$, $P=(x_1, y_1)$，這就得到一個線段 $\overline{OP}$；我們不妨取定 O 為「起點」，P 為「終點」；於是，要如何旋轉這個線段，轉個直角，而保持「起點」O？

如右下圖，設想 $u=x_1-x_0$，$v=y_1-y_0$，則 $\overline{OP}$ 可以轉成 $\overline{OQ}$，或 $\overline{OR}$；如果 $Q=(x_2, y_2)$，$R=(x_3, y_3)$，那麼，

$$x_2-x_0=-(y_1-y_0)$$
$$y_2-y_0=x_1-x_0$$
$$x_3-x_0=y_1-y_0$$
$$y_3-y_0=-(x_1-x_0)$$

（心平氣和！最好畫圖！）

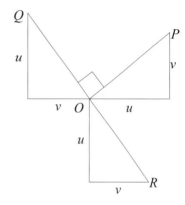

新的橫坐標差、縱坐標差，
與舊的對調，並且其中之
一要變號！

例題 1 （如下圖）自正方形 $ABCD$ 之邊 $\overline{BC}$ 上一點 E，向外作垂線 $\overline{EH}\perp\overline{BC}$，且使 $EH=\dfrac{1}{2}BC$；以 $\overline{EH}$ 為對角線，作正方形 $EGHF$，再以 $\overline{AG}$, $\overline{DF}$ 為邊，各向外作正方形 $ALKG, DFMN$；試證：三點 K, H, M 共線！

 注意到幾件事：

· 題目多讀幾遍！才不會畫錯圖！

· 因為都是「正方形」，用坐標法很容易！

· 坐標系（原點，軸向，及單位長度）可以任意取！

此地我們將取：（邊長 $BC=4$，四邊都是縱橫走向！中心為原點）

$$A=(2, -2)，B=(2, 2)，C=(-2, 2)，D=(-2, -2)$$

因此：$E=(x, 2)$；（應該 $-2<x<2$；）那麼：$EH=\dfrac{4}{2}=2$。

從一「點」，移向一「點」，物理上叫做<u>位移</u>（displacement），位移

是向量，不但有「大小」（量！）也有「方向」。所以向量都有兩個成分：「向東的成分」與「向北的成分」。（如果是向西或向南，就得到負的成分！）

此地，CB 是橫（西東）向，而從 E 向 H 是「向北」，（「向東的成分」＝0。）所以 H 的縱坐標是 E 的縱坐標加 2，H 的橫坐標是 E 的橫坐標加 0：

$$H = (x + 0, 2 + 2) = (x, 4)$$

正方形 $EGHF$ 的中心（暫時用 I 表示）就是 $\overline{EH}$ 中點，它的坐標就是 E, H 兩點（橫，縱，分別講！）坐標的簡單平均，即 $I = (x, 3)$。

於是，由 I 到 F 與到 G 的位移，都是東西向，「向北的成分」＝0，而「向東的成分」各是 -1 與 1；因此：

$$F = (x - 1, 3) ； G = (x + 1, 3)$$

現在要作正方形 $ALKG$，或者乾脆說：要計算 K 的坐標；已經知道 G（的坐標），我們只要知道：從點 G 到 K 的位移向量（的橫與縱的成分）：從 A 到 G 的位移向量是：向北 $3 - (-2) = 5$，向東 $x + 1 - 2 = x - 1$；所以，（「順時針」）轉個直角，就知道：從 G 到 K 的位移向量是：向東 5，向北 $1 - x$，因此算出：

$$K = ((x + 1) + 5, 3 + (1 - x)) = (x + 6, 4 - x)$$

從 D 到 F 的位移向量是：向北 $3 - (-2) = 5$，向東 $x - 1 - (-2) = x + 1$；所以，（「逆時針」）轉個直角，就知道：從 F 到 M 的位移向量是：向北 $1 + x$，向東 -5；因此算出：

$$M = ((x - 1) - 5, 3 + (1 + x)) = (x - 6, 4 + x)$$

由此看出：不但三點 K, H, M 共線，而且：H 就是 $\overline{KM}$ 的中點！

☞注意：要把位移向量轉一直角，有順時針與逆時針的區別！

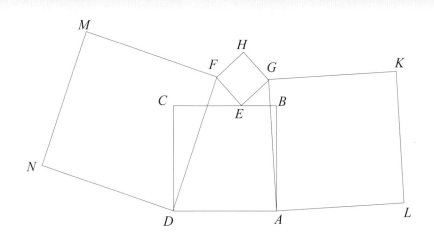

 例題2 假設在正方形 $ABCD$ 中，任取一點 U，過點 U 作 $\overleftrightarrow{SUR} \parallel \overleftrightarrow{BC}$，交上下底於 $S \in \overleftrightarrow{CD}$，$R \in \overleftrightarrow{AB}$；作 $\overleftrightarrow{PUQ} \parallel \overleftrightarrow{AB}$，交左右邊於 $P \in \overleftrightarrow{AD}$，$Q \in \overleftrightarrow{BC}$，試證：$\overleftrightarrow{PB}, \overleftrightarrow{RD}, \overleftrightarrow{UC}$ 三線共點！

（解） 取正□ $ABCD$ 為「單位」正□＝「坐標」正□：

$A = (0, 0)$，$B = (1, 0)$，$C = (1, 1)$，$D = (0, 1)$

再設 $U = (a, b)$，於是：$R = (a, 0)$，$S = (a, 1)$，$P = (0, b)$，$Q = (1, b)$

三線為：

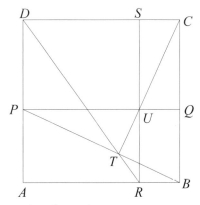

$\overleftrightarrow{PB} : y = \dfrac{b}{-1} * (x - 1) = -b * x + b$

$\overleftrightarrow{RD} : y - 1 = \dfrac{-1}{a} * x$

$\overleftrightarrow{UC} : y - 1 = \dfrac{b - 1}{a - 1} * (x - 1)$

前二式聯立，解得：

$$x = \frac{a(1 - b)}{1 - ab}, \quad y = \frac{b(1 - a)}{1 - ab}$$

代入第三式也成立！故三線共點於 $T = \left(\dfrac{a(1 - b)}{1 - ab}, \dfrac{b(1 - a)}{1 - ab} \right)$。

註 用坐標法，即使是「正方形」也並不更容易！改為矩形，也幾乎完全一樣！（事實上可以改為「平行四邊形」，採用斜角坐標法！）

習題1 上例全同的假設下，試證：$\overrightarrow{PS},\overrightarrow{RQ},\overrightarrow{AC}$ 三線共點！

習題2 （下左圖）設 $\triangle ABC$ 三邊 $\overline{BC},\overline{CA},\overline{AB}$ 的中點，分別為 D, E, F；今自兩腰中點 F, E，分別作向外的線段垂直於該邊：

$$\overline{FH}\perp\overline{AB}；\overline{EG}\perp\overline{AC}$$

且使：$FH=AF$；$EG=AE$；試證：

$$\overline{HD}\perp\overline{DG}；HD=DG$$

註 另外一種說法是（參看下右圖）：設由 $\triangle ABC$ 的兩邊向外作正□$ABVU$，正□$ACPQ$，其中心各為 H, G，則由 $\overline{BC}$ 中點 D，又可畫出一個正□ $DHWG$。

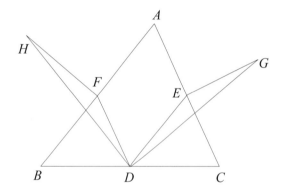

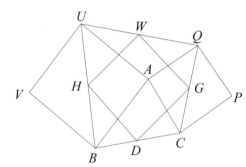

CHAPTER 8

線性規劃

8.1 一次不等式的圖解

 例題 1 圖解如下兩個不等式：

$$(i)：x + 2y < 4$$

$$(ii)：x + 2y > 4$$

解 我們在§2.1的末了，已經討論了「一元一次不等式」。那裡有幾個要點：

(1)不等式有狹義與廣義。

(2)不論是狹義與廣義的不等式，處理的第一步總是先把不等號改為等號，那就叫做原來的不等式的參考方程式。

(3)一元一次不等式的參考方程式是一元一次方程式，其解答在幾何上是「坐標直線」上的一「點」，這是原來的一元一次不等式的關鍵點。

(4)一元一次不等式的解答，在幾何上一定是「坐標直線」上，關鍵點的左半側或右半側，這是「半線」。

(5)狹義的一元一次不等式的解答，是「開半線」，不含那關鍵點；廣義的一元一次不等式的解答，是「閉半線」，含有那關鍵點。

現在思考例 1 這兩個狹義的不等式，第一步是先把不等號改為等號，那就得到參考（二元一次！）方程式

$$\lambda：x + 2y = 4$$

其解答，在幾何上是「坐標平面」上的一「直線」（代替了「點」），

這是原來的二元一次不等式的關鍵直線。

不在這條直線上的點 $P = (x, y)$ 當然不會滿足等式的參考（二元一次！）方程式。也就是說，由此算出的 $x + 2y \neq 4$，那麼，

$$x + 2y < 4 \text{ 或 } x + 2y > 4$$

兩者必居其一！（P 點必是 (i) 或 (ii) 的解！）

如果點 P 在這條線的左方，意思是自 P 點往右走（保持 y 坐標），增加橫坐標，就會碰到直線 λ 上的一個「參考點」$P' = (x', y)$，可見得：$x' + 2y = 4$，$x < x'$，因此 $x + 2y < 4$。當然 P 點符合原來的二元一次不等式(i) 的要求！

你也可以說：如果點 P 在這條線的下方，意思是自 P 點往上走（保持 x 坐標），增加縱坐標，就會碰到直線 λ 上的一個「參考點」$P'' = (x, y'')$，可見得：$x + 2y'' = 4$，$y < y''$，因此 $x + 2y < 4$。當然 P 點符合原來的二元一次不等式 (i) 的要求！

很清楚：「在這條直線之左方或下方的點」恰好就是滿足不等式 (i) 的解答。這些點的全體，數學的術語叫做此直線的左下「開半面」。這是(i) 的解集合。

很清楚：「在這條直線之右方或上方的點」恰好就是滿足不等式 (ii) 的解答。這些點的全體，數學的術語叫做此直線的右上「開半面」，這是 (ii) 的解集合。

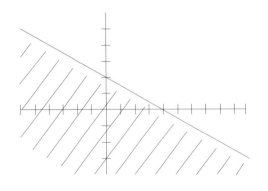
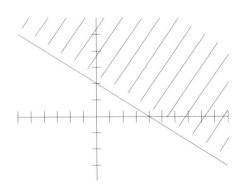

【三分法】

所以平面上的點，或者是參考方程式（λ）的解，或者是不等式 (i) 的解，或者是不等式 (ii) 的解。（三者「窮盡而且相排斥」。）

$$(\hat{i}) : x + 2y \leq 4$$
$$(\hat{ii}) : x + 2y \geq 4$$

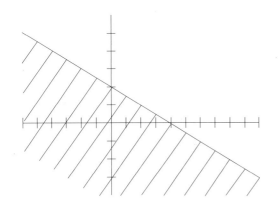 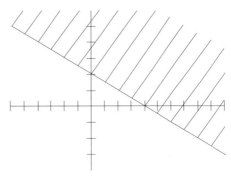

解 與上題一樣，只是多了等號！因此，廣義的不等式 $\hat{i}$ 的解，就是在這條直線 λ 以左或以下的點；這些點的全體，數學的術語叫做此直線的左下「閉半面」，這是（$\hat{i}$）的解集合

同樣的，廣義的不等式（$\hat{ii}$）的解，就是在這條直線 λ 以右或以上的點；這些點的全體，數學的術語叫做此直線的右上「閉半面」，這是（$\hat{ii}$）的解集合。

註 直線 λ 在方格紙上很容易畫出！於是要區辨左下與右上兩側，不論是（開半面或閉半面），都很容易！但是要區辨同側的開半面與閉半面，簡直沒辦法！（你有何妙法？）

【二分法】

所以平面上的點，或者是不等式（$\hat{i}$）的解，或者是不等式（$\hat{ii}$）的解，但這兩者不相排斥！（「窮盡而不排斥」。）

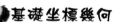
直線 λ 的點，就同時滿足這兩個廣義不等式 ($\hat{i}$) 與 ($\hat{ii}$)。

註 法律學家與數學家一樣，為了需要，就會嚴謹地分辨！我們用「以上」「以下」表示廣義的不等式，而「之上」「之下」表示狹義的不等式；前者得到「閉半面」，後者得到「開半面」。

問 1 圖解下列不等式：

$$(i.)\ x + 3y < 6 \quad (ii.)\ x - 2y > 4$$
$$(iii.)\ x + 3y \geq 6 \quad (iv.)\ 2y \geq x - 4$$

【聯立不等式之圖解】

對於聯立不等式的圖解，我們是先對各別的不等式圖解，然後再求它們的交集就好了，如果交集為空集，則聯立不等式無解。今舉例說明如下：

例題 3 圖解聯立不等式：

$$\begin{cases} (i) & x + 3y < 6 \\ (ii) & x - 2y > 4 \end{cases}$$

解 $(i), (ii)$ 兩個不等式之解集合，各自用一種斜線畫出！於是，聯立不等式的解集合就是圖中兩種斜線相交區域之內，幾何上這是個開角域。（角頂點是（4.8, 0.4）。）在這開角域內的任一點，均能滿足上述兩個不等式，反之，滿足此二者的 (x, y) 必在此開角域。

例題 4 圖解聯立不等式：

$$\begin{cases} (i) & x + 3y \leq 6 \\ (ii) & x - 2y \geq 4 \end{cases}$$

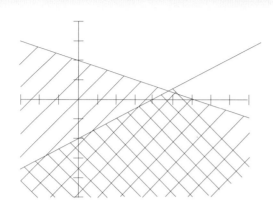 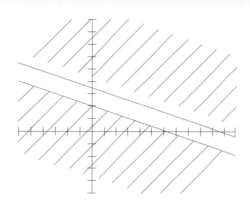

 這就是上一例，只是以廣義的不等式代替了狹義的不等式！於是邊界的半線也要包括進來！解集合是個閉角域（下圖左），不是開角域。

例題5 試圖繪聯立不等式的解：

$$\begin{cases} x+3y<6 \\ 2x+6y>21 \end{cases}$$

 無解（上圖右），兩關鍵直線 $x+3y=6$ 與 $2x=21-6y$ 互相平行。兩個不等式之解集，各自是反向的那側半面（「背道而馳」），沒有相交的點！

問2 試繪出下列各組聯立不等式：

$$(i)\begin{cases} 3x-2y\geq 6 \\ x-3y\leq 9 \end{cases}$$

$$(ii)\begin{cases} y-2x\leq 8 \\ 7x+2y\leq 14 \end{cases}$$

$$(iii)\begin{cases} x-y\leq 2 \\ 2x-y\geq 3 \\ 5x+6y\leq 30 \end{cases}$$

$$(iv) \begin{cases} x - y - 2 \geq 0 \\ x + 2y - 8 \leq 0 \\ y \leq 6 \\ x \leq 9 \end{cases}$$

8.2 規劃問題

【應用】

為何會出現一次不等式？請思考如下的問題：

假設有一工廠，擁有一項獨一無二的某種機器，可以生產甲, 乙兩種國防產品。生產一個單位的甲產品需 2 小時，生產一個單位的乙產品需 5 小時，而同一時間只能進行一件工作！

問題 (i)：今此工廠每週最多只能使用此機器 40 小時，試用圖形表示出此工廠每週所有可能生產的產品組合。

問題 (ii)：以 4 週為期，每期甲, 乙兩種產品最少必須各出產 3 單位；那麼，試求出此工廠每期所有可能生產的產品組合。

 (i)：設甲產品每週生產 x 單位，乙產品每週生產 y 單位，因此共費 $2x + 5y$ 小時，今因機器每週最多只能使用 40 小時，故有

$$2x + 5y \leq 40$$

又因產品一定不為負數，故

$$x \geq 0，y \geq 0$$

這三個方程式的解集合，就是下圖左中直角三角形閉域（內部與邊緣）。

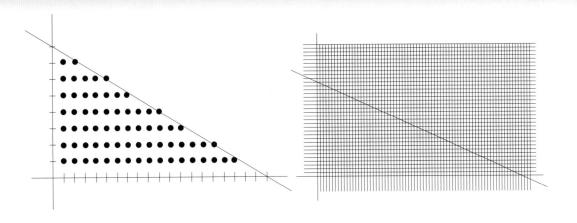

 其實不對：因為產品是論件的！所以在圖中只要「格子點」！

$$y=0：0 \leq x \leq 20$$
$$y=1：0 \leq x \leq 17$$
$$y=2：0 \leq x \leq 15$$
$$y=3：0 \leq x \leq 12$$
$$y=4：0 \leq x \leq 10$$
$$y=5：0 \leq x \leq 7$$
$$y=6：0 \leq x \leq 5$$
$$y=7：0 \leq x \leq 2$$
$$y=8：0=x$$

（一共有 97 種可能！）

註 三角形閉域的面積是$80 < 97$。你應該思考一下 Pick 公式！

解 (ii)：改為 4 週一期，姑且把方程式改為

$$3 \leq x，3 \leq y，2x + 5y \leq 40 * 4 = 160$$

當然你還是該煩惱：「格子點」有多少？

基礎坐標幾何

例題 1 一農民有田地五甲,根據他的經驗,在他的田地上種水稻,每甲每期產量為 8000 公斤,種花生每甲每期產量為 2000 公斤,但水稻的成本較高,每甲每期需 16000 元,花生只需 4000 元,且花生每公斤可賣 6.5 元,稻米只賣 2.6 元,現在他手頭上只能湊足 48000 元,問這位農民對這兩種作物應各種植若干,方能得到最大的收益?

解 這裡分兩步,第一步就是思考「所有的可能性」:

今設水稻種 x 甲,花生種 y 甲,則由題意就知道:(x, y) 必須滿足如下的不等式,這就是所謂的限制條件:

$$D : \begin{cases} x+y \le 5 \\ 16000x+4000y \le 48000 \\ x, y \ge 0 \end{cases}$$

符合這些條件的點,形成一個四邊形域,□ABCD,這叫做可許域(可許範圍)。此地的四頂點是:

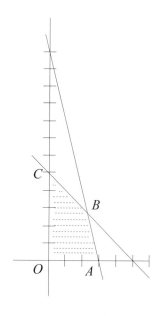

$O = (0, 0)$,$A = (3, 0)$,$B = (\frac{7}{3}, \frac{8}{3})$,$C = (0, 5)$

我們要在所給的的限制條件之下,求出那一點 (x, y),使得收益

$p = f(x, y) = 2.6 * 8000 * x + 6.5 * 2000 * y$

$= 20800 * x + 13000 * y$

取值最大。

註 寫 f 也是一種「函數」記號,我們可以說:函數就是「機器」。現在我們碰到一個「兩變數函數」:原料有兩樣(x 與 y),只一個產品 $f(x, y)$。
放進原料,(即 D 中的點)(x, y),則得到產品

$$20800 * x + 13000 * y$$

解的第二步:

好了,當然,相同的 x,則 y 要盡量大!同樣:相同的 y,則 x 要盡量大!在 D 中,點要盡量往右往上!

所以只需要煩惱在最右上的「邊緣」。這就是這兩段線段：$\overline{AB}$, $\overline{BC}$。而且：「在一個線段上，最大值與最小值，一定是在兩端」。

現在：$f(A) = 62400$，$f(C) = 65000$，$f(B) = 83200$；因此，問題的答案（這個農民最好的策略）是：種 $\frac{7}{3}$ 甲的水稻，種 $\frac{8}{3}$ 甲的花生，如此可得最大收益83200元。

【線性規畫的根本定理】

如果可許的範圍都是用一次不等式來限制，而目標函數是一次函數，則最大值與最小值，一定是出現在可許域的頂點處！

 例題2 某工廠用兩種不同的原料均可生產同一產品，若採用甲種原料，每噸成本 1000 元，運費 500 元，可得產品 90 公斤；若採用乙種原料，每噸成本 1500 元，運費 400 元，可得產品 100 公斤，今工廠每日預算為：成本總共不得超過 6000 元，運費不得超過 2000 元，問此工廠每日最多可生產多少公斤的產品？

（解） 對於上述線性規畫問題，必須先建立不等式（作定式化工作），然後再求最大值或最小值。本題的題意，就是求最大值。

設 x 表甲種原料所用的噸數，則可得產品 $90x$ 公斤；y 表乙種原料所用的噸數，則可得產品 $100y$ 公斤。而總共所費的成本是 $1000x + 1500y$，總共所需的運費是 $500x + 400y$。

根據題意，就是要在

$$D : \begin{cases} 1000x + 1500y \leq 6000 \\ 500x + 400y \leq 2000 \\ x \geq 0 \\ y \geq 0 \end{cases}$$

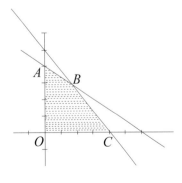

的條件下，求 $f(x, y) = 90x + 100y$ 的最大值。

其次我們來把 D 圖解出來：

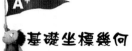

基礎坐標幾何

我們求得四個頂點 O, A, B, C 的坐標如下：

$$O=(0, 0)，A=(0, 4)，B=(\frac{12}{7}, \frac{20}{7})，C=(4, 0)$$

代入 $f(x, y)$ 中求得

$$f(0, 0)=0，f(0, 4)=400，f(\frac{12}{7}, \frac{20}{7})=440，f(4, 0)=360$$

 使用甲種原料 $\frac{12}{7}$ 噸，乙種原料 $\frac{20}{7}$ 噸時，每日可得到最大產量 440 公斤。

例題3 假設 (x, y) 符合了：

$$D：\begin{cases} 2 \le x \le 5 \\ x+y \le 8 \\ x+3y \ge 5 \end{cases}$$

試求在 D 上，$f(x, y)=2x+y+3$ 的最大值。

 先作出 D 的圖形：

其次找出四個頂點

$$A(2, 6)，B(5, 3)，C(5, 0)，D(2, 1)$$

代入 $f(x, y)$ 中，得

$$f(2, 6)=13，f(5, 3)=16$$
$$f(5, 0)=13，f(2,1)=8$$

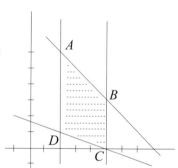

 當 $x=5$，$y=3$時，有最大值 $f(B)=16$

習 題

1.問：在如下的條件下，求 $z = 5x + 3y$ 的極值。

$$\begin{cases} 3x + 5y \leq 15 \\ 5x + 2y \leq 10 \\ x \geq 0 \\ y \geq 0 \end{cases}$$

2.問：在如下的條件下，求 $z = 3x + 4y$ 的極大值和極小值。

$$\begin{cases} (i) & -x + 3y \leq 9 \\ (ii) & 3x + 2y \geq 6 \\ (iii) & 5x - 2y \leq 20 \\ (iv) & x, y \geq 0 \end{cases}$$

3.設某公司欲購兩種機器來生產某產品，第一種機器每台要美金 3 萬元
及新台幣 50 萬元的維護費；第二種機器每台要美金 5 萬元及新台幣 20
萬元的維護費。而第一種機器所得的純利潤每年每台有 9 萬元，第二
種是 6 萬元，但是政府核准的外匯是美金 135 萬元並且總維護費不超
過 1800 萬元。問應該買幾台第一種機器，買幾台第二種機器，才能獲
得最大利潤？

CHAPTER 9

[折線與斷線]

9.1 斷 線

【地板函數】

Gauss 經常使用[x]此種符號以代表「小於或等於 x 的最大整數」。

因此，[1.5]＝1，[1.9]＝1，[2.1]＝2，[−3.1]＝−4，[−0.9]＝−1

其實，更好的一個記號是

$$\text{floor}(\ )$$

註 英文：地板＝floor，天花板＝ceil。

例題 1 因此：floor(1.5)＝1，floor(1.9)＝1，floor(2.1)＝2，floor(−3.1)＝−4，floor(−0.9)＝−1。

問 1 求值：

floor(2.7)，floor(5.02)；floor(−1.6)，floor(−0.1)；floor(0.1)

【天花板函數】

你當然想得出來，可以也定義天花板函數！ceil(x)為大於或等於 x 的最小整數。

例題 2 ceil(1.5)＝2；ceil(2.1)＝3；ceil(−3.1)＝−3；ceil(−0.9)＝0

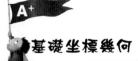

例題3 （最少，在理論上，）古老的「單利計算法」，你總是吃虧：

存月利時，你所得的利息是：

$$A * \mathrm{floor}\left(\frac{t}{月}\right)$$

如果向當鋪借，你所付的利息是：

$$A * \mathrm{ceil}\left(\frac{t}{月}\right)$$

其中 t 是「借貸期間」。

例題4 試繪出 $y = \mathrm{floor}(x)$ 的圖形，此處 x 為 $7 > x \geq 3$ 的任意值。（下圖左）

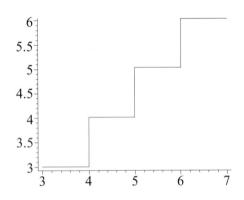
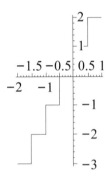

例題5 考慮 $y = \mathrm{floor}(x-3)$ 的圖解，但 $-2 \leq x < 6$。
當然這只是將上題的圖解作上下的平移而已！

若 $-2 \leq x < -1$，則 $\mathrm{floor}(x-3) = -5$。

若 $-1 \leq x < 0$，則 $\mathrm{floor}(x-3) = -4$。

若 $0 \leq x < 1$，則 $\mathrm{floor}(x-3) = -3$。

若 $3 \leq x < 4$，則 $\mathrm{floor}(x-3) = 0$。

若 $5 \leq x < 6$，則 $\mathrm{floor}(x-3) = 2$。

問2 考慮 $y = \text{floor}(2x + 1)$ 之函數圖，此處 $-2 \le x < 1$。

比較兩個函數之圖解。

其一為 $y = \text{floor}(x^2)$，另一為 $y = (\text{floor}(x))^2$，而 $-3 \le x < 3$。

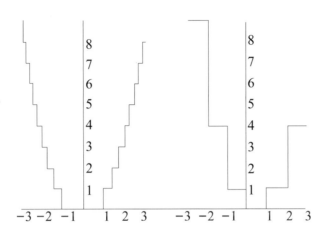

習題

計程車的車資 $f(x)$ 與里程 x 之關係如何？

【定理】

所有這些階梯型函數 f，如果 x 很大，即使我們將式子中的 $\text{ceil}(u), \text{floor}(u)$，都改為 u，其實都差不多！比值都接近 1。

9.2 折 線

我們已經知道：當 y 是 x 的一次（以下）函數時，圖形是（不鉛直的）直線，現在思考一個很類似（但不一樣）的函數。

例題1 圖解 $y = \lfloor 2x - 3 \rfloor$（$-3 \le x \le 4$）。

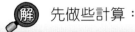 解 先做些計算：

$x=$	-3	-2	-1	0	1	2	3	4	$\dfrac{3}{2}$
$y=$	9	7	5	3	1	1	3	5	0

試將這些點標於圖上,並繪一線連接之。如下圖左。

事實上,當 $x \geq \dfrac{3}{2}$ 時,$y = 2x - 3$,而當 $x \leq \dfrac{3}{2}$ 時,$y = 3 - 2x$。

所以圖形以 $x = \dfrac{3}{2}$ 為「折點」,在兩邊分別是直線的一部分。(此地是半線!)

所以,「使得絕對值的記號內的東西,會變成零」的 x 叫做關鍵點!(由此就可以算出 y,因此,談「關鍵點」的時候,不用提 y,要點在 x。)

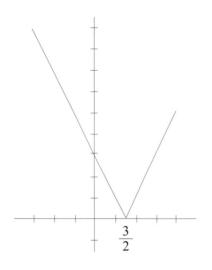
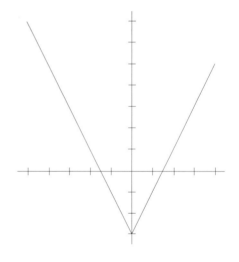

問1 x 為下面表格之值時,求 $y = |\,2x\,| - 3$ 的 y 值,並繪其圖形。(關鍵點為何?)

$x=$	-5	-4	-3	-2	-1	0	1	2	3	4
$y=$										

問2 圖解 $y = |x - 7|$。（關鍵點為何？）

例題2 圖解聯立方程組：
$$\begin{cases} (i) & y = |3x + 2| \\ (ii) & y = |3x - 4| \end{cases}$$

 要點是：

在同一張坐標方格紙上，對兩個方程式，分別繪出兩條折線；得到兩者的交點 P，就得到兩方程的聯立解了。關鍵點分別是 $x = \dfrac{-2}{3}, \dfrac{4}{3}$；區間可取 $-4 \le x \le 4$ 就夠了。圖中，縱橫尺度不同！

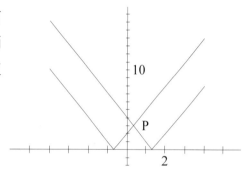

交點 P 如何算出？

此點，對方程 (i) 而言，是右段，即 $y = |3x + 2| = 3x + 2$

同樣，它對方程 (ii) 而言，是左段 $y = |3x - 4| = 4 - 3x$

故聯立：$y = 3x + 2 = 4 - 3x$；得 $y = 3$，故 $x = \dfrac{1}{3}$。

例題3 當 $-6 \le x \le 4$ 時，畫出 $y = |2x| - |x + 3|$ 的圖形。

 除了頭尾 $x = -6, x = 4$ 之外，還要列出關鍵點 $x = 0, -3$；於是計算 y：

x	y
-6	9
-3	6
0	-3
4	1

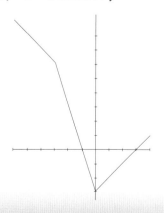

再依左右連接諸點！

9.2.1 片段線性的函數

以上這例子可以推廣成為如下的形式

$$f(x) = c_1 | a_1 x - b_1 | + c_2 | a_2 x - b_2 | + \cdots$$

函數 f 的圖解，一般是片段線性的（piecewise-linear）！

畫圖的要領就是：對於所有的關鍵點 $x_1 = \dfrac{b_1}{a_1}$, $x_2 = \dfrac{b_2}{a_2}$, $\cdots$ ，算出函數值 $y_1 = f(x_1)$, $y_2 = f(x_2)$, $\cdots$：然後從左到右把這些點連起來！（當然你必須在所有這些關鍵點的左邊與右邊也（任意）各取一點，計算函數值。）

習 題 畫出如下的函數圖 $y = f(x)$，並且求出其極小！

1. $f(x) = | x + 8 | + | x + 5 | + | x - 1 | + | x - 4 | + | x - 5 | + | x - 7 |$
2. $f(x) = | x + 8 | + | x + 5 | + | x + 1 | + | x - 1 | + | x - 4 | + | x - 5 | + | x - 7 |$
3. $f(x) = 3 | x + 5 | + 1 | x - 1 | + 2 | x - 4 | + 2 | x - 5 |$
4. $f(x) = 2 | x + 5 | + 1 | x - 1 | + 2 | x - 4 | + 2 | x - 5 |$

【垃圾處理廠的位置】

在一條公路上，N 個村落的位置在 A_1, $\cdots A_N$，它們的垃圾產量分別為 w_1, w_2, $\cdots$, w_N，垃圾處理廠的位置在 P，各村垃圾的運費是和其垃圾的重量，及其與垃圾場的距離成正比的，因而總運費和

$$u(P) = w_1 \text{dist}(P, A_1) + w_2 \text{dist}(P, A_2) + \cdots + w_N \text{dist}(P, A_N)$$

成正比。（$\text{dist}(P, A)$ 當然是指 P 與 A 的距離。）問題就在於：求得點 P 使得 $u(P)$ 為最小！

最簡單的問題是：都在坐標直線上，問題變成：（P 改為 x，A 改為 a，u 改為 f）求 x 使下式為最小！

$$f(x) = w_1 * | x - a_1 | + \cdots + w_N * | x - a_N |$$

在問題 $(i)-(ii)$，我們簡化成：$1 = w_1 = w_2 = \cdots = w_N$。

不論如何，我們已經解決了這個問題！真正有趣且困難的問題是改為平面幾何！（$N = 3$ 時，我們後面會提及！）

9.3 折線與不等式

例題 1 　試繪 $y < |4 - 2x|$ 的圖形。

解 　主要是畫出等式！那麼這「曲線」的下方，就是所求！（下左圖）

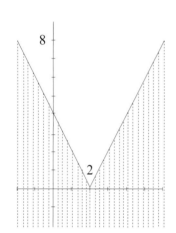

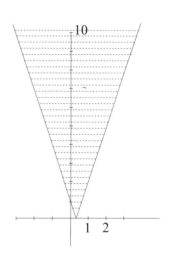

例題 2 　畫出 $y > |3x - 1|$。

解 　主要是畫出等式！那麼這「曲線」的上方，就是所求！（上右圖）

問 1 　試繪 $y \le 4 - 2|x - 2|$ 的圖形。

問 2 　試繪 $y \ge |x| - 3$ 的圖形。

例題 3 　試圖解如下的聯立不等式：

(i) 　$y > |x| - 3$

(ii)　$y < 4 - 2|x-2|$

 畫出等式折線 (i) 的折點 $A = (0, -3)$，
與折線 DAC：不等式角域 (i) 在其上
方！

再畫等式折線 (ii) 的折點 $B = (2, 4)$，
與折線 DBC：不等式角域 (ii) 在其下
方！

兩條折線的交點是：

$$D = (-1, -2), \quad C = \left(\frac{11}{3}, \frac{2}{3}\right)$$

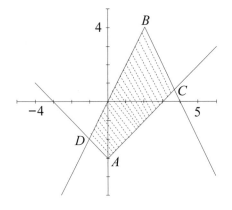

CHAPTER 10

［日本算額集例（上）］

【和尚的高雅樂趣】

（古時候）從來的寺院都是學問的集散中心地。

日本在江戶（德川幕府）時期，神社佛閣的和尚們，熱衷研究幾何的計算。理由之一是：幾何題目中蘊現了許多的妙美！

這些題目就做為「挑戰題」，公佈在廟門揭額，因此稱為算額。

日本現在保存的算額大約有 900 面。

日本學者深川英俊與英國的知名幾何學家 Dan Pedoe 氏，合著了一本書：

Japanese Temple Geometry Problems

（Charles Babbage Research Centre, Box 272, St. Norbert Postal Station, Winnipeg, Canada）（有深川英俊氏本人的日文翻譯，森北出版，1991。）

這一部分，我們只集了一些直線型的幾何題，差不多用不到圓的性質！

（只用到：兩圓相外切，則圓心相距為半徑之和！）

 例 題

如圖之 $\triangle ABC$，$\angle C = 90°$。點 Q 在斜邊 $\overline{AB}$ 上，$BQ = BC = a > b = AC$；點 P 在底邊 $\overline{BC}$ 上，

$$\triangle BPQ = \frac{1}{2}\triangle ABC$$

若已知 $B = (0, 0)$，$C = (a, 0)$，$A = (a, b)$，（$a \geq b$）求 PQ。

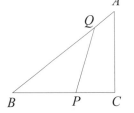

解 令 $Q = (q_x, q_y)$，$P = (p_x, p_y)$。今 $\overline{AB}: y = \dfrac{b}{a}x$；而 Q 在其上，故 $q_y = \dfrac{b}{a}q_x$，而：

$$BQ = \sqrt{q_x^2 + q_y^2} = q_x * \sqrt{1 + \left(\dfrac{b}{a}\right)^2} = a$$

因此：

$$q_x = \dfrac{a^2}{\sqrt{a^2 + b^2}} \; ; \; q_y = \dfrac{a * b}{\sqrt{a^2 + b^2}}$$

至於點 P，因在 $\overline{BA}: y = 0$ 之上，故 $p_y = 0$。

而面積：

$$\Delta BPQ = \dfrac{1}{2}p_x * q_y = \dfrac{1}{2}\Delta ABC = \dfrac{1}{4}a * b$$

於是：

$$p_x = \dfrac{a * b}{2 * q_y} = \dfrac{a * b * \sqrt{a^2 + b^2}}{2a * b} = \dfrac{1}{2}\sqrt{a^2 + b^2}$$

計算得

$$PQ^2 = (p_x - q_x)^2 + (p_y - q_y)^2 = \dfrac{a^2 + b^2}{4} \Rightarrow PQ = \dfrac{1}{2}AB$$

【Heron 問題】

這是最古老的一個理論物理的問題！

如右圖，設：

$B = (0, 0)$, $A = (0, h)$, $C = (c, h)$, $D = (d, 0)$，而 $P = (0, p)$，$h > p > 0$, $c > 0$, $d > 0$。

求：$u = CP + PD$。

（這裡 p 是可變的。問題是要選 P，使得長度最小！）

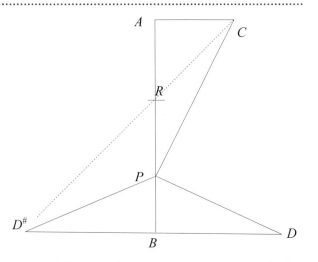

【解釋】

這「極小問題」，用代數似乎解不出！用「純幾何」反倒最快！（比微分法更簡單明瞭！）

作出（如圖中的）D 點於 $\overleftrightarrow{AB}$ 的「鏡影」$D^{\#}$，於是：

$$u = CP + PD = CP + PD^{\#}$$

其極小，就是當 $CPD^{\#}$ 成一直線時

$$u = \sqrt{(c+d)^2 + h^2}$$

【代數解法】

我們已經有

$$u = \sqrt{c^2 + (p-h)^2} + \sqrt{d^2 + p^2}$$

（腦筋要清楚：$c, d, h > 0$ 都是固定的常數，$h > p > 0$，p 是變數。是要找 p，使得 u 變成極小！）要點是：由 u 應該可以反解出 p，但當 $u > 0$ 比極小值更小時，就會解出虛根！（那麼二次方程式的判別式的定理就用得上！）

今由

$$\sqrt{c^2 + (p-h)^2} = u - \sqrt{d^2 + p^2}$$

平方之後：

$$c^2 + (p-h)^2 = u^2 + d^2 + p^2 - 2u\sqrt{d^2 + p^2}$$

整理成 p 的方程式：

$$u^2 + d^2 - c^2 - h^2 + 2hp = 2u\sqrt{d^2 + p^2}$$

暫時記 $v = u^2 + d^2 - c^2 - h^2$，故：（$p$ 的方程式！）

$$v + 2hp = 2u\sqrt{d^2 + p^2}$$

平方之後：

$$v^2 + 4h^2p^2 + 4hvp = 4u^2(d^2 + p^2)$$

就寫成 p 的二次方程式：

$$4p^2(u^2 - h^2) - 4hvp + 4u^2d^2 - v^2 = 0$$

判別式＝

$$16h^2v^2 - 16(u^2 - h^2)(4u^2d^2 - v^2) \geq 0$$

u 的極小值就是判別式＝0 時：

$$h^2v^2=(u^2-h^2)(4u^2d^2-v^2) \text{，} 4d^2(u^2-h^2)=v^2$$

重新寫成：

$$4d^2(u^2-h^2)=[(u^2-h^2)+(d^2-c^2)]^2$$

改為 $w=u^2-h^2>0$ 的二次方程式：

$$4d^2w=(w+(d^2-c^2))^2=w^2+(d^2-c^2)^2+2(d^2-c^2)w$$

或即：

$$w^2-2(d^2+c^2)w+(d^2-c^2)^2=0$$

所以：

$$w=d^2+c^2+2cd \text{；} u^2=h^2+(c+d)^2$$

這就求得極小值 $u=\sqrt{h^2+(c+d)^2}$，其時，$v=2d(c+d)$，於是（重根）

$$p=\frac{4hv}{2*4(u^2-h^2)}=\frac{d}{c+d}h$$

【四個方塊問題】

如下圖，設有

正方形：□ABCD，□BFJG，□AGHI，□DIKE

邊長：s, q, p, r

試求：將 s 以 p, q, r 表出！特別是：若 E, C, F 共線，則有何關係？

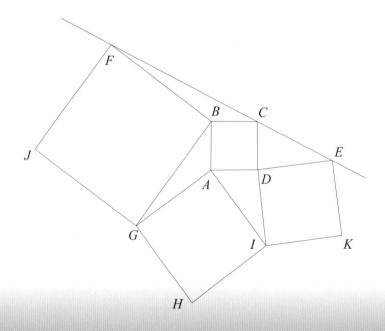

【解釋】

我們這樣子來設置坐標系：（$s > 0$）

$$A = (0, 0)，B = (0, s)，C = (s, s)，D = (s, 0)$$

然後取：$G = (-u, -v)$（心目中，$u > 0, v > 0$），於是：

正轉一直角：$I = (v, -u)$

再由（平行□）重心原理，$H = G + I - A = (v - u, -v - u)$。

現在計算：

$$\vec{DI} = I - D = [v - s, -u]$$

正轉一直角：$\vec{DE} = [u, v - s]$；$E = (s + u, v - s)$

再由重心原理，$K = E + I - D = (u + v, v - s - u)$。

現在計算：

$$\vec{BG} = G - B = [-u, -v - s]$$

負轉一直角：$\vec{BF} = [-v - s, u]$；$F = (-v - s, s + u)$

再由重心原理，$J = G + F - B = (-u - v - s, -v + u)$。

那麼可以算出三個正□邊長：

$$p = AG = \sqrt{u^2 + v^2}$$
$$q = BG = \sqrt{u^2 + v^2 + 2vs + s^2}$$
$$r = DI = \sqrt{u^2 + v^2 - 2vs + s^2}$$

平方之後，馬上看出：

$$2s^2 = q^2 + r^2 - 2p^2$$

E, C, F 三點共線的條件是：

$$2\vec{A}(\triangle ECF) = 0 = u^2 + v^2 - 4s^2 = 0$$

也就是說：$s = AB = \dfrac{1}{2}p$ 。

習 題 五個方塊問題：

如下圖，直線 $HIBKL$ 上方有五個正方形：

$$□ABCD，□AEHI，□CKLF，□DFJN，□EDMG$$

試比較□$ABCD$, △DNM 兩者之面積。

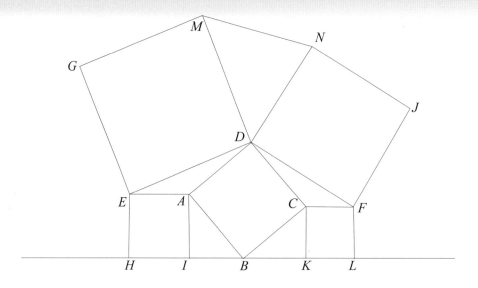

 設置坐標系，使得：

$$B = (0, 0) \text{，} A = (-a, b) \text{，} C = (b, a)$$

則：$D = A + C - B = (b-a, a+b)$；$E = (-a-b, b)$；$F = (b+a, a)$

$I = (-a, 0)$，$K = (b, 0)$；$H = (-a-b, 0)$；$L = (b+a, 0)$

於是：$\vec{DE} = [-2b, -a]$；$\vec{DF} = [2a, -b]$；因而：

$\vec{DM} = [-a, 2b]$；$M = D + \vec{DM} = (b-2a, a+3b)$

$G = M + E - D = (-b-2a, 3b)$

$\vec{DN} = [b, 2a]$；$N = D + \vec{DN} = (2b-a, 3a+b)$

$J = N + F - D = (b, a+2b)$

就可以用公式計算：

$$\triangle DNM = \frac{1}{2} * \det\begin{bmatrix} 1, & b-a, & a+b \\ 1, & 2b-a, & 3a+b \\ 1, & b-2a, & a+3b \end{bmatrix} = \frac{2a^2+2b^2}{2} = a^2+b^2 = c^2$$

正方形的衍生

【特別角】

正方形的每一內角為 90°，於是分角，再分角，得到 45°，22.5°。

如右圖，在正方形 $ABCD$ 中，引對角線 $\overline{AC}$，得等腰直角△ACB，若邊長 $AB=1$，則：$AC=\sqrt{2}$；若引∠BAC 的分角線 AP，則得 $BP=\sqrt{2}-1$；分角線長 $AP=\sqrt{4-2\sqrt{2}}$。

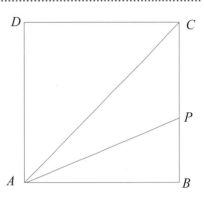

由分角線分割原理：

$$BP：PC=AB：AC=1：\sqrt{2}$$

因此：$BP=\dfrac{1}{\sqrt{2}+1}=\sqrt{2}-1$

於是再由 Pythagoras，

$$AP^2=1^2+(\sqrt{2}-1)^2=4-2\sqrt{2}$$

正三角形的衍生

【定理】

將正三角形折半，得到直角三角形，其三個角是：30°，60°，90°，於是對應邊長的比是 $\sqrt{1}：\sqrt{2}：\sqrt{3}$。

例 題 （如右圖）大正方形中有四個合同的直角三角形；當中剩下一個正方形；五個多邊形，各有一個內切圓，也是合同；求其半徑。

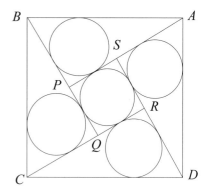

解 當然猜得出來這些三角形是30，60，90度角的！

那麼，若是：$AB = BC = CD = DA = 2$，則

$PB = QC = RD = SA = 1$

$AP = BQ = CR = DS = \sqrt{3}$

於是：

$PQ = QR = RS = SP = \sqrt{3} - 1$

$r = \dfrac{\sqrt{3} - 1}{2}$

習題 1 某人於往一建築物 CD 之路上 A，測得其頂之仰角為45°，前進100公尺後，到 B 點，仰角變為60°，試求其高度 CD。

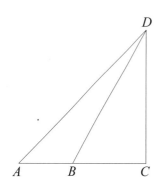

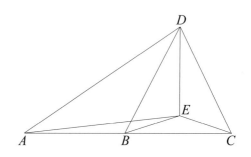

習題 2 於一直線公路附近有一小山丘 E，山丘頂處懸繫一巨大之氣球 D。今某人於此路上相距各 600 公尺之三點 A, B, C 處，測得山丘頂氣球之仰角各為30°, 45°, 60°，求山丘頂氣球之高 ED。它距道路多遠？

正五角形的衍生

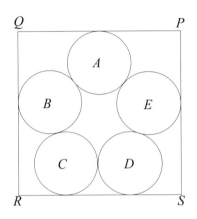

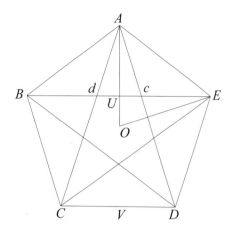

【黃金比】

上圖右，連結正五角形 $ABCDE$ 的對角線，就得到小一點的正五角形 $abcde$。（要如何標誌？！）

若中心點為 O，求 $OA:AB$。

 中心角 $\angle AOE=72°$，內角 $\angle EAB=108°$，因此：$\angle ABE=36°$，等等。

各對角線相等：$AC=BD=\cdots$；各邊相等：$AB=BC=\cdots$

又有平行四邊形 $BCDc$，於是

$$Bc=CD=\cdots=Ed；等等$$

最重要的是得到許多相似形、全等形；例如：

$$\triangle ABE \sim \triangle dBA$$

邊長的比記做：

$$\gamma=\frac{BE}{AB}=\frac{BA}{dB}>1$$

以下計算就以 $AB=1$，$BE=\gamma$ 來算。但是：$dB=BE-dE=BE-AB$，因此，$dB=\gamma-1$，

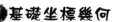

$$\gamma = \frac{1}{\gamma - 1} \; ; \; \gamma^2 - \gamma - 1 = 0 \; ; \; \gamma = \frac{\sqrt{5}+1}{2}$$

γ（或 $\frac{1}{\gamma} = \frac{\sqrt{5}-1}{2} = \gamma - 1$）叫做黃金比。

$$\gamma \left(或 \frac{1}{\gamma} \right) = \frac{\sqrt{5}\pm 1}{2}$$

如圖，$\overline{AU}$ 是中垂線，則：$BU = \frac{\gamma}{2}$，

$$AU^2 = 1 - \left(\frac{\gamma}{2} \right)^2 = \frac{10 - 2\sqrt{5}}{16} \; ; \; AU = \frac{\sqrt{10 - 2\sqrt{5}}}{4}$$

現在設：$OA = x$，則有：$OU = OA - AU = x - AU$

而 Pythagoars 說：$OB^2 = OU^2 + BU^2$，即：

$$x^2 = (x - AU)^2 + \left(\frac{\gamma}{2} \right)^2 \; ; \; x^2 - (x - AU)^2 = \left(\frac{\gamma}{2} \right)^2$$

即 $\left(2x - \frac{\sqrt{10 - 2\sqrt{5}}}{4} \right) \frac{\sqrt{10 - 2\sqrt{5}}}{4} = \frac{6 + 2\sqrt{5}}{16}$。於是算出：

$$x = \frac{\sqrt{10 + 2\sqrt{5}}}{2\sqrt{5}} = OA : AB$$

也許更常見到的是它的倒逆：

$$AB : OE = \frac{\sqrt{10 - 2\sqrt{5}}}{2}$$

問 題 上圖左，長方形 $PQRS$ 中有五個相切連接的合同圓，$\odot A$, $\odot B$, $\odot C$, $\odot D$, $\odot E$。其圓心成正五角形。求此半徑與 PQ, PR 的關係！

 設正五角形 $ABCDE$ 的邊長為 $AB = 2$，則各圓半徑 $= 1$。而正五角形的中心點 O 到各頂點的距離為 $OA = \frac{\sqrt{10 + 2\sqrt{5}}}{\sqrt{5}}$。

$AC = 2 * \gamma = \sqrt{5} + 1$，而 $CV = 1$，因此：

$AV^2 = 5 + 2\sqrt{5}$; $PS = AV + 2 = 2 + \sqrt{5 + 2\sqrt{5}}$

$PQ = 2 + BE = 2 + 2 * \gamma = \sqrt{5} + 3$

CHAPTER 11

[圓]

11.1 圓的範式

【定理1】

以點 (h, k) 為圓心，r 為半徑的圓 Γ，方程式為

$$(x-h)^2 + (y-k)^2 - r^2 = 0$$

我們稱此式為圓 Γ 的標準方程式：圓心與半徑，一目瞭然！

 標準＝規範；而且，在以下，我們不但把這方程式稱為此圓的範式，也稱其左側二次式為圓的範式！

如果我們將它展開，則得

$$x^2 + y^2 - 2hx - 2ky + h^2 + k^2 - r^2 = 0$$

這就稍稍不清楚了！必須用配方法才能夠變成標準方程式。

例題1 求圓心為 $(4, -3)$，半徑為 3 之圓的方程式。

(解) 此圓的方程式為 $(x-4)^2 + (y+3)^2 = 9$。

例題2 設有一圓，其圓心為 $(-2, 5)$，且此圓通過原點，試求其方程式。

(解) 此圓通過原點，故其半徑

$$r = \sqrt{(-2-0)^2 + (5-0)^2} = \sqrt{29}$$

因此圓的方程式為

$$(x+2)^2 + (y-5)^2 = 29$$

基礎坐標幾何

例題3 試證方程式 $4x^2 + 4y^2 - 16x + 32y - 20 = 0$ 的圖形為一圓。

證

這個辦法就是規範配方法！先確定：x^2, y^2 的係數相同！都是4，我就們就用它去除（<u>規範化</u>）：

$$x^2 + y^2 - 4x + 8y - 5 = 0$$

其次把常數項移到右邊，而「含 x」、「含 y」，分別寫：

$$(x^2 - 4x) + (y^2 + 8y) = 5$$

再分別配方，得

$$(x^2 - 4x + 4) + (y^2 + 8y + 16) = 5 + 4 + 16 = 25$$

即

$$(x - 2)^2 + (y + 4)^2 = 5^2$$

因此這是：圓心 $(2, -4)$，半徑 5 的圓！

註 有時，我們遇到一個二次方程式

$$Ax^2 + Bxy + Cy^2 + Dx + Ey + F = 0$$

如欲這方程式為一圓，則必須且只須 $A = C$，且 $B = 0$，也就是說 x^2 與 y^2 項的係數相等，且不含 xy（「交叉」）項；此時，

· 若 $D^2 + E^2 - 4F * A > 0$，則圓心為 $\left(\dfrac{-D}{2*A}, \dfrac{-E}{2*A}\right)$，
半徑為 $\dfrac{1}{2*A}\sqrt{D^2 + E^2 - 4F * A}$。

· 若 $D^2 + E^2 - 4FA = 0$，則（半徑 $r = 0$，）圓形退化為一點，這叫做<u>點圓</u>。

· 若 $D^2 + E^2 - 4FA < 0$，則半徑 r 為虛，方程式無圖形，我們稱此圖形為<u>虛圓</u>。

【外接圓】

前已提過：對於不共線的三點，可以唯一決定一圓經過這三點；這就是這三點（這三角形）的外接圓，而其圓心就是這三角形的三邊垂直平分線的交點！但是這樣的計算有點煩瑣，實用上可以有更簡單的辦法！請看下例：

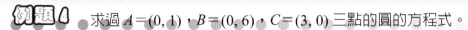

 求過 $A = (0, 1)$，$B = (0, 6)$，$C = (3, 0)$ 三點的圓的方程式。

(解) 我們可以假設所求的圓之方程式為

$$x^2 + y^2 + Dx + Ey + F = 0$$

今 A, B, C 三點既然都在圓上，其坐標必能滿足此式。將 A, B, C 的坐標分別代入上式，得到聯立方程式：

$$\begin{cases} 1 + E + F = 0 \\ 36 + 6E + F = 0 \\ 9 + 3D + E = 0 \end{cases}$$

解上面的聯立方程式得 $E = -7$，$F = 6$，$D = -5$

故所求之圓為 $x^2 + y^2 - 5x - 7y + 6 = 0$

其圓心為 $\left(\dfrac{5}{2}, \dfrac{7}{2} \right)$，半徑 $r = \dfrac{5}{2}\sqrt{2}$

注意：解這個問題，一上來我們也可以假設圓的方程式為

$$(x - h)^2 + (y - k)^2 = r^2$$

然後再決定 h, k, r。不過這樣做，對本題而言，較煩！

今設 $(x - h)^2 + (y - k)^2 = r^2$ 為所求圓，則

$$(0 - h)^2 + (1 - k)^2 = r^2$$
$$(0 - h)^2 + (6 - k)^2 = r^2$$
$$(3 - h)^2 + (0 - k)^2 = r^2$$

即是

$$h^2 + k^2 - 2k + 1 = h^2 + k^2 - 12k + 36$$
$$= h^2 + k^2 - 6h + 9 = r^2$$

由前兩式得：$10k = 35$，$k = 3.5$

由中間兩式得：$-6h + 9 = -12k + 36 = -42 + 36 = -6$，$h = 2.5$

於是由後兩式得：$r^2 = 25/2$

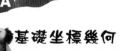
 　求通過三點$(2, -1)$，$(1, 1)$，$(-2, -3)$之圓的方程式，並作圖。

例題5 　一圓通過 $A(0, -3)$ 與 $B(4, 0)$ 兩點，並且圓心在直線 $x + 2y = 0$ 上，試求其方程式。

解 　本題利用例4的辦法來做亦可，不過現在我們要假設圓的方程式為

$$(x - h)^2 + (y - k)^2 = r^2$$

而下手來做這個問題。理由是：「圓心在直線 $x + 2y = 0$ 上」這句話就變成「很好翻譯」了！（應用問題都需要把題目的意思翻譯成數學文！）
譯成：

$$(i)：h + 2k = 0$$

再因 A, B 均在圓上，故有

$$(ii)：h^2 + (-3 - k)^2 = r^2$$
$$(iii)：(4 - h)^2 + k^2 = r^2$$

$(ii), (iii)$ 相減，得到

$$(iv)：8h + 6k - 7 = 0$$

解聯立方程式 $(i), (iv)$，得

$$h = \frac{7}{5}, k = -\frac{7}{10}$$

於是代入 (ii)，得 $r^2 = \frac{29}{4}$ （其實不需要寫 $r = \frac{\sqrt{29}}{2}$ ）
因此所求之圓為

$$x^2 + y^2 - \frac{14}{5}x + \frac{7}{5}y - \frac{24}{5} = 0$$

或
$$5x^2 + 5y^2 - 14x + 7y - 24 = 0$$

 設 $A=(x_1, y_1)$，$B=(x_2, y_2)$ 為相異兩點，試求以 $\overline{AB}$ 為直徑的圓之方程式。

 （參見下左圖！）因圓心為 $\overline{AB}$ 的中點，故其坐標為

$$\left(\frac{x_1+x_2}{2}, \frac{y_1+y_2}{2}\right)$$

而圓的半徑為 $\overline{AB}$ 的長度之半，故半徑

$$r = \frac{1}{2}\sqrt{(x_1-x_2)^2 + (y_1-y_2)^2}$$

因此圓的方程式為

$$\left(x - \frac{x_1+x_2}{2}\right)^2 + \left(y - \frac{y_1+y_2}{2}\right)^2$$

$$= \frac{1}{4}\left[(x_1-x_2)^2 + (y_1-y_2)^2\right]$$

化簡得

$$(x-x_1)(x-x_2) + (y-y_1)(y-y_2) = 0$$

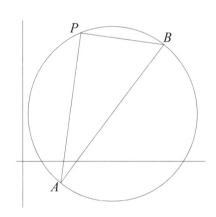
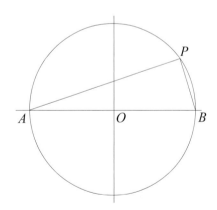

【定理】

內接於一個半圓的角必是直角。

 用坐標法證明！（如上右圖，）取半徑為 r，圓心在原點，直徑在 x 軸上，自點 $A(-r, 0)$ 到 $B(r, 0)$，點 $P=(x, y)$ 在圓上，則

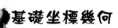

$\overline{PA}$ 之斜率為 $\dfrac{(0-y)}{(-x-r)}=\dfrac{+y}{x+r}$

$\overline{PB}$ 之斜率為 $\dfrac{(0-y)}{(r-x)}=\dfrac{-y}{r-x}$

$\overline{PA}$, $\overline{PB}$ 互相垂直之條件為

$$\dfrac{+y}{x+r}\cdot\dfrac{-y}{r-x}=-1$$

即 $-y^2=-r^2+x^2$，或即 $x^2+y^2=r^2$，確實成立！

註 我們也可以利用例 6 來證明：

$\overline{PB}$ 之斜率為 $\dfrac{y_2-y}{x_2-x}$，$\overline{PA}$ 之斜率為 $\dfrac{y_1-y}{x_1-x}$

$\overline{PA}$, $\overline{PB}$ 是否成直角？依是否 $\dfrac{y_2-y}{x_2-x}\cdot\dfrac{y_1-y}{x_1-x}=-1$ 而定！

但例 6 說明此式確實成立！

其實我們可以反向思考！例 6 的證明，（或者說：其記憶，）是由此命題而來！

習題 1

1. 求下列各圓的方程式：

    (1) 圓心為(0, 1)，半徑為3

    (2) 圓心為(−6, −3)，半徑為5

2. 求下列各方程式的圖形，並作圖：

    (1) $x^2+y^2-2x+2y+2=0$

    (2) $2x^2+2y^2+4x-5y+2=0$

3. 由下列各條件所定圓的方程式：

    (1) 經過(6, −6)，(−1, −5)，(7, −5)三點

    (2) 以 $x+3y+7=0$，$3x-2y-12=0$ 二直線的交點為圓心，且經過(−1, 1)一點

    (3) 以(4, 7)，(2, −3)兩點的連線段為直徑

習題2 證明下列各動點之軌跡為圓，並求圓心和半徑：

1. 一動點與兩點(3, 0)和(−3, 0)距離的平方和常為68。

2. 一動點與 $x + y = 6$ 的距離平方，常等於兩坐標軸與由動點至軸二垂線所成矩形的面積。

3. 一動點至 $x - 2y = 7$ 與 $2x + y = 3$ 二直線的距離平方和常為7。

習題3 一動點與兩定點的距離平方和為一常數，求其軌跡。

【幾何題】

設自正方形 $ABCD$ 的對角線 $\overline{AC}$ 上任取一點 P，作兩直線 $\overline{EG}$, $\overline{FH}$ 平行於其邊，試證此四點共圓！

例題7 （如右圖）

圓 O 外有一點 P，直線 $\overleftrightarrow{PO}$ 與弦 $\overline{AB}$ 垂直，而割線 $\overleftrightarrow{PA}$ 交圓於另一點 C；若 $\overleftrightarrow{CB}$, $\overleftrightarrow{PO}$ 相交於 D，則：
$$OD * OP = OA^2$$

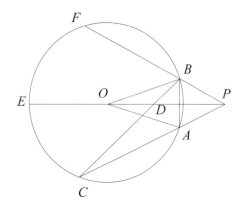

解 可設圓 O 為么圓：$x^2 + y^2 = 1$

$B = (u, v), A = (u, -v),$

$C = (h, k); P = (p, 0); D = (d, 0)$

於是

$$u^2 + v^2 = 1$$
$$h^2 + k^2 = 1$$
$$\overline{CA} : y - k = (x - h)\frac{(k+v)}{h-u}$$
$$\overline{CB} : y - k = (x - h)\frac{k-v}{h-u}$$
$$p = OP = \left(h - k * \frac{h-u}{k+v}, 0\right)$$

$$d = OD = \left(h - k * \frac{h - u}{k - v}, 0\right)$$

於是：

$$OD * OP = \frac{k^2 u^2 - h^2 v^2}{h^2 - v^2} = 1 = OA^2$$

（注意到：$k^2 u^2 - h^2 v^2 = k^2 u^2 + \underline{k^2 v^2 - k^2 v^2} - h^2 v^2 = k^2 - v^2$）

例題 8

圓 O 上，有兩條垂直的直徑 $\overline{AD}$，$\overline{BC}$，以及兩個等弦 $\overline{AE}$，$\overline{AF}$；若 $\overleftrightarrow{DB}$，$\overleftrightarrow{AF}$ 相交於 H，$\overleftrightarrow{BE}$，$\overleftrightarrow{AD}$ 相交於 G，則 $\overline{HG} \perp \overline{GD}$。

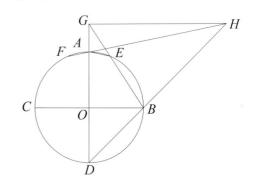

 可設圓 O 為么圓：$x^2 + y^2 = 1$

$B = (1, 0), A = (0, 1), C = (-1, 0),$
$D = (0, -1); E = (u, v), F = (-u, v)$

於是，我們要算出 $G = (g_x, g_y)$，$H = (h_x, h_y)$：

$$u^2 + v^2 = 1$$

$$\overline{AF}：y - 1 = \frac{v - 1}{-u} x$$

$$\overline{DB}：y = x - 1$$

$$\overline{AD}：x = 0$$

$$\overline{BE}：y = \frac{v}{u - 1}(x - 1)$$

$$G：g_x = 0，g_y = \frac{-v}{u - 1}$$

$$H：h_x = \frac{-2u}{1 - u - v}，h_y = \frac{v - 1 - u}{1 - u - v}$$

這就可以算出：$h_y = g_y$ 了！

圓上兩點 A, G，在直徑 $\overline{BC}$ 的同側，直徑的垂線 GD 交 $\overline{BC}$ 於 D，交 $\overrightarrow{AB}$ 於 E，交 $\overrightarrow{CA}$ 於 F，則：$DG^2 = DE * DF$。

11.2 圓與直線

我們已知：平面上一個圓與一直線的關係，不外乎三種情況：相離、相切、相割；這只要看圓心至直線的距離比圓半徑的大小就決定了！（見 p.7 圖）

【定理1】

設 C：$(x-h)^2 + (y-k)^2 = r^2$ 為一圓，ℓ：$ax + by + c = 0$ 為一直線，我們把圓心 (h, k) 至直線 ℓ 的距離記為：

$$d(C, \ell) = \frac{|ah + bk + c|}{\sqrt{a^2 + b^2}}$$

（請回憶一下：點至一直線的距離公式），因此

· 當 $d(C, \ell) < r$ 時，則 C 與 ℓ 相割：有兩個相異交點！交點叫做割點。割點與圓心相距 r，兩割點之間的弦內的點，就在圓內，故與圓心相距 $< r$；線上的弦外之點，與圓心相距 $> r$。

· 當 $d(C, \ell) = r$ 時，則 C 與 ℓ 相切：有唯一個交點！交點叫做切點。（相當於「兩割點重合」。）切點與圓心相距 r，切線上其它的點，與圓心相距 $> r$。因此：切點就是切線上最接近圓心者！切點與圓心所連的半徑直徑，就與切線垂直！

· 當 $d(C, \ell) > r$ 時，則 C 與 ℓ 相離。（兩割點為虛。）

 圓 $x^2 + y^2 = 25$ 與直線 $3x - 4y = 20$ 是否相交？

此時線式為 $\frac{3}{5}x - \frac{4}{5}y = 4$，圓心為原點，點線距 $= 4 < 5 =$ 半徑，故有兩

交點！而且容易求出來！

今用 $x = \dfrac{20+4y}{3}$ 代入圓：

$$\frac{400+16y^2+160y}{9}+y^2=25$$

$25y^2+160y+175=0$，即 $5y^2+32y+35=0$

$(y+5)(5y+7)=0$，$y=-5$ 或 $-7/5$

因而 $x=0$ 或者 $\dfrac{24}{5}$，因此兩交點是 $(0,-5)$ 及 $\left(\dfrac{24}{5},\dfrac{-7}{5}\right)$。

問 1 直線 $x+y=3$ 截圓 $(x-1)^2+(y-1)^2=1$ 於兩點 A, B，試求線段 AB（叫作「弦」）之中點。

例題 2 求切於直線 $3x-2y-12=0$ 且圓心為 $(2,-1)$ 之圓。

 圓心 $(2,-1)$ 至直線的距離為

$$r=\frac{|3*2-2*(-1)-12|}{\sqrt{9+4}}=\frac{4}{\sqrt{13}}$$

因此所求圓的方程式為

$$(x-2)^2+(y+1)^2=\frac{16}{13}$$

即：$13x^2+13y^2-52x+26y+49=0$

例題 3 試求切於圓 $C : x^2+y^2-6x-8y-11=0$，而斜率為 2 的切線。

 今圓 C 的圓心為 $C=(3,4)$，半徑為6。今切線 ℓ 的斜率為2，故可設 ℓ 的方程式為斜截式

$$y-2x-k=0$$

又 ℓ 與圓 C 相切的條件為

$$d(C,\ell)=\frac{|1\cdot4-2\cdot3-k|}{\sqrt{2^2+(-1)^2}}=6$$

即 $2+k=\pm 6\sqrt{5}$ 或即 $k=\pm 6\sqrt{5}-2$

故切線為

$$\ell : y=2x\pm 6\sqrt{5}-2$$

 相切就是割點重合！今將 ℓ 的方程式 $y=2x+k$ 代入圓 C 的方程式（以求交點時），得

$$x^2+(2x+k)^2-6x-8(2x-k)-11=0$$

即 $5x^2+(4k-22)x+(k^2-8x-11)=0$

必須有兩相等實根，即判別式

$$(4k-22)^2-4\times 5(k^2-8k-11)=0$$

$$k^2+4k-176=0，k=-2\pm 6\sqrt{5}$$

故切線方程式為：$y=2x\pm 6\sqrt{5}-2$

例題4 求圓外一點 $P(-3,5)$ 至圓 $c:x^2-10x+y^2=0$ 的切線。

 我們取切線的點斜式為

$$y-5=m(x+3)；y-mx-(5+3m)=0$$

圓心 $C=(5,0)$ 到此線的距離為半徑

$$5=\frac{|-5m-5-3m|}{\sqrt{1+m^2}}=\frac{|5+8m|}{\sqrt{1+m^2}}$$

故：$25(1+m^2)=64m^2+80m+25，39m^2+80m=0，m=0,\frac{-80}{39}$

問2 求過點 $(-3,7)$，而與圓 $x^2+y^2=16$ 相切之直線方程式。

【切線規則】

今設圓 C 為 $x^2+y^2+Dx+Ey+F=0$，求過一已知切點 $P_0(x_0,y_0)$ 之切線方程式。

我們可設切線方程式為（點斜式）

$$\ell : y - y_0 = m(x - x_0)$$

其中斜率 m 未定。

因 ℓ 垂直於 $\overline{AP_0}$，而 $\overline{AP_0}$ 的斜率為

$$\frac{y_0 + \frac{1}{2}E}{x_0 + \frac{1}{2}D}$$

故知 ℓ 的斜率

$$m = -\frac{x_0 + \frac{1}{2}D}{y_0 + \frac{1}{2}E}$$

代入 ℓ 的方程式得

$$\ell : (y - y_0)(y_0 + \frac{1}{2}E) + (x - x_0)(x_0 + \frac{1}{2}D) = 0$$

今因 (x_0, y_0) 在圓 C 上，故

$$x_0^2 + y_0^2 + Dx_0 + Ey_0 + F = 0$$

將前式展開，並利用後式化簡，得切線方程式為：

$$x_0 x + y_0 y + \frac{1}{2}D(x + x_0) + \frac{1}{2}E(y + y_0) + F = 0$$

規則如下：取圓之方程式，然後

	二次項	x^2	改寫為	xx_0
		y^2		yy_0
	一次項	x		$\frac{x + x_0}{2}$
		y		$\frac{y + y_0}{2}$
	常數項			不改

例題 6 設圓 C 為 $(x-1)^2 + y^2 = 25$，$P_0(-2, 4)$ 為圓上一點，求過 P_0 的切線方程式。

 也可以直接計算：圓心與切點之連線，斜率為

$$\frac{4-0}{-2-1} = -\frac{4}{3}$$

故切線斜率 $= \frac{3}{4}$

切線為 $y - 4 = \frac{3}{4}(x+2)$，即 $3x - 4y + 22 = 0$

習題 1

1. 求與圓 $(x+2)^2 + (y-1)^2 = 9$ 相切而斜率為 -1 之切線方程式。

2. 求過圓 $x^2 + y^2 = 25$ 上之一點 $(3, 4)$ 而與此圓相切之直線之方程式。

習題 2 對於圓 $4x^2 + 4y^2 = 225$：

1. 求圓上與 x 軸相距 4.5 的四點。

2. 如上，求在此四點之切線方程式。

3. 此四條切線圍成何種圖形？

例題 6 （如右圖）在圓 O 中，弦 $\overline{CD}$ 垂直於直徑 $\overline{AB}$，切線 $\overleftrightarrow{EP}$ 之切點為

E，且 $\overleftrightarrow{CD}$ 與切線 $\overleftrightarrow{EP}$ 交於 P 點，與弦 $\overline{EA}$ 交於 F 點，則：

$$PE = PF$$

 可設圓 O 為么圓：$x^2 + y^2 = 1$

$$B = (1, 0), A = (-1, 0)$$

今設：

$$E := (u, v)，則 \ u^2 + v^2 = 1$$

$$\overline{CD} : x = w$$

於是：

$$\overleftrightarrow{AE} : y = \frac{v}{u+1} * (x+1)$$

$$F := \left(w, \frac{v}{u+1} * (w+1)\right)$$

$$\overleftrightarrow{EP} : u*x + v*y = 1$$

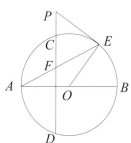

$$P := \left(w, \frac{1 - u * w}{v}\right)$$

$$PF = \frac{1 - u * w}{v} - \frac{v}{u + 1} * (w + 1) = \frac{u - w}{v}$$

$$EP^2 = (u - w)^2 + \left(v - \frac{1 - u * w}{v}\right)^2 = (u - w)^2 + \left(\frac{uw - u^2}{v}\right)^2$$

$$= (u - w)^2 * \left(1 + \frac{u^2}{v^2}\right) = \left(\frac{(u - w)}{v}\right)^2$$

可知：$PF = PE$

 例題 7　圓 O 上 P 點處的切線 $\overleftrightarrow{CD}$ 平行於一弦 $\overline{AB}$ ；則：P 為弧 AB 的中點：
$PA = PB$。

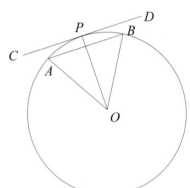

解　可設圓 O 為幺圓：$x^2 + y^2 = 1$

$A = (x_1, y_1), B = (x_2, y_2), P = (u, v)$

於是，$\overleftrightarrow{AB}$ 的斜率為 $\dfrac{y_2 - y_1}{x_2 - x_1}$

而切點 $P = (u, v)$處的切線 $\overleftrightarrow{CD}$ 為：

$$u * x + v * y = 1$$

即斜率為：$\dfrac{-u}{v}$

平行之條件為：

$$\frac{-u}{v} = \frac{y_2 - y_1}{x_2 - x_1}$$

化簡成為：

$$u * x_1 + v * y_1 = u * x_2 + v * y_2$$

現在計算距離平方：

$$PA^2 = (x_1 - u)^2 + (y_1 - v)^2 = x_1^2 + u^2 - 2x_1 u + y_1^2 + v^2 - 2y_1 v$$

$$= (x_1^2 + y_1^2) + (u^2 + v^2) - 2x_1 u - 2y_1 v = 2 - 2(x_1 u + y_1 v)$$

當然這裡用到：

$$x_1^2 + y_1^2 = 1 = u^2 + v^2$$

同理算出：

$$PB^2 = 2 - 2(x_2 u + y_2 v)$$

於是這條件就等於平行性！

 例題 8 延長圓 O 的直徑 $\overline{BA}$ 到點 P，使 $AP = OA =$ 半徑。

作切線 $\overrightarrow{PC}$ 具切點 C，且與切線 $\overrightarrow{AD}$ 相
交於點 E；又 $\overrightarrow{BC}$ 與 $\overline{AD}$ 相交於 D。
若取 $O = (0, 0)$，$A = (1, 0)$，試算出各點
的坐標！
並證明：$\triangle CDE$ 為正 $\triangle$。

解 當然 $P = (2, 0)$；於是，

$\angle OCP = 90° = \angle ACB$，$\angle CPA =$
$30°$，$\angle ACO = 60° = \angle AOC$

因此，$\triangle AOC$ 為正 $\triangle$。可知：

$$C = \left(\frac{1}{2}, \frac{\sqrt{3}}{2}\right) ; AD = AB * \frac{1}{\sqrt{3}} = \frac{2}{\sqrt{3}} ; D = \left(1, \frac{2}{\sqrt{3}}\right)$$

再因為：$PA = 1$，$EA = \frac{1}{\sqrt{3}}$，

$$E = \left(1, \frac{1}{\sqrt{3}}\right)$$

 例題 9

正 $\Box ABCD$ 邊 $\overline{BC}$ 延長線上一點 G，
$\overline{GA}$ 與 $\overline{BD}$ 交於 E，又與 $\overline{CD}$ 交於 F，
則 $\overline{CE}$ 切 $\triangle CFG$ 的外接圓！

 解 取坐標系使得：

$A = (-1, -1)$，$B = (-1, 0)$，
$C = (0, 0)$，$D = (0, 1)$

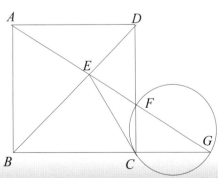

於是設：$G = (h, 0)$，那麼：

$$\overleftrightarrow{BD} : y = x + 1$$

$$\overleftrightarrow{CD} : x = 0$$

$$\overleftrightarrow{AG} : y = \frac{h - x}{1 + h}$$

$$E \overset{\in}{=} \overline{AG} \cap \overline{BD} = \left(\frac{-1}{2 + h}, \frac{1 + h}{2 + h} \right)$$

$$F \overset{\in}{=} \overline{CD} \cap \overline{AG} = \left(0, \frac{1}{1 + h} \right)$$

因此，$\triangle CFG$ 的外接圓是

$$x(x - h) + y\left(y - \frac{h}{1 + h} \right) = 0$$

它在 $C = (0, 0)$ 處的切線，由切線規則，馬上可算出：（只要一次項可算出斜率，就夠了！）

$$y = -(1 + h)x$$

斜率恰為 $\overleftrightarrow{CE}$ 之斜率！

CHAPTER 12

圓冪與圓周角

 12.1 切線之長與圓冪

【切線長】

假設已給了一圓 $C：(x-h)^2 + (y-k)^2 - r^2 = 0$，那麼對於圓外之一點 $P = (x',$ $y')$ 可以畫兩條切線，取其中之一為 $\overline{PT}$ ，T 為切點，於是線段 $\overline{PT}$ 之長 PT，稱為切線長。

連 P 到圓心 $C = (h, k)$，則因為半徑 $\overline{CT}$ 與切 線 $\overline{PT}$ 垂直，故由 Pythagoras 定理，

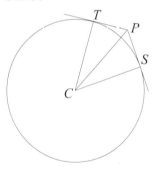

$$\text{dist}(P, T)^2 = \text{dist}(P, C)^2 - \text{dist}(C, T)^2$$

但 $\text{dist}(P, C)^2 = (x'-h)^2 + (y'-h)^2$，及 $\text{dist}(C, T)^2 = r^2$，終於得到：

$$\text{dist}(P, T)^2 = (x'-h)^2 + (y'-k)^2 - r^2$$

【切線長平方定理】

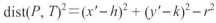

圓外一點 $P = (x', y')$ 對於圓 Γ 的切線長平方，即為以其坐標代入圓的範式 之值！此稱為點 P 對圓 Γ 之冪。

 求由點 $P'(-2, 0)$ 到圓 $x^2 + y^2 - 6x + 2y - 6 = 0$ 之切線長。

解 所求之切線之長為

$$\overline{P'T} = \sqrt{f(-2, 0)} = \sqrt{25 + 1 - 16} = \sqrt{10}$$

必須注意比較：如下兩者，如出一轍！

· 將（圓外一）點 (x', y') 的坐標代入圓 Γ 的範式，其值 $\Gamma(x', y')$ 即為此點對於此圓的「切線長平方」！

· 將點 (x', y') 的坐標代入直線 ℓ 的範式，其值 $\ell(x', y')$ 即為此點對於此線的有號距離！

【圓冪】

如果點 (x', y') 在圓內，將點 (x', y') 的坐標代入圓 Γ 的範式，其值 $\Gamma(x', y') < 0$，當然不是什麼「切線長平方」了！（此時不可能有切線！只有虛切線）

但是這個函數值有重要而且簡單的意義！古時的人早就知道了：

經過 P 點任意作一直線 $\overline{QPR}$，當然是割線，設兩割點為 Q, R，則線段長 $\overline{PQ}$, $\overline{PR}$ 的積為一常數，與割線 $\overline{PQR}$ 之抉擇無關！稱為點 P 對此圓之圓冪，而且就是 $|\Gamma(x', y')|$。

用坐標幾何「很容易」證明，卻是非常煩！所以就此略過！

例如說：割線 $\overline{PQR}$ 是縱線 $x = x'$，則

$$(y-k)^2 = r^2 - (x'-h)^2 \; ; \; y = k \pm \sqrt{r^2-(x'-h)^2}$$

這是 Q, R 的縱坐標，在 y' 之上下！因此

$$\overline{PQ} = y' - (k - \sqrt{r^2-(x'-h)^2})$$
$$\overline{PR} = (k + \sqrt{r^2-(x'-h)^2}) - y'$$

於是

$$\overline{PQ} * \overline{PR} = [y'-k+\sqrt{r^2-(x'-h)^2}] * [k+\sqrt{r^2-(x'-h)^2}) - y']$$
$$= [\sqrt{r^2-(x'-h)^2} + (y'-k)] * [\sqrt{r^2-(x'-h)^2} - (y'-k)]$$

用平方差的公式

$$= (\sqrt{r^2-(x'-h)^2})^2 - (y'-k)^2 = r^2 - (x'-h)^2 - (y'-k)^2$$

記住：因為點 (x', y') 在圓內，所以：$\Gamma(x', y') = (x'-h)^2 + (y'-k)^2 - r^2 < 0$。

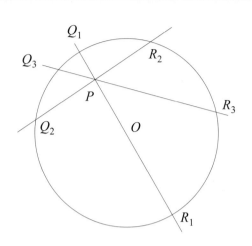 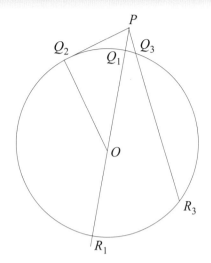

上左圖，P 點在圓內，過 P 的直徑為 $\overline{Q_1R_1}$，過 P 點而與此直徑垂直的弦是 $\overline{Q_2R_2}$，而 $\overline{Q_3R_3}$ 則是過點 P 的任意一弦，於是，古老的無號的「圓冪」，就是

$$|\varpi(P,\Gamma)| = \overline{PQ_3} * \overline{PR_3} = \overline{PQ_1} * \overline{PR_1} = \overline{PQ_2} * \overline{PR_2}$$

這裡，Q_1 是圓上距離點 P 最近者，R_1 是圓上距離點 P 最遠者，這兩個距離的幾何平均，就是

$$\overline{PQ_2} = \overline{PR_2} = \sqrt{|\varpi(P,\Gamma)|}$$

註 若設 $P=(x',y')$ 在圓外，任作一線，就不一定是割線！若是割線 PQR，則上述計算還是對的！

上右圖，P 點在圓外，過 P 的連心線割到直徑 $\overline{Q_1R_1}$，過 P 點的切線是 $\overline{PQ_2}$，$Q_2 = R_2$；而 $\overline{Q_3R_3}$ 則是過點 P 的任意一弦，於是，古老的無號的「圓冪」，就是

$$\varpi(P,\Gamma) = \overline{PQ_3} * \overline{PR_3} = \overline{PQ_1} * \overline{PR_1} = \overline{PQ_2}^2$$

這裡，Q_1 是圓上距離點 P 最近者，R_1 是圓上距離點 P 最遠者，這兩個距離的幾何平均，就是（上述的）切線長

$$\overline{PQ_2} = \overline{PR_2} = \sqrt{\varpi(P,\Gamma)}$$

所以我們應該把一點 $P=(x',y')$ 對一圓 Γ 的<u>有號的圓冪</u>（power）定義為

基礎坐標幾何

有號的乘積 $\varpi\,(P;\Gamma) := \overrightarrow{PQ} * \overrightarrow{PR}$

如果 P 在兩割點 Q, R 之間，則我們應該認定 $\overrightarrow{PQ}, \overrightarrow{PR}$ 方向相反！因此相乘積要加上負號！於是有號的圓冪就是：將此點 (x', y') 的坐標代入圓的範式所得的值，正號代表此點在圓外，負號代表此點在圓內。

例題2 求兩圓 $x^2 + y^2 - 25 = 0$ 及 $x^2 + y^2 + x + y - 20 = 0$ 之公弦。

解 （下左圖）欲求此二圓交點，需要聯立！

兩方程式相減，得 $x + y + 5 = 0$，利用此式以解第一個圓的方程式，得

$$x^2 + (-x-5)^2 - 25 = 0，或 x^2 + 5x = 0，x = 0, -5$$

所求之交點為 $B = (0, -5)$ 及 $A = (-5, 0)$。

於是用兩點式，就知道：公弦是 $\overline{AB}$：$x + y + 5 = 0$。

繞了一圈可見得：只要將兩圓的範式相減就好了！

【根軸】

將兩 Γ_1, Γ_2 的範式相減，就得到一條直線，叫做兩圓的根軸。記作：

$$\sqrt{\Gamma_1 \cap \Gamma_2}$$

如果兩圓有兩交點（即相割），這根軸是公弦。

若恰好只有一個交點，則是相切，這根軸是公切線！

若不相交，則這是「到兩圓的切線長相等」的動點之軌跡！

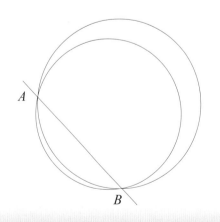

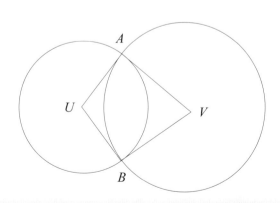

例題 3 於兩圓 c_1：$x^2+y^2+20x-525=0$ 及 c_2：$x^2+y^2-66x+2y-135=0$ 之交點處，對兩圓分別作切線！（如上右圖）

解 公弦為

$$86x-2y-390=0，y=43x-195$$

代入前式，得：

$$1850x^2-16750x+37500=0；37x^2-335x+750=0$$

得交點：

$$A=(5, 20)，B=\left(\frac{150}{37}, \frac{-765}{37}\right)$$

在交點 (5, 20) 處，

對於圓 c_1 之切線為：$3x+4y-95=0$（通過 c_2 圓心 $V=(33, -1)$）

對於圓 c_2 之切線為：$-28x+21y-280=0$；$4x-3y+40=0$（通過 c_1 圓心 $U=(-10, 0)$）

這種現象叫做兩圓相正交或垂直！（這兩切線相垂直！）

在另外那個交點 $\left(\frac{150}{37}, \frac{-765}{37}\right)$ 處，
對於圓 c_1 之切線為：$104x-153y-3585=0$（通過 c_2 圓心！）

對於圓 c_2 之切線為：$153x+104y+1530=0$（通過 c_1 圓心！）

習題 於兩圓 c_1：$x^2+y^2+4x+22y-44=0$ 及 c_2：$x^2+y^2-12x-2y-28=0$ 之交點處，對兩圓分別作切線！

12.1.1 圓系的技巧

先前已說過：若有兩圓

$$\Gamma_1：f_1=x^2+y^2+\cdots=0，\Gamma_2：f_2=x^2+y^2+\cdots=0$$

相交於兩點 A, B，那麼直線 $\overleftrightarrow{AB}=\Gamma_0$，（即此兩圓的根軸，）其方程式就是將兩圓的標準方程式相減就好了

$$\sqrt{\Gamma_1 \cap \Gamma_2} = \Gamma_0 : 0 = f_1 - f_2 = g = (x, y) \text{ 的一次方程式}$$

反過來說則如下：

【根軸圓系定理】

於上述，任何一個過 A, B 兩點的圓 Γ，一定是將 f_1 或 f_2 加上這個一次方程式的幾倍就好了：

$$\Gamma : f_1 + k * g = 0$$

類似地，若有一圓

$$\Gamma_1 : f_1 = x^2 + y^2 + \cdots = 0$$

以及一條直線

$$\Gamma_0 : g = (x, y) \text{ 的一次方程式}$$

相交於兩點 A, B，則任何一個過 A, B 兩點的圓 Γ，一定是將 f_1 加上這個一次方程式 $g = 0$ 的幾倍就好了：

$$\Gamma : f_1 + k * g = 0$$

 在圓 O 中，$\overline{AB}$ 與 $\overline{CD}$ 是平行的兩弦，E 是 $\overline{CD}$ 的中點，若 $\triangle OAE$ 的外接圓與圓 O 交於點 F，

則 F, E, B 三點共線！

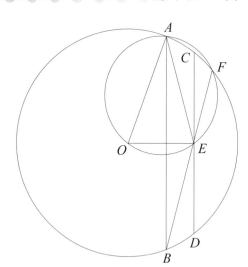

(解) 取 $O = (0, 0)$（原點！），

$A = (a, b)$，$B = (a, -b)$，$E = (e, 0)$

於是，圓 O 為

$$C : x^2 + y^2 = a^2 + b^2$$

直線 $\overleftrightarrow{OA} : a * y - b * x = 0$

以 $\overline{OA}$ 為直徑的圓是：

$$x(x-a) + y(y-b) = 0$$

因而過 O, A 兩點的圓（系中之一）是：

$$\Gamma : x(x-a) + y(y-b) + k(a * y - b * x) = 0$$

它經過 E，因此：$e=a+b*k$；$k=\dfrac{e-a}{b}$。將之代入 Γ 的式子，所以得到：

$$\Gamma : x^2+y^2-ex-\frac{a^2+b^2-ea}{b}y=0$$

所以 C 與 Γ 的公弦 $\overleftrightarrow{FA}$ 是

$$b*e*x+(a^2+b^2-e*a)*y-b*(a^2+b^2)=0$$

它和 $\overleftrightarrow{BE}$

$$(e-a)*y-b*x+b*e=0$$

的交點是聯立解：

$$x=\frac{(2e-a)(a^2+b^2)-ae^2}{a^2+b^2+e^2-2ea}, \quad y=\frac{b(a^2+b^2-e^2)}{a^2+b^2+e^2-2ea}$$

算出：

$$x^2+y^2=a^2+b^2$$

故此交點就是 F。

12.2 圓周角定理

【強的圓周角定理】

圓周角 $\angle APB$＝圓心角 $\angle AOB$ 的一半！

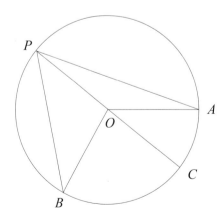
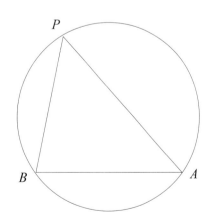

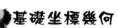

這是圓的最重要且有用的定理之一！通常就用如上左圖的證明：

延長 PO 到圓上的 C 點，於是：（由等腰，$\angle PBO = \angle BPO$）

$$\angle COB = \angle PBO + \angle BPO = 2\angle CPB ; \angle AOC = 2\angle APC$$

相加就好了！

【弱的圓周角定理】

圓周角 $\angle APB$，只和所對的弧有關，和圓周上的角頂點 P 無關！

我們想用坐標幾何算出這件事！（如上右圖）為了方便，我們取坐標系，使得：圓是 $x^2 + y^2 = r^2$；弦 AB 為水平線 $y = -b < 0$。

$b = 0$ 的情形，圓周角是直角，已經證過！

我們設 $P = (x, y)$，$y > -b$，此地圓周角是銳角！（因而 $-b < 0$，$b > 0$）

於是我們將證明：$\triangle APB$ 的面積，除以（$\overline{AP} * \overline{BP}$），是一個常數，與 P 無關！由 Hero 面積公式看來，我們不如取平方！也就是說，我們將計算：$\triangle APB$ 的面積平方，除以（$\overline{AP} * \overline{BP}$）的平方！

把三點的坐標

$$A = (-\sqrt{r^2 - b^2}, -b) , B = (\sqrt{r^2 - b^2}, -b) , O = (x, y)$$

代入面積的坐標法公式，就得到：

$$面積 = \sqrt{r^2 - b^2}\,(y + b) ; 面積平方 = (r^2 - b^2) * (y + b)^2$$

但是：

$$AP = \sqrt{(x + \sqrt{r^2 - b^2})^2 + (y + b)^2} ; BP = \sqrt{(x - \sqrt{r^2 - b^2})^2 + (y + b)^2}$$

「兩邊的平方」$=$

$$((x \pm \sqrt{r^2 - b^2})^2 + (y + b)^2)^2 = x^2 + r^2 - b^2 \pm 2x\sqrt{r^2 - b^2} + y^2 + b^2 + 2yb$$
$$= 2r^2 + 2yb \pm 2x\sqrt{r^2 - b^2}$$

把「和與差的積」之公式用上來！故「兩邊的積，平方」

$$4((r^2 + yb)^2 - (r^2 - b^2)x^2) = 4(r^4 + y^2b^2 + 2r^2yb - r^2x^2 + b^2x^2)$$
$$= 4(r^4 + r^2b^2 + 2r^2yb - r^2x^2) = 4r^2(y^2 + 2yb + b^2) = 4r^2(y + b)^2$$

所求比例為

$$\frac{r^2 - b^2}{4r^2}$$

果然只與 b 有關！與 P 點無關！

12.2.1 三點的平衡中心

【垃圾處理廠的位置】

N 個市鎮的位置在 A_1，……A_N，垃圾產量分別為 $w_1, w_2, ……, w_N$，垃圾處理廠的位置在 P，各鎮的垃圾運費是和其垃圾的重量，及其與垃圾場的距離成正比的，因而總運費和

$$u(P) = w_1\overline{PA_1} + w_2\overline{PA_2} + …… + w_N\overline{PA_N}$$

成正比。為了簡化問題，我們假設：$w_1 = w_2 = …… = w_N$；所以，問題就在於：求（「平衡中心」）點 P，使得下式為最小！

$$u(P) = \overline{PA_1} + \overline{PA_2} + …… + \overline{PA_N}$$

（很有趣！）$N = 4$ 比 $N = 3$ 容易：欲求點 P，使得下式為最小！

$$\overline{PA_1} + \overline{PA_2} + \overline{PA_3} + \overline{PA_4}$$

【正常四點的平衡中心】

假設：$ABCD$ 為凸四邊形？

【彆扭四點的平衡中心】

假設：點 D 在 $\triangle ABC$ 之內？

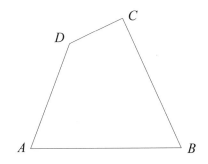
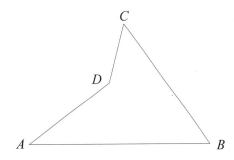

【註：正常三點平衡中心定理】

若 $\triangle A_1A_2A_3$ 的三個角都不超過 $120°$，則當取三角形內一點 E，使下式成立時，$u(E)$ 為極小。

$$\angle A_1EA_2 = \angle A_2EA_3 = \angle A_3EA_1 = 120°$$

有沒有這樣的一點 E？先要把它作出來。

【分析】

因為 $\angle A_1EA_2 = 120°$，如果作 $\triangle A_1EA_2$ 的外接圓，在圓上任取一點 G，於優弧（上），則 $\angle A_1GA_2 = 60°$，所以反過來說，作正 $\triangle GA_1A_2$ 於外側，再作其外接圓，則 E 在圓上劣弧這邊。

【幾何作法】

以 $\triangle A_1A_2A_3$ 三邊，分別向外作正$\triangle$形如下圖，這三個三角形的外接圓相交於點 E，則 E 即為所求！（這是圓周角定理的結論：圖中，$\angle A_1GA_2 = 60°$，則 $\angle A_1EA_2 = 120°$。）

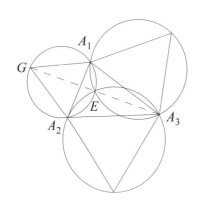

CHAPTER 13
［日本算額集例（下）］

牽涉到圓的幾何題才有趣！

13.1 兩圓一線相切

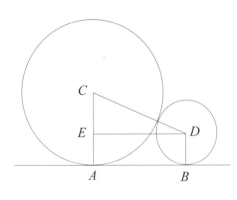
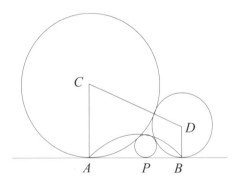

 例題 1 兩圓 $S(C, r_1)$，$S(D, r_2)$ 相外切，而有外公切線 $\overline{AB}$，求切點間的距離 AB。

（解） 取坐標系使此外公切線 $\overline{AB}$ 為 x 軸，

$$A = (0, 0), B = (q, 0), C = (0, r_1), D = (q, r_2)$$

不妨設：$r_1 > r_2$，則有：

$$CD^2 = q^2 + (r_1 - r_2)^2 = (r_1 + r_2)^2$$

因此

$$q^2 = (r_1 + r_2)^2 - (r_1 - r_2)^2 = 4r_1r_2 \;;\; AB = 2\sqrt{r_1 * r_2}$$

 例題1。1 （如上右圖）求作一圓與此兩圓外切，又與該公切線相切！其半徑為何？

 (解) 設此圓圓心為 $P = (p, r_3)$，則：

$$p^2 + (r_1 - r_3)^2 = (r_1 + r_3)^2 \ ; \ p^2 = 4r_1 * r_3$$

$$(q-p)^2 + (r_2 - r_3)^2 = (r_2 + r_3)^2 \ ; \ (q-p)^2 = 4r_2 * r_3$$

$$p = 2\sqrt{r_1 * r_3} \ ; \ q - p = 2\sqrt{r_2 * r_3}$$

$$q = 2\sqrt{r_3}\left(\sqrt{r_1} + \sqrt{r_2}\right) \ ; \ \frac{1}{\sqrt{r_3}} = \frac{1}{\sqrt{r_1}} + \frac{1}{\sqrt{r_2}}$$

例題1。2 如上，若兩點 A, B 已經固定，而變動兩圓，則所作圓 $S(P, r_3)$ 恆與內切於某個定圓 Γ 相切！（此圓 Γ 經過 A, B 兩點！）

(解) 如上，有：

$$S(P, r_3) : \left(x - 2\frac{\sqrt{r_2}}{\sqrt{r_1} + \sqrt{r_2}}r_1\right)^2 + (y - r_3)^2 = r_3^2$$

現在設想：Γ 的圓心在 $\left(\dfrac{q}{2}, s\right)$，而通過 A, B 兩點，則半徑將為：

$\sqrt{s^2 + \left(\dfrac{q}{2}\right)^2}$，於是所說的內切條件成為：

$$(s - r_3)^2 + \left(\frac{q}{2} - p\right)^2 = \left(\sqrt{s^2 + \left(\frac{q}{2}\right)^2} - r_3\right)^2$$

心平氣和地做！你就算出：

$$s = \frac{-3}{8}q \ ; \ \sqrt{s^2 + \left(\frac{q}{2}\right)^2} = \frac{5}{8}q$$

例題2 三點 A, B, C 依序在一線上。分別以 $\overline{AC}, \overline{AB}$ 為直徑，畫出大圓 $\odot(O)$，小圓 $\odot(U)$，以 $\overline{BC}$ 為底邊，畫一等腰三角形，使頂點 N 在大圓上；再作一圓 $\odot(V)$，內切於大圓，外切於小圓，且切於線段 $\overline{BN}$。則其圓心 V 與 B 之連線，切於小圓。

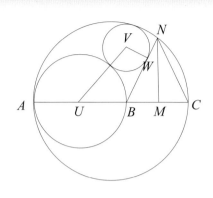
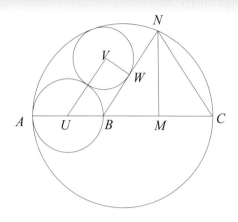

 如上圖，取么圓直徑 $\overline{AC}$，$A = (-1, 0)$，$C = (1, 0)$

又設 $B = (b, 0)$，$-1 < b < 1$；於是有：$U = \left(\dfrac{b-1}{2}, 0\right)$，得：

$$\odot(U)：\left(x - \frac{b-1}{2}\right)^2 + y^2 = \left(\frac{b+1}{2}\right)^2$$

今設想：作一 $S(V, r)$，使得它的圓心 $V = (b, v)$ 在 $\overline{AC}$ 的垂線 $\overleftrightarrow{BV}$ 上，又與 $\overline{BN}$ 相切；如果切點是 W，則：

$$VW : VB = BM : BN$$

由 $M = \left(\dfrac{1+b}{2}, 0\right)$，$NM = \sqrt{1 - \left(\dfrac{1+b}{2}\right)^2}$

$BN^2 = (1 - b)$，$BN = \sqrt{1-b}$；$VW = r$，因此：

$$r : v = \frac{1-b}{2} : \sqrt{1-b}；r = \frac{\sqrt{1-b}}{2}v$$

其次要求：$S(V, r)$ 外切於 $\odot(U)$，則：

$$\left(\frac{1+b}{2}\right)^2 + v^2 = \left(\frac{1+b}{2} + r\right)^2$$

代以 $r = \dfrac{\sqrt{1-b}}{2}v$ ：那就得到：

$$v = \frac{2(1+b)\sqrt{1-b}}{3+b}；r = \frac{1-b^2}{3+b}$$

我們只要再驗證：$S(V, r)$ 內切於么圓 S，亦即：

$$b^2 + v^2 = (1-r)^2$$

（只要脾氣好！）

 例題2.1 此例題中，諸圖 $\odot(O), \odot(U), \odot(V)$ 的半徑各為 R, u, v，試以 R, u 表出 v。

（解） 上面是以 $u_1 = \dfrac{1+b}{2}$，$R_1 = 1$，$v_1 = r$，則：

$$R_1 + u_1 = 1 + u_1 = \frac{3+b}{2} \; ; \; R_1 - u_1 = 1 - u_1 = \frac{1-b}{2}$$

$$v_1 = r = \frac{(1-b)(1+b)}{3+b^2} = \frac{2u_1 * (R_1 - u_1)}{R_1 + u_1}$$

足碼 1 表示它是 $R=1$ 時的值！一般的解答是成比例！當然是：

$$v = \frac{2u * (R-u)}{R+u}$$

 例題2.2 此例題中，固定 A, C，變動 B 點，試證：當 $u = \dfrac{1}{(1+\sqrt{2})}R$ 時，半徑 v 為最大。

（解） 記比例 $x = \dfrac{u}{R}$，則須求

$$f(x) = 2\frac{x(1-x)}{1+x} \qquad (|x| < 1)$$

之極大！今由 $y = \dfrac{x(1-x)}{x+1}$ 反求 x：

$$x^2 + x(y-1) + y = 0$$

判別式須：

$$(y-1)^2 - 4y = y^2 - 6y + 1 = (y-3)^2 - 8 \geq 0$$

由此可知：y 之極大在

$$y = 3 - \sqrt{8} \quad , \text{ 即 } x = \sqrt{2} - 1 \text{ 時}$$

例題3 給予一個 $\odot O$，其一弦 λ，以及其弦上一點 Q，求作一圓於定圓內，與之相切，並且與該弦相切於該點。

取 $\odot O$ 為么圓 $x^2 + y^2 = 1$；弦 λ 為 $x = a$，點 Q 為 (a, k)，因此：

$$a^2 + k^2 < 1$$

今設所求圓為：

$$S(P; r)：(x - p_x)^2 + (y - p_k)^2 = r^2$$

它過點 (a, k)，因此，$(a - p_x)^2 + (k - p_y)^2 = r^2$；並且其處之切線為

$$(a - p_x)(x - p_x) + (k - p_y)(y - p_y) = r^2$$

後者與 $\lambda：x = a$ 比較（y 之係數！）得：

$$p_y = k；a - p_x = \pm r$$

今書 $P = (h, k)$，則因 $S(P; r)$ 與 $S = \odot O$ 相切，故：$OP + r = 1$，於是，我們要解（一次二次）聯立方程組：

$$\begin{cases} \sqrt{h^2 + k^2} + r = 1 \\ h - a = \pm r \end{cases}$$

未知數是 (h, r)，而 a, k 是已知。（通常有兩解）

由前一式，得：

$$h^2 + k^2 = (1 - r)^2 = 1 - 2r + r^2$$

由後一式，得 $h = h_\pm = a \pm r_\pm$，則

$$h^2 = a^2 + r_\pm^2 \pm 2a * r_\pm$$

代入，則得

$$a^2 + r_\pm^2 \pm 2a * r_\pm + k^2 = 1 - 2r_\pm + r_\pm^2$$

即：$2r_\pm(1 \pm a) = 1 - (a^2 + k^2)$

$$r_\pm = \frac{1 - (a^2 + k^2)}{2(1 \pm a)}$$

有一個重要的結論是：

$$\frac{r_+}{r_-} = \frac{1 - a}{1 + a}$$

可設：$a > 0$，則所求圓有兩解，分別在 $\lambda：x = a$ 的左右；當然左大右小，k 變動，（$Q = (a, k)$ 也變動，）則此兩圓也隨之變動！但是兩圓半徑的比例固定！

參看下圖，（但是我們改左右為上下！）

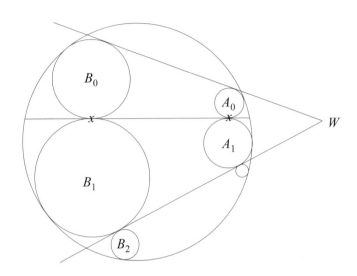

大圓中有一弦，（圖中標出 x，有兩處，其實應該用 x_A, x_B 來分辨！這兩點的連線，就是現在所說的弦，）於是對於弦上的一點，就可以畫出一圓，切此弦於此點，並且又內切於大圓。如圖中的一點 $x = x_A$，就有上下兩圓（圓心分別為 A_0, A_1）。圖中的另一點 $x = x_B$，就有上下兩圓（圓心分別為 B_0, B_1）。

兩圓 $\odot A_0, \odot B_0$ 就有另外的一條外公切線，另有其切點。

兩圓 $\odot A_1, \odot B_1$ 就有另外的一條外公切線，另有其切點。

那麼，對於這兩個切點，與這條公切線，又可以畫出另外的兩圓，就是 $\odot A_2, \odot B_2$；依此類推，但是，非常迅速地變小！（我們連 A_2 都標不出！）而這兩系列的圓，

$$A_0, A_1, A_2, \cdots \; ; \; B_0, B_1, B_2, \cdots$$

半徑的比是一樣的！當然要注意到：你不可以說：以 A_0, B_0 為開端！事實上，從這邊接下去，也是有兩個序列的圓！（而足碼應該寫 $-1, -2, \cdots$。）

13.2 三圓相切

例題1 有三圓 $\odot(A, a)$, $\odot(B, b)$, $\odot(C, c)$，兩兩外切；今作前二者的公切線 ℓ 於 $\odot(C)$ 的異側；再作 $\odot C$ 的切線 m 平行於 ℓ，且不與 $\odot(B)$ 相交；試求 ℓ, m 之距離。（下左圖）

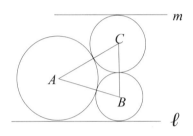
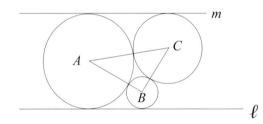

解 取

$$\ell : y = 0 \; ; \; m : y = d \; (>0)$$

$\odot(A, a)$, $\odot(B, b)$ 都切於 $y = 0$，故可設：

$$A = (0, a) \text{，} B = (u, b) \; (u > 0)$$

再因 $\odot(A, a)$, $\odot(B, b)$ 相外切，故而：

$$AB = a + b = \sqrt{u^2 + (a-b)^2} \; ; \; u = \sqrt{4a * b}$$

而 $\odot(C, c)$ 切於 $m : y = d$，故：

$$C = (v, d - c)$$

現在 $\odot(A, a)$, $\odot(C, c)$ 相外切，故而：

$$AC^2 = v^2 + d^2 + a^2 + c^2 + 2a * c - 2d(a + c)$$
$$= (a + c)^2 = a^2 + c^2 + 2 * a * c$$

於是：

$$(i)：v^2 + d^2 = 2d(a + c)$$

又 $\odot(B, b), \odot(C, c)$ 相外切，故而：

$$BC^2 = v^2 - 2v\sqrt{4ab} + 4bc + b^2 + c^2 + d^2 - 2d(b + c) + 2bc$$
$$= (b + c)^2 = b^2 + c^2 + 2bc$$

於是：

$$(ii)：v^2 + d^2 = 2d(b + c) + 2v\sqrt{4ab} - 4ab$$

$(i), (ii)$ 就可以得到 (v, d) 的一次方程式：

$$v\sqrt{4ab} = d(a - b) + 2a * b$$

由此平方，

$$v^2 4ab = d^2(a - b)^2 + 4b^2 a^2 + 4ab(a - b)d$$

代入 (i)，則得 d 的二次方程式：

$$d^2(a + b)^2 - 4ab(a + b + 2c)d + 4a^2 + b^2 = 0$$

解出：

$$d = \frac{2ab(a + b + 2c) + 4ab\sqrt{c(a + b + c)}}{(a + b)^2}$$
$$= \frac{2ab}{2c + a + b - 2\sqrt{c(a + b + c)}}$$

例題 1.1 此題（上右圖），若 m 也切於 $\odot(A, a)$，其條件為何？

解 $d = 2a$ 即是：

$$2c + a + b - 2\sqrt{c(a + b + c)} = b；2c + a = 2\sqrt{c(a + b + c)}$$

於是得到：

$$a = 2\sqrt{b * c}$$

例題2 直線上有連續四點 A, B, C, D。分別以 $\overline{AB}, \overline{CD}$ 為直徑，畫兩圓 $\odot(U, r_1) = \odot(AB)$，$\odot(V, r_2) = \odot(CD)$；又自 A 作後一圓的切線 $\overline{AQ}, \overline{AQ'}$；再作一圓 $\odot(P, r)$，使內切於 $\odot(U)$，也切於直線 $\overline{AQ}, \overline{AQ'}$。其半徑為何？（下左圖）

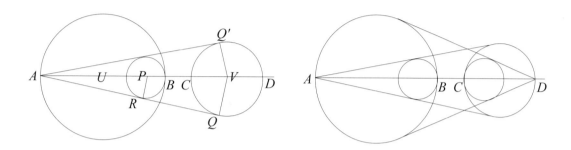

解 （如上左圖）取直線 $ABCD$ 為 x 軸，

$$A = (0, 0)，AB = 2r_1，AC = 2r_1 + e，AD = 2r_1 + e + 2r_2$$

$$AU = r_1，AV = 2r_1 + e + r_2$$

於是，$PB = r$，$AP = 2r_1 - r$；而有相似形比例關係：

$$r : AP = r_2 : AV ; \frac{r}{2r_1 - r} = \frac{r_2}{2r_1 + e + r_2}$$

那麼，合比定律給我們：

$$\frac{r}{2r_1} = \frac{r_2}{2r_1 + e + r_2 + r_2} ; r = \frac{2r_1 r_2}{2r_1 + 2r_2 + e}$$

習 題 此題（上右圖）若自 D 作 $\odot(U)$ 的切線 $\overline{DT}, \overline{DT'}$，然後作 $\odot(V)$ 的內切圓 $\odot(S)$，使也切於 $\overline{DT}$ 與 $\overline{DT'}$，則此圓與 $\odot(P)$ 為相等圓。

例題3 正□$ABCD$ 邊長6。分別以 C, D 為心，$CD = 6$ 為半徑，畫圓 $\odot(C)$，$\odot(D)$，再以 $\overline{AB}$ 為直徑，畫圓 $\odot(\overline{AB})$；求一圓 $\odot(U)$ 內切於此三圓 $\odot(C), \odot(D), \odot(\overline{AB})$。其半徑為何？

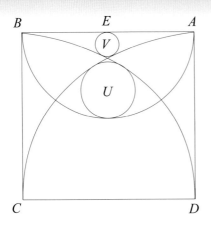

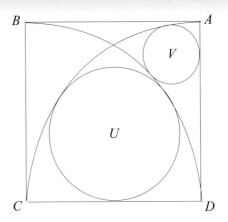

 （如上左圖）取正□$ABCD$ 具對稱的坐標，

$$A=(3, 3)，B=(-3, 3)，C=(-3, -3)，D=(3, -3)$$

於是 $\overline{AB}$ 的中點為 $E=(0, 3)$，因而：

$$\odot(E)=\odot(\overline{AB}) : x^2+(y-3)^2=3^2$$
$$\odot(C) \quad : (x+3)^2+(y+3)^2=6^2$$
$$\odot(D) \quad : (x-3)^2+(y+3)^2=6^2$$

現在要求得內切於此三圓的

$$\odot(U) : x^2+(y-u)^2=r^2$$

（由對稱性立知其圓心 $U=(0, u)$ 必須在 x 軸上！）

因為它與 $\odot(E)$ 相切於（對稱！）點 $O=(0, 0)$，可知：$r=u>0$

現在就是要求：如下的聯立方程式，解答是「重根」

$$(i) : x^2+(y-u)^2=u^2$$
$$(ii) : (x+3)^2+(y+3)^2=6^2$$

記住常用的公式：

$$A^2-B^2=(A-B)*(A+B)$$

那麼，$(ii)-(i)$

$$(2x+3)*3+(2y+3-u)(3+u)=36-u^2 : x=3-\frac{3+u}{3}*y$$

代入(ii)，得：

$$y^2 * \left(\frac{18 + 6u + u^2}{9}\right) - y * (4u + 6) + 9 - 0$$

它有重根的條件是：（判別式＝0）

$$(2u + 3)^2 = 18 + 6u + u^2 \; ; \; u^2 + 2u - 3 = 0 \; ; \; u = 1$$

（另一根 $u = -3$ 不合題意！）同時求得切點：$y = \dfrac{9}{5}$，$x = \dfrac{3}{5}$

例題3.1 正□$ABCD$ 邊長16。分別以 C, D 為心，$CD = 16$ 為半徑，畫圓 $\odot(C)$, $\odot(D)$，求一圓 $\odot(V)$內切於上邊 $\overline{AB}$，又外切於此兩圓 $\odot(C)$, $\odot(D)$。其半徑為何？

 （如上左圖），取正□$ABCD$ 具對稱的坐標，

$$A = (8, 8) \; , \; B = (-8, 8) \; , \; C = (-8, -8) \; , \; D = (8, -8)$$

於是 $\overline{AB}$ 的中點為 $E = (0, 8)$，因而：

$$\overline{AB} : y = 8$$
$$\odot(C) : (x + 8)^2 + (y + 8)^2 = 16^2$$
$$\odot(D) : (x - 8)^2 + (y + 8)^2 = 16^2$$

現在，要求得「外切於此兩圓」的

$$\odot(V) : x^2 + (y - v)^2 = r^2$$

（由對稱性，立知其圓心 $V = (0, v)$ 必須在 x 軸上！）

因為它與 $\overline{AB}$ 相切於（對稱！）點 $E = (0, 8)$，可知：$r = 8 - v > 0$，$v = 8 - r$。

我們要求：如下的聯立方程式，解答是「重根」

$$(i) : x^2 + (y - 8 + r)^2 = r^2$$
$$(ii) : (x + 8)^2 + (y + 8)^2 = 16^2$$

那麼，$(ii) - (i)$：

$$(2x + 8) * 8 + (2y - r)(16 - r) = 16 - r^2 \; ; \; x = (12 - r) - \frac{16 - r}{8} * y$$

代入(ii)，得：

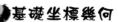
$$y^2 * \left(\frac{r^2 - 32r + 320}{8^2}\right) - 2y * \frac{r^2 - 36r + 256}{8} + (r^2 - 40r + 208) = 0$$

它有重根的條件是：（判別式＝0）

$$(r^2 - 36r + 256)^2 - (r^2 - 32r + 320)(r^2 - 40r + 208) = 0 \ ; \ 1024r - 1024 = 0 \ , \ r = 1$$

而重根是：$y = \frac{104}{17}$ ，$x = \frac{-8}{17}$

習題8.2 正□$ABCD$ 邊長24。分別以 C, D 為心，$CD = 24$ 為半徑，畫圓 $\odot(C), \odot(D)$，求一圓 $\odot(U)$ 內切於邊 $\overline{CD}$，又內切於此兩圓 $\odot(C)$, $\odot(D)$。其半徑為何？（上右圖）

另外，求一圓 $\odot(V)$ 內切於右邊 $\overline{AD}$，又內切於圓 $\odot(D)$，但外切於圓 $\odot(C)$。其半徑為何？

13.3 雜 例

例題1 （如右圖）有正□$ABCD$，兩圓 $\odot(C), \odot(D)$，半徑＝CD，正□$EFGH$，內接於兩圓；邊 $\overline{EF}$ 在 $\overline{CD}$ 上，求邊長 EF。

若 $\odot(I, r)$ 內切於兩圓弧，也切 $\overline{GH}$，求其半徑 r。

解 設如圖 $G = (x, 2x - 1)$，（$x > 0$）在圓：

$$(x + 1)^2 + (y + 1)^2 = 2^2$$

之上，故得：$x = \frac{3}{5}$

於是，$I = \left(0, \frac{1}{5} + r\right)$ ，而

$$CI = \sqrt{1^2 + \left(\frac{6}{5} + r\right)^2} = 2 - r \ ; \ r = \frac{39}{160}$$

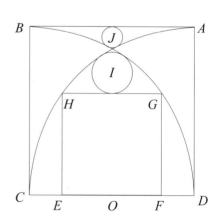

題 如上，再作 $\odot(J, r')$ 使外切於兩圓弧，也切上邊 $\overline{AB}$。求半徑 r'。

 $J = (0, 1 - r')$，故：

$$l^2 + (2 - r')^2 = (2 + r')^2 \; ; \; r' = \frac{1}{8}$$

【四邊形的內切圓半徑】

如右圖，有四邊形 $ABCD$，其內有內切圓 $\odot(O)$，切點四邊形為 $PQRS$

$$\triangle AOB = \frac{1}{2} OQ * AB$$

四個加起來：

$$\square ABCD = r * s$$

$r = OP = OQ = OR = OS$ 為半徑

$s = \frac{1}{2}(AB + BC + CD + DA)$ 為半周長！

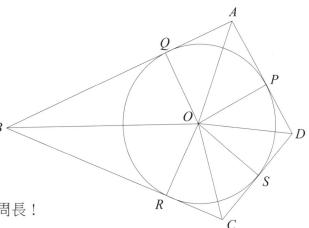

 例題2 （如右圖）有正 $\square ABCD$，上邊 $\overline{AB}$ 上的中點 M，連線到下邊一頂點 D，與對角線 $\overline{AC}$ 相交於點 K，求 $\triangle KCD$ 的內切圓半徑！

 若取：
$$A = (1, 1)，B = (-1, 1)$$
$$C = (-1, -1)，D = (1, -1)$$

則：$M = (0, 1)$

$$\overleftrightarrow{MD} : 2x + y = 1$$
$$\overleftrightarrow{AC} : y = x$$

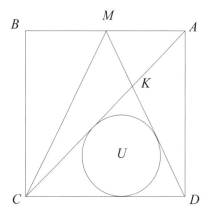

故得：$K = \left(\frac{1}{3}, \frac{1}{3}\right)$

如此求出 $\triangle KCD$ 的三邊長：

$$KD = \frac{2}{3}\sqrt{5} \; ; \; KC = \frac{4}{3}\sqrt{2} \; ; \; CD = 2$$

半周長 $s = \frac{1}{3}(3 + \sqrt{5} + 2\sqrt{2})$

面積 $= \frac{4}{3}$，於是，內切圓半徑

$$= \frac{4}{3 * \frac{1}{3}(3 + \sqrt{5} + 2\sqrt{2})} = \frac{4}{3 + \sqrt{5} + 2\sqrt{2}}$$

 **例題3**　（如右圖）有矩□$ABCD$，及三個相等圓：

⊙(U) 切上邊 $\overline{AB}$ 於點 T，

⊙(V) 切 $\overline{BC}$ 於點 Q，切 $\overline{CD}$ 於點 P，

⊙(W) 切 $\overline{AD}$ 於點 S，切 $\overline{CD}$ 於點 R。

試由 $AB = x, AD = y$，求半徑 $r = UT$。

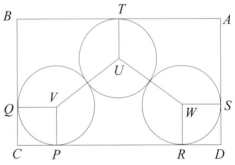

 若取：$T = (0, 0)$，則：$U = (0, -r)$

今令

$$V = (-m, -r-n) \text{，} W = (m, -r-n)$$

則：

$$P = (-m, -n-2r) \text{；} Q = (-m-r, -r-n)$$
$$R = (m, -n-2r) \text{；} S = (m+r, -r-n)$$
$$A = (m+r, 0) \text{，} B = (-m-r, 0)$$
$$C = (-m-r, -n-2r) \text{，} D = (m+r, -n-2r)$$

還沒用到：⊙(U), ⊙(V) 相切的條件：

$$UV = \sqrt{n^2 + m^2} = 2r$$

於是，我們從聯立方程：

$$AD = n + 2r = y \text{，} AB = 2(m+r) = x \text{；} 及 \ m^2 + n^2 = 4r^2$$

求解 r。

今：$m = \frac{x}{2} - r$，$n = y - 2r$，代入末式，因而

$$4r^2 = (y - 2r)^2 + \left(\frac{x}{2} - r\right)^2 \text{；} r^2 - r(x + 4y) + y^2 + \frac{x^2}{4} = 0$$

即：$2r = x + 4y - 2\sqrt{2xy + 3y^2}$

CHAPTER 14

錐 線

希臘人只使用希臘規矩，居然能夠研究思考圓錐曲線！實在太厲害了！

 14.1 拋物線

【拋物線的軌跡定義法】

已給我們一個定點 F，及一個定線 Γ，而動點 P 和此定線的距離，等於它和定點的距離。

求軌跡。

定點 F 即焦點，定線 Γ 即準線。

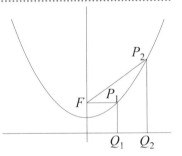

 取定點為 $F = (0, p)$，定線為 $\ell : y = -p$，（與 x 軸平行，而原點介乎其間！）設動點 $P = (x, y)$，其在 ℓ 上的垂足為 $Q = (x, -p)$，則

$$PF^2 = x^2 + (y-p)^2 \; ; \; d(P, \ell)^2 = (y+p)^2$$

於是， $PF^2 = d(P, \ell)^2 = PQ^2$，即

$$4py = x^2 \; ; \; y = \frac{x^2}{4p}$$

註 此定點及定線分別稱為焦點（focus）及準線（directrix）。過焦點而垂直於準線者，稱為軸（axis）。此地是 $x = 0$。

問 1 p 改為負，圖形如何？（只是上下顛倒而已！）

焦點取 $(b, c-p)$，準線取 $y = p + c$，則拋物線為何？

（答）$4p(c-y) = (x-b)^2$。如果 $x = 0$ 時，$y = 0$，則有 $4pc = b^2$，於是拋物線為

$$b^2 - 4py = (x-b)^2 : \text{或即} \ y = \frac{1}{4p}(2bx - x^2)$$

這個拋物線有兩個截距：在 $x = 0$ 時，與 $x = 2b = R$ 時，都有 $y = 0$。

由圖形看起來：$x = b$ 時，$y = \dfrac{b^2}{4p} = H$，這是最高點！兩邊對稱！

【拋物線的物理（運動學）定義法】

用力投出一顆石頭，其運動軌跡為何？

（解）以投出時的鉛垂面做為 xy 坐標面，（不考慮自身的身高！）而以出手的位置為原點，水平向為 x 軸，鉛垂向上為 y 軸。

那麼，石頭的運動，一方面有水平方向的運動，一方面有鉛垂向上的運動：出手時的速度，一方面有水平方向的速度成分 u，一方面有鉛垂向上的速度成分 w，所以出手時石頭的速度，（應該叫速率，）就是 $v = \sqrt{u^2 + w^2}$。這和投擲石頭時的力氣有關！

力學裡的一個簡單的原理是：如果不考慮空氣的作用，（在著地之前！）這兩個方向的運動，根本是獨立的！

那麼，石頭在水平方向的運動，非常簡單，它是等速運動：從出手的時間起算，則經過時間 t，走到：

$$x = u * t$$

石頭在鉛垂向上的運動，稍微麻煩，它是「等加速」運動！（加上「負」的「加速度」，其實是「減速」！）

Galilei 已經知道這個所謂的（地面上的！）重力加速度，通常寫：

$$g = 9.8 \text{ 每秒每秒每米}$$

所以，經過時間 t，鉛垂向上的速度成分，由開始的 w，變成：$w - g * t$；平均是

$$\frac{w+(w-g*t)}{2}=w-\frac{g}{2}$$

這段時間，它走到

$$y=\left(w-\frac{g}{2}\right)*t=w*t-\frac{g}{2}*t^2$$

所以，石頭的運動軌跡就是：（不要寫時間 t！）用 $t=\frac{x}{u}$ 代入：

$$y=\frac{w}{u}*x-\frac{g}{2u^2}*x^2$$

和前面的方程式 $y=\frac{1}{4p}(2bx-x^2)$ 來比較：

$$\frac{w}{u}=\frac{2b}{4p}\ ;\ \frac{g}{2u^2}=\frac{1}{4p}$$

那麼，我們由 u, w, g 就可以算出：

$$p=\frac{u^2}{2g}\ ;\ b=\frac{w*u}{g}\ ;\ c=\frac{w^2}{2g}$$

那麼，到頂高度是：

$$H=\frac{b^2}{4p}=\frac{w^2}{2g}$$

著地距是：

$$R=\frac{2uw}{g}$$

【45° 投最遠】

投擲石頭時的力氣，決定了：出手時石頭的動能，（就是石頭的質量，乘上速率 v 的平方，再打對折！）因此：$v^2=u^2+w^2$ 由你的力氣決定！

如果要比「最高」，你就筆直往上投！$u=0$，$v=w$。可以高達 $H=\frac{v^2}{2g}$ 。

如果要比「最遠」，你就以45° 的傾角（斜率＝1）投出！$u=w=\frac{u}{\sqrt{2}}$ 。可以遠達 $R=\frac{2uw}{g}=\frac{v^2}{g}$ 。換句話說，以此角度你可以投達最遠，而且恰好是你所能投擲到的最大高度的兩倍！

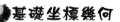
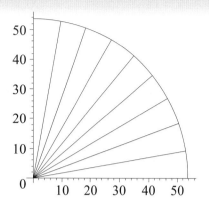

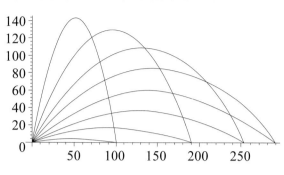

【定理】

若限定 $u^2 + w^2 = v^2$ 為常數，則 $u * w$ 最大是 $\dfrac{v^2}{2}$，恰當 $u = w = \dfrac{v}{\sqrt{2}}$ 時。

$$uw = \frac{(u^2 + w^2) - (u - w)^2}{2}$$

上左圖是出手速度 $v = 53.7$，以種種角度 $10°, 20°, 30°, \cdots, 80°$，投出的速度向量；上右圖則是其軌跡；顯然：高低角 $20°$ 與高低角 $70°$，著地的距離是一樣的！189.1 米；若以高低角 $45°$，可以投達最遠 $R = 294.25$ 米。（從中外野投回本壘？）

問 3 投出石頭其運動的軌跡拋物線的焦點及準線為何？

答 焦點為 $\left(\dfrac{u * w}{g}, \dfrac{w^2 - u^2}{2g} \right)$，準線為 $y = \dfrac{u^2 + w^2}{2g}$。

問 4 設拋物線上有一焦弦 $\overline{PQ}$，另一弦 $\overline{PR}$ 與準線交於 S，而焦點為 F。則 $\overline{SF}$ 平分 $\angle RFQ$。

答 取拋物線為 $4py = x^2$，$P = \left(a, \dfrac{a^2}{4p} \right)$，$Q = \left(b, \dfrac{b^2}{4p} \right)$，$R = \left(c, \dfrac{c^2}{4p} \right)$

但 $\overline{PQ}$ 為焦弦，過 $F = (0, p)$，於是 $a * b = -4p^2$

今 $\overline{PR}$ 為： $y - \dfrac{a^2}{4p} = \dfrac{c+a}{4p}(x+a)$ ，與準線 $y = -p$ 交於

$$S = \left(a - \dfrac{a^2 + 4p^2}{c+a},\, -p\right)$$

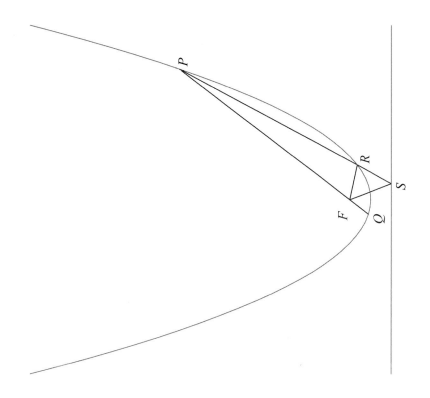

問6. 設拋物線上點 P 處之切線為 $\overline{PT}$ 與準線交於 T，而焦點為 F。則 $\overline{PF} \perp \overline{FT}$ 。

答 取拋物線為 $4py = x^2$，$P = \left(a, \dfrac{a^2}{4p}\right)$ ，則切線 $\overline{PT}$為： $2p\left(y + \dfrac{a^2}{4p}\right) = a * x$ ； $T = \left(\dfrac{a^2 - 4p^2}{2a},\, -p\right)$ 。

註 要點是切線規則也成立！

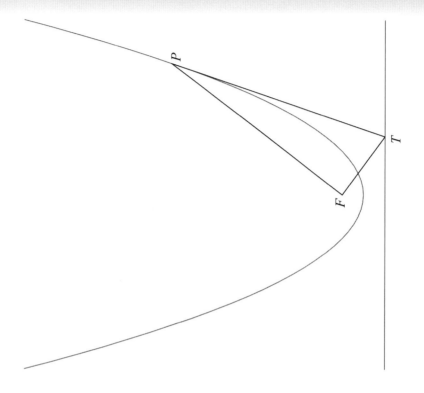

14.2 橢　圓

橢圓的重要性之一，就是

【Kepler 的第一定律】

行星繞太陽的軌道（幾乎）是個橢圓，以太陽占據一個焦點！（這是人類史上最偉大的發現！）

【橢圓的壓縮定義法】

（p.129下右）畫一個正圓，例如：$X^2 + Y^2 = a^2$，半徑＝a，圓心為原點；在縱軸方向將圓「壓扁」，壓扁比為 $\dfrac{b}{a}$，就成了橢圓！現在的點(x, y)，本來是點(X, Y)，而 $x = \dfrac{b}{a} * X$，$y = Y$，因而標準橢圓是：

$$\frac{x^2}{a^2} + \frac{y^2}{b^2} = 1 \quad (0 < b < a)$$

【橢圓的軌跡定義法】

已給我們兩個定點，及一個長度，而動點和此兩定點的距離之和，等於此定長，則軌跡為橢圓。兩定點稱為橢圓的焦點，兩者的連線為長軸，中垂線為短軸。兩焦點的距離比起定長的比率稱為<u>離心率</u>，當然是在零與一之間；可以是零，（那麼就是「正圓」而不橢！）但不可以是一！

 取焦點為

$$F_{\pm} = (\pm c, 0)$$

定長為 $a > c > 0$；考慮合乎 $\overline{F_+P} + \overline{F_-P} = 2a$ 的動點 $P = (x, y)$，於是 $\overline{F_{\pm}P} = \sqrt{(x \mp c)^2 + y^2}$；因此

$$\sqrt{(x+c)^2 + y^2} = 2a - \sqrt{(x-c)^2 + y^2}$$

平方之：

$$(x+c)^2 + y^2 = 4a^2 + (x-c)^2 + y^2 - 4a\sqrt{(x-c)^2 + y^2}$$

$$0 = a^2 - xc - a\sqrt{(x-c)^2 + y^2}$$

$$a^2 - xc = a\sqrt{(x-c)^2 + y^2}$$

$$0 = a^2 - xc - a\sqrt{(x-c)^2 + y^2}$$

$$a^2 - xc = a\sqrt{(x-c)^2 + y^2}$$

$$(a^2 - xc)^2 = a^2((x-c)^2 + y^2)$$

$$a^4 - 2a^2xc + x^2c^2 = a^2(x^2 - 2xc + c^2 + y^2)$$

$$a^2(a^2 - c^2) = (a^2 - c^2)x^2 + a^2y^2$$

因此取：

$$b^2 = a^2 - c^2$$

就得到所求的方程式如上！

【半長徑與半短徑】

由標準橢圓的方程式解出：

$$x = \pm a \sqrt{1 - \frac{y^2}{b^2}} , \ y = \pm b \sqrt{1 - \frac{x^2}{a^2}}$$

因此：

$$|x| \le a , \ |y| \le b$$

意思是：此橢圓會被限制在此矩形之內！矩形的

左右邊是 $x = \pm a$；上下邊是 $y = \pm b$

在橢圓的外框矩形邊上，與橢圓的切接點是四邊中點：（所謂頂點，）

$$(\pm a, 0) , \ (0, \pm b)$$

而對邊中點連接線段就是長徑與短徑。

事實上橢圓有中心，其上每一點 (x, y) 都有其對稱點 $(-x, -y)$，那麼這一對對稱點的距離，最長與最短的情形就是長徑與短徑！

另外要注意：橢圓一定在此矩形的對角線的外方！

【共軛橢圓】

將橢圓繞著中心旋轉 $90°$，就得到其共軛橢圓，此地是：

$$\frac{x^2}{b^2} + \frac{y^2}{a^2} = 1 \quad (0 < b < a)$$

【Kepler 的第二定律】

行星繞太陽，在這個橢圓軌道上，於一段時間內掃過的面積就與時間成正比！

以地球為例，離心率大約是 $\frac{1}{300}$，太小了！故軌道幾乎是個正圓！我們故意畫個誇張的圖（離心率＝0.6，達500倍）！太陽＝F，是焦點，A 是近日點（冬至點），B 是遠日點（夏至點）；請問「春分點」「秋分點」是在 C, D 之左或右？

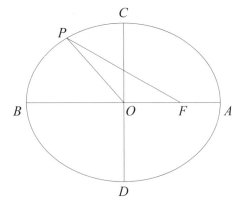

【有獎題】

以一年＝365.2425日來計算，到達 C 點，在春分之前多久？

【Kepler 的第三定律】

行星繞太陽，橢圓軌道各不相同，但是：其周期與軌道的半長徑的 $\frac{3}{2}$ 次方正比！

以Halley慧星的周期算做76年為例，它的軌道半長徑是地球軌道半長徑的17.94倍；而離心率＝0.9673，已經很接近1（拋物線）了！我們畫個地球與Halley慧星的軌道之比較圖。

【橢圓的離心率定義法】

已給我們一個定點 F（焦點），一條直線 λ（準線），一個比率 e（$0 < e < 1$）（離心率），而動點和此定點的距離比起動點和此直線之距離，等於此定比率 e，則軌跡為橢圓。

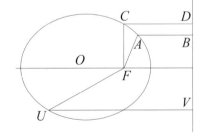

（圖中，$e＝FA:AB＝FC:CD＝FU:UV$。）

（那麼，「正圓」就不可能是橢圓！它的離心率 $e＝0$。）

【解釋之一】

取橢圓為：$\dfrac{x^2}{a^2}+\dfrac{y^2}{b^2}=1$（$0 < b < a$），則兩焦點之一為

$$F=(c,0)，c=\sqrt{a^2-b^2}，e=\frac{c}{a}，\lambda:x=\frac{a}{e}$$

事實上，若 $P=(x, y)$ 在此橢圓上，則 $PF=\sqrt{(x-c)^2+y^2}$, $\text{dist}(P, \lambda)=\left|x+\dfrac{a}{e}\right|$

$$\left(\frac{PF}{\text{dist}(P, \lambda)}\right)^2 = \frac{(x-c)^2+y^2}{\left(x-\dfrac{a}{e}\right)^2} = e^2$$

【解釋之二】

反其道而行：令 $a=\text{dist}(F, \lambda) * \dfrac{e}{1-e^2}$ ，而 $F=(ae, 0)$ ，$\lambda : x=\dfrac{a}{e}$ ，則：由

$(\text{dist}(P, F))^2 = e^2 * (\text{dist}(P, \lambda))^2$ ，$P=(x, y)$ ，馬上算出：

$$(1-e^2)x^2 + y^2 = a^2(1-e^2)$$

此時，記 $b=a\sqrt{1-e^2}$ 。則得：$\dfrac{x^2}{a^2}+\dfrac{y^2}{b^2}=1$ 。

註 橢圓的切線規則：一條直線如果與此橢圓恰恰有一個交點，則此直線稱
為此橢圓的切線。該點當然是切點。今若點 (x_0, y_0) 在橢圓上，則以此點
為切點的切線其方程式很容易寫下：

把橢圓的方程式中，二次項 x^2, y^2 的地方，分別改成 $x_0 * x, y_0 * y$

（事實上，若有交叉的項 $x * y$ ，就改為 $\dfrac{x_0 * y + y_0 * x}{2}$ ）

一次項 x, y 的地方，分別改成 $\dfrac{x_0+x}{2}, \dfrac{y_0+y}{2}$

零次項（常數）的地方，不改！

 設橢圓為 $\dfrac{x^2}{12^2}+\dfrac{y^2}{9.6^2}=1$（$0 < b < a$），求其上一點 $P=\left(\dfrac{96}{17}, \dfrac{144}{17}\right)$ 處
之切線方程式！

 $\dfrac{2x}{51}+\dfrac{25y}{136}=1$

【切焦準直角性】

設橢圓上一點 P 處之切線為 $\overline{PT}$ 與準線交於 T，而焦點為 F。則 $\overline{PF} \perp \overline{FT}$ 。

 取橢圓：$\dfrac{x^2}{a^2}+\dfrac{y^2}{b^2}=1$ ，焦點 $F=(c, 0)$ ，準線 $x=\dfrac{a^2}{c}$ ，$c=\sqrt{a^2-b^2}>0$

若切點為 $P = (x_0, y_0)$，則切線為 $\overline{PT}$：$\dfrac{x * x_0}{a^2} + \dfrac{y_0 * y}{b^2} = 1$

因此，$T = \left(\dfrac{a^2}{c}, \dfrac{b^2}{y_0} \left(1 - \dfrac{x_0}{c} \right) \right)$

現在只要計算斜率：

$$\sigma\left(\overline{FT}\right) = \dfrac{\dfrac{b^2}{y_0}\left(1 - \dfrac{x_0}{c}\right)}{\dfrac{a}{e} - c} \; ; \; \sigma\left(\overline{FP}\right) = \dfrac{y_0}{x_0 - c}$$

兩者的乘積 $= -1$

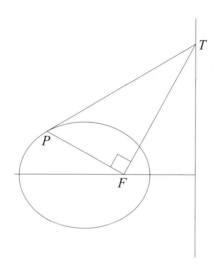
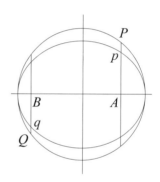

註 上右圖，大圓的點 P, Q，被「壓縮」到 p, q，使得：

$$\overline{PA} : \overline{pA} = \overline{QB} : \overline{qB} = a : b$$

日本算額，橢圓之一例

例題 1 如右圖，有一橢圓；而任取其上一點 P，必可畫出一個菱形 $PQRS$，內接於此橢圓；於是必可畫出一個圓，內切於此菱形；此圓與點 P 無關！

若橢圓的兩半徑為 a, b，則圓半徑為 $\dfrac{ab}{\sqrt{a^2+b^2}}$。

 由對稱性，此菱形與橢圓同心！菱形的內切圓也同心！

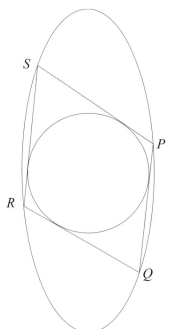

要點是：菱形的兩個對角線相垂直！

故今設（心為原點 O，）橢圓為

$$\frac{x^2}{a^2} + \frac{y^2}{b^2} = 1$$

而菱形的兩個對角線斜率各為 $m, \dfrac{-1}{m}$ （相垂直！）即是：

$(i): y = m * x$，與 $(ii): m * y + x = 0$

(i) 代入橢圓，就算出：$x^2 = \dfrac{a^2 b^2}{b^2 + a^2 m^2}$，於是得到（對角）兩頂點：

$$P = \left(\frac{ab}{\sqrt{b^2 + a^2 m^2}}, \frac{m * ab}{\sqrt{b^2 + a^2 m^2}} \right) ; R = \left(\frac{-ab}{\sqrt{b^2 + a^2 m^2}}, \frac{-m * ab}{\sqrt{b^2 + a^2 m^2}} \right)$$

同理，(ii) 代入橢圓，就算出另外的（對角）兩頂點：

$$Q = \left(\frac{m * ab}{\sqrt{b^2 m^2 + a^2}}, \frac{-ab}{\sqrt{b^2 m^2 + a^2}} \right) ; S = \left(\frac{-m * ab}{\sqrt{b^2 m^2 + a^2}}, \frac{ab}{\sqrt{b^2 m^2 + a^2}} \right)$$

要計算內切圓半徑 r，我們只要用半周長去除菱形的面積！

今 $OP = \sqrt{ \left(\dfrac{ab}{\sqrt{b^2 + a^2 m^2}} \right)^2 + \left(\dfrac{m * ab}{\sqrt{b^2 + a^2 m^2}} \right)^2 } = ab * \sqrt{ \dfrac{1 + m^2}{b^2 + a^2 m^2} }$

$$OQ = ab * \sqrt{\frac{1 + m^2}{b^2 m^2 + a^2}}$$

菱形的面積＝對角線相乘積的一半＝$2OP * OQ = 2\dfrac{(ab)^2(1 + m^2)}{\sqrt{(b^2 + a^2 m^2)(a^2 + b^2 m^2)}}$

但邊長為：$PQ = ab(1 + m^2)\sqrt{\dfrac{a^2 + b^2}{(b^2 + a^2 m^2)(a^2 + b^2 m^2)}}$

（半周長為其兩倍！）於是算出：

$$r = \frac{a * b}{\sqrt{a^2 + b^2}}$$

此與 $\overline{OP}$ 之斜率 m 無關！

注意到計算的要領：已經算出 P，則 Q 就不用費心了！只要用 $\dfrac{-1}{m}$ 去代替 m 就好了！

例題2 如下左圖，有兩個橢圓形，方程式是：

$$200x^2 + 200y^2 + 112xy = 48^2 , \ 200x^2 + 200y^2 - 112xy = 48^2$$

切於兩者之間有四個小圓，其半徑為何？

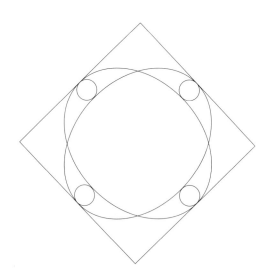
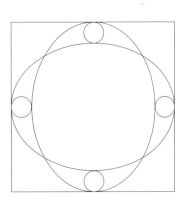

 將坐標軸轉了45°，就變成「卡氏式的」！它們的長短軸就會與坐標軸重合！（如上右圖）

換句話說，左圖的兩個橢圓，其長短軸就是 $x = \pm y$（中心是原點）

因此長短半徑就很容易算出了！當 $y = \pm x$ 時，

$$200x^2 + 200x^2 \pm 112x^2 = 48^2 \,；\, 200x^2 + 200x^2 \mp 112x^2 = 48^2$$

亦即

$$x^2 = \frac{48^2}{512} = \frac{3^2}{2} \,；\, 或\, x^2 = \frac{48^2}{288} = 8$$

於是：

$$x^2 + y^2 = 2 * x^2 = 3^2 \,，\, 或\, 4^2$$

即半長短徑為 4, 3。小圓半徑為 $\frac{1}{2}$。

 **14.3 雙曲線**

【雙曲線的軌跡定義法】

已給我們兩個定點，及一個長度，而動點和此兩定點的距離之差，等於此定長，則軌跡為雙曲線。兩定點稱為雙曲線的焦點，兩者的連線為長軸（或主軸，貫軸），中垂線為短軸（或共軛軸）。兩焦點的距離比起定長的比率稱為離心率，當然是大於一：不可以是一！

【Rutherford實驗】

α 粒子穿過原子，軌道就是雙曲線。（以原子核為焦點。）理由是：同樣是「平方反比」，但「引力」改「斥力」！

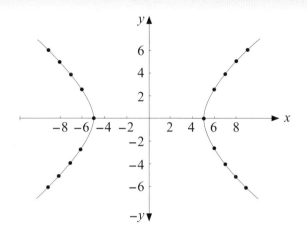

📖 錐線：雙曲線與橢圓合稱有心二次錐線，拋物線稱為無心二次錐線，基本上，拋物線是雙曲線或橢圓的「極端」：如果橢圓的離心率變大，（或雙曲線的離心率變小，）固定一個焦點及長軸，讓另外的那個焦點，（中心、短軸）都「往外走，消失於無限遠」，曲線就成了（無心的！）拋物線。拋物線、雙曲線與橢圓稱為錐線的理由是：截（對頂的兩）圓錐，其痕跡就是三者之一。

【a 的意義】

標準雙曲線 $\dfrac{x^2}{a^2} - \dfrac{y^2}{b^2} = 1$ 和橢圓比較，只是 b^2 變號「而已」，但是形狀差那麼多！要好好比較。

首先，所謂<u>頂點</u>只剩一對 $(\pm a, 0)$，兩點的連接線段相當於橢圓的長徑，現在叫<u>貫軸</u>，事實上是：雙曲線上，一對「對稱點」的距離最短的情形！

【雙曲線之漸近線】

橢圓的 $b < a$，我們改為：$-b^2 < 0 < a^2$，對於 $0 < a$，$0 < b$ 兩者本身，等於沒有限制！橢圓在共軛軸上的一對頂點，現在（變「虛」而）不見了！因為 y 軸上的截距，是要解 $-\dfrac{y^2}{a^2} = 1$，沒有實解！

橢圓的外框矩形，現在改為雙曲線的<u>內框矩形</u>，我們發現這矩形的對角線就是雙曲線的漸近線（asymptote）。（見下圖）

$$\frac{x^2}{a^2} - \frac{y^2}{b^2} = 0 \;,\; \frac{x}{a} = \pm \frac{y}{b}$$

當雙曲線的點離原點愈來愈遠時,則此雙曲線離漸近線愈來愈近(但並不接觸)。

實際上雙曲線與它的共軛雙曲線

$$\frac{x^2}{a^2} - \frac{y^2}{b^2} = -1$$

有相同的內框矩形,相同的漸近線!分別在兩線的「左右對頂角域」,和「上下對頂角域」的範圍內!

例題 等軸雙曲線:•••••••••••••••••

如果 $a^2 = b^2$,雙曲線 $x^2 - y^2 = a^2$ 就稱為等軸雙曲線。它的離心率是 $\sqrt{2}$ 。

將這種等軸雙曲線旋轉45°,就得到另外一種形式的等軸雙曲線:

$$xy = k^2 = \frac{a^2}{2} \;;\; k = 常數 = \frac{a}{\sqrt{2}}$$

這是反比函數的圖形!焦點在:$F_\pm = (\pm a, \pm a)$處,離心率是 $\sqrt{2}$ 。

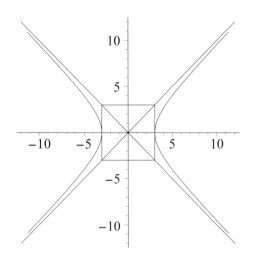

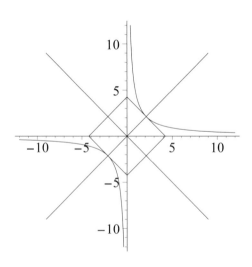

問1 試求 $y^2 - 9x^2 = 25$ 的截距與其漸近線，並繪其曲線。

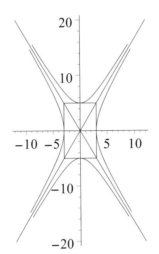

兩焦點為

$\left(0, \pm \dfrac{5}{3}\sqrt{10}\right)$，

貫軸長 $2 * 5 = 10$。

（參看前述的軌跡

定義！）

【雙曲線的離心率定義法】

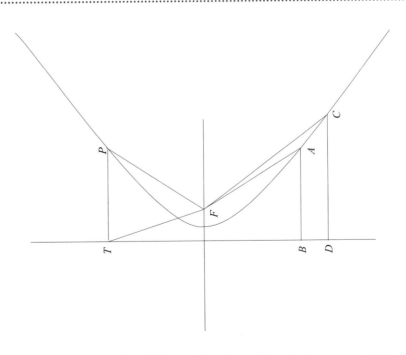

已給我們一個定點 F 稱為焦點，一條直線 λ 稱為準線，及一個比率 e（ > 1）稱為離心率，而動點和此定點的距離比起動點和此直線之距離，等於此定比率 e，則軌跡為雙曲線。

（參看上圖中的動點 A, C，$FA : AB = FC : CD = e : 1$。）

【切焦準直角性】

設雙曲線上一點 P 處之切線為 $\overline{PT}$ 與準線交於 T，而焦點為 F。則 $\overline{PF} \perp \overline{FT}$。

CHAPTER 15

算術代數與幾何

15.1 Sarrus：矩陣方陣與定準

　　從算術到代數的第一步，就是用 x 代表未知數！這麼簡單的一件事，就讓我們大大擴張解題的範圍！這一步只是記號而已。

　　數學中有很多記號。良善的記號有許多好處，其中之一是<u>幫助記憶</u>。

　　把幾個數排列成矩形：n 行 m 列，左右用大框括起來，叫做<u>矩陣</u>。

 我強烈地建議，用逗號左右區隔！我也堅持：縱是「行」，橫是「列」！如果 $m=n$，這是個 n 維方陣。

　　「矩陣」記號的要點是：單單用一個文字，就可以代表這麼多個數的全體！

【行矢列矢】

　　單獨一行的矩陣叫做行矢，單獨一列的矩陣叫做列矢；一個矩陣的任一行，或任一列，叫做此矩陣的第幾行矢或列矢。

【二維Sarrus規則】

對於二維方陣

$$M=\begin{bmatrix} a, & b \\ c, & d \end{bmatrix}$$

我們規定其<u>定準</u>（determinant）為

$$\det(M)=a*d-b*c$$

基礎坐標幾何

例 如果我寫了：

$$M = \begin{bmatrix} 3, & 4 \\ 2, & 7 \end{bmatrix}$$

那麼，當然有：$\det(M) = 3*7 - 2*4 = 13$。

註 命名與無名：上一例是先把方陣命名！如果只寫了一個方陣，不給它名字，那麼它是<u>無名方陣</u>。此時當然有：

$$\det\left(\begin{bmatrix} 3, & 4 \\ 2, & 7 \end{bmatrix}\right) = 13$$

（有點是多此一舉！）

照規定，我們可以把框號與 det 合併而代以兩縱線，而簡寫如：

$$\begin{vmatrix} a, & b \\ c, & d \end{vmatrix} = a*d - b*c$$

【Cramer 規則：二元一次聯立方程】

對於兩個真正的一次二元聯立方程組

$$a*x + c*y = e$$

$$b*x + d*y = f$$

如果 $\Delta = a*d - b*y \neq 0$，則有唯一的解答，即：

$$x = \frac{e*d - f*c}{a*d - b*c} ; y = \frac{a*f - b*e}{a*d - b*c}$$

怎麼記憶？Cramer 規則說：先寫下係數方陣

$$\begin{bmatrix} a, & c \\ b, & d \end{bmatrix}$$

（你先要決定 x, y 的左右順序！）計算其定準：

$$\Delta = \begin{vmatrix} a, & b \\ c, & d \end{vmatrix} = a*d - b*c$$

若它不是零，則：用右邊常數項那一行，去代替 x 那一行的係數，照樣計算定準，就得到：

$$\Delta * x = \begin{vmatrix} e, & c \\ f, & d \end{vmatrix} = e*d - f*c$$

　　同樣，用右邊常數項那一行，去代替 y 那一行的係數，照樣計算定準，就得到：

$$\Delta * y = \begin{vmatrix} a, & e \\ b, & f \end{vmatrix} = a * f - e * b$$

用除法就算出 x, y 了！（我們不證明此定理。）

【推論】

　　若此兩個真正的一次二元聯立方程組，沒有解答，或者有不只一組解答，那麼：係數定準 $a * d - b * c = 0$。

【幾何解釋】

　　一個真正的一次二元方程式，幾何上代表一條直線！兩個真正的一次二元方程式就代表兩條直線，求聯立解，就是求兩線的交點！沒有解答，就表示：兩線沒有交點，亦即平行！若有不只一組解答，就表示：兩線不止一個交點，亦即兩線重合（「超平行」）！（因為兩「相異點」，定一直線！）因此，兩線平行或重合時，必然係數定準為零：$a * d - b * c = 0$。

　　其實反過來說也對：若係數定準為零：$a * d - b * c = 0$，則兩線平行或重合。（我們不證明此。）

【三維Sarrus規則】

對於三維方陣

$$M = \begin{bmatrix} a, & b, & c \\ d, & e, & f \\ g, & h, & k \end{bmatrix}$$

我們規定其定準（determinant）為

　　$\det(M) = a * e * k + b * f * g + c * d * h - c * e * g - b * d * k - a * h * f$

　　一共有六項，都是方陣的成分中某三個相乘，再附上適當的正負號，總和起來！三項正號，三項負號。

　　主對角的相乘積，附上正號，得：$a * e * k$

　　逆對角的相乘積，附上負號，得：$-c * e * g$

其它的兩項加正號，兩項加負號，如此寫出：先（想像就好！）把第一、第二兩行，多加寫到原矩陣的右側成為第四、第五兩行，於是平行於主對角線的相乘積，都附上正號，得到：$+b*f*g+c*d*h$；平行於逆對角線的相乘積，都附上負號，得到：$-b*d*k-a*f*h$；於是：

$$\det(M) = \begin{vmatrix} a, & b, & c \\ d, & e, & f \\ g, & h, & k \end{vmatrix}$$

$$= a*e*k+b*f*g+c*d*h-c*e*g-b*d*k-a*f*h$$

對於三個一次三元聯立方程組也有類似的 Cramer 規則，但我們不證明，也不再敘述。

【推論】

$$\begin{vmatrix} 1, & a, & b \\ 1, & c, & d \\ 1, & e, & f \end{vmatrix} = a*c-b*d+c*f-d*e+e*b-f*a$$

【應用：三角形的面積】

若於坐標平面上有三點 A, B, C，$A=(x_1, y_1)$, $B=(x_2, y_2)$, $C=(x_3, y_3)$，則（有號面積）

$$\triangle ABC = \frac{1}{2} \begin{vmatrix} 1, & x_1, & y_1 \\ 1, & x_2, & y_2 \\ 1, & x_3, & y_3 \end{vmatrix}$$

【應用：三點共線】

若於坐標平面上有：$A=(x_1, y_1)$, $B=(x_2, y_2)$, $C=(x_3, y_3)$，則此三點共線的條件是：

$$\begin{vmatrix} 1, & x_1, & y_1 \\ 1, & x_2, & y_2 \\ 1, & x_3, & y_3 \end{vmatrix} = 0$$

【應用：三線共點】

若三個二元真一次方程：

$$(i) \quad a*x+b*y+c=0$$

$$(ii) \quad d*x+e*y+f=0$$

$$(iii) \quad g*x+h*y+k=0$$

各自代表坐標平面上的三條直線，則此三條直線有共同點的必要條件是：

$$\begin{vmatrix} a, & b, & c \\ d, & e, & f \\ g, & h, & k \end{vmatrix} = 0$$

反過來說：若上述定準＝0，則：或者，此三條直線有共同點；或者，此三條直線兩兩平行（無共同點）。

註 兩條直線平行（無共同點）時，我們就說它們的交點在無限遠處！於是，三條直線兩兩平行（無共同點）時，我們也說：此三條直線有共同的無窮遠點。

【二維的Sarrus計算】

假設有個二列的矩陣：

$$C = \begin{bmatrix} a_1, & a_2, & \cdots & a_{n-1}, & a_n \\ b_1, & b_2, & \cdots & b_{n-1}, & b_n \end{bmatrix}$$

我們規定其<u>Sarrus</u>二維有號值為：

$$Sarrus(C) := a_1*b_2 - a_2*b_1 + a_2*b_3 - a_3*b_2 + \cdots + a_{n-1}*b_n - a_n*b_{n-1}$$
$$+ a_n*b_1 - a_1*b_n$$

對於二行的矩陣，也有完全類似的定義。（只是寫成縱的比較佔空間！）

【應用：多邊形的面積】

若於坐標平面上，有 n 點 $P_1 = (x_1, y_1)$，$P_2 = (x_2, y_2)$，$P_n = (x_n, y_n)$，而且構成一個多邊形，則此多邊形 $P_1 P_2 \cdots P_n$ 的（有號）面積為

$$\frac{1}{2} Sarrus = \begin{bmatrix} x_1, & x_2, & \cdots & x_{n-1}, & x_n \\ y_1, & y_2, & \cdots & y_{n-1}, & y_n \end{bmatrix}$$

你不妨就寫成：（最後的輪換記號，參見p.182）

$$\frac{1}{2}\text{Sarrus}\,[P_1, P_2, P_3, \cdots, P_{n-1}, P_n] = \sum{}^{cycl}\,\overrightarrow{P_j}\overset{\times}{\overrightarrow{P_{j+1}}}$$

對於其中的「相鄰兩行」，如（P_3, P_4），你就做定準計算：

$$\det(P_3, P_4) := \overrightarrow{P_3}\overset{\times}{\overrightarrow{P_4}} = x_3 * y_4 - x_4 * y_3$$

而全部加起來就好了！

但是必須規定：最末行之右，尚有首行，即：$\det(P_n, P_1) = x_n * y_1 - x_1 * y_n$；

有的人怕忘掉這一個（兩項），所以就寫成：

$$\text{Sarrus}\begin{bmatrix} x_1, & x_2, & \cdots & x_{n-1}, & x_n & \vline & x_1 \\ y_1, & y_2, & \cdots & y_{n-1}, & y_n & \vline & y_1 \end{bmatrix}$$

對於 $P = (a, b)$，$Q = (c, d)$，注意如下的負號：

$$\det(P, Q) = a*d - b*c = \begin{vmatrix} a, & b \\ c, & d \end{vmatrix} = \begin{vmatrix} a, & c \\ b, & d \end{vmatrix} = -\det(Q, P)$$

15.2 二維向量的算術

【矢＝向量】

我們在習慣上寫圓括弧表示一點，如：

$$P = (x, y)$$

寫方框，表示向量，即矢（行矢或列矢）。但是計算的要領是一樣的！

【向量的加減】

我們只要把對應的成分都加減，例如說：

$$[4, -3] - [8, 5] = [-4, -8]；[4, -3] + [8, 5] = [12, 2]$$

【向量的係數乘法】

我們只要把對應的成分都乘以該係數，例如說：

$$(-5) * [4, -3] = [-20, 15]$$

【應用：多邊形的形心（重心）】

若於坐標平面上，有個 n 邊形：$\delta_O(P_1P_2\cdots P_n)$, $P_j=(x_j, y_j)$，則此多邊形的重心為：

$$\frac{1}{n}(P_1 + P_2 + \cdots + P_n)$$

【向量的內積】

對於 $\mathbf{p}=[a, b]$，$\mathbf{q}=[c, d]$，規定：兩者之內積為

$$\mathbf{p} \cdot \mathbf{q} = a * c + b * d$$

這是把對應的成分相乘再加起來！例如說：

$$[-5, 8] \cdot [4, -3] = -20 - 24 = -44$$

註 對稱性：這種計算，對於相同維數的行矢或列矢，都說得通！而且：

$$\mathbf{p} \cdot \mathbf{q} = \mathbf{q} \cdot \mathbf{p}$$

【直轉】

（參見p.79的圖）對於一個二維向量 $\mathbf{p}=[u, v]$（圖中的 $\overrightarrow{OP}$），我們規定它有兩種「直轉」：

$$\text{正轉一直角} \quad \mathbf{p}^{j^*}=[-v, u] \quad \text{（圖中的 } \overrightarrow{OQ}\text{）}$$
$$\text{負轉一直角} \quad \mathbf{p}^{\times k}=[v, -u] \quad \text{（圖中的 } \overrightarrow{OR}\text{）}$$

當然差個負號！

15.3 Gibbs 的算術

偉大的物理學家 Gibbs 發明了三維向量的算術（這當然涵蓋了二維算術。）以下的矢（向量），專講三維的！當然有縱（行）橫（列）兩種寫法。

【向量的加減與係數乘法】

仿前，我們只要把對應的成分都加減，或者都乘以該係數就好了。例如說：

$$[4, -3, 7] - [8, 5, -9] = [-4, -8, 16]；[4, -3, 7] + [8, 5, -9] = [12, 2, -2]$$

$$(-5) * [4, -3, 7] = [-20, 15, -35]$$

【向量的內積】

對於 $\mathbf{p} = [u, v, w]$，$\mathbf{q} = [a, b, c]$，規定：兩者之內積為：

$$\mathbf{p} \cdot \mathbf{q} = u * a + v * b + w * c$$

這也是（仿前）把對應的成分相乘再加起來！例如說：

$$[-5, 8, -7] \cdot [4, -3, 6] = -20 - 24 - 42 = -86$$

【基本向量與湊成】

Gibbs引入三個<u>基本向量</u>

$$\mathbf{i} = \begin{bmatrix} 1 \\ 0 \\ 0 \end{bmatrix}, \mathbf{j} = \begin{bmatrix} 0 \\ 1 \\ 0 \end{bmatrix}, \mathbf{k} = \begin{bmatrix} 0 \\ 0 \\ 1 \end{bmatrix} ; 或者 \begin{cases} \mathbf{i} = [1, 0, 0] \\ \mathbf{j} = [0, 1, 0] \\ \mathbf{k} = [0, 0, 1] \end{cases}$$

那麼：

$$u * \mathbf{i} + v * \mathbf{j} + w * \mathbf{k} = \begin{bmatrix} u \\ v \\ w \end{bmatrix}, 或者[u, v, w]$$

「基本向量」的意思就是說：任何向量

$$\mathbf{p} = u * \mathbf{i} + v * \mathbf{j} + w * \mathbf{k}$$

都是由這三個基本的「素材」$\mathbf{i}, \mathbf{j}, \mathbf{k}$，依種種份量 u, v, w，去「湊出來的」！

【基本原理：分配律】

Gibbs認為：向量運算的要點在分配律，只要有了分配律，那麼一切運算都只要對三個基本向量來定義就夠了！

例如，我們只要定義三個基本向量間的內積為：

$$1 = \mathbf{i} \cdot \mathbf{i} = \mathbf{j} \cdot \mathbf{j} = \mathbf{k} \cdot \mathbf{k}$$
$$0 = \mathbf{j} \cdot \mathbf{k} = \mathbf{k} \cdot \mathbf{i} = \mathbf{i} \cdot \mathbf{j}$$
$$0 = \mathbf{k} \cdot \mathbf{j} = \mathbf{j} \cdot \mathbf{i} = \mathbf{i} \cdot \mathbf{k}$$

那麼，利用分配律，就算出：

$$(u * \mathbf{i} + v * \mathbf{j} + w * \mathbf{k}) \cdot (a * \mathbf{i} + b * \mathbf{j} + c * \mathbf{k})$$

$$= (u * a) * (\mathbf{i} * \mathbf{i}) + (u * b) * (\mathbf{i} \cdot \mathbf{j}) + (u * c) * (\mathbf{i} \cdot \mathbf{k})$$
$$+ (v * a) * (\mathbf{j} \cdot \mathbf{i}) + (v * b) * (\mathbf{j} \cdot \mathbf{j}) + (v * c) * (\mathbf{j} \cdot \mathbf{k})$$
$$+ (w * a) * (\mathbf{k} \cdot \mathbf{i}) + (w * b) * (\mathbf{k} \cdot \mathbf{j}) + (w * c) * (\mathbf{k} \cdot \mathbf{k})$$
$$= (u * a) + (v * b) + (w * c)$$

（展開式有九項，寫成上面的三列的和，只有對角的項才非零！）當然這就回到定義來。

【向量的叉積】

Gibbs算術的關鍵是他所引入的叉積（或者叫做外積）。同樣是利用分配律，因此只要對三個基本向量來定義就夠了！

$$0 = \mathbf{i} \times \mathbf{i} \qquad = \mathbf{j} \times \mathbf{j} \qquad = \mathbf{k} \times \mathbf{k}$$
$$\mathbf{j} \times \mathbf{k} = \mathbf{i} \qquad \mathbf{k} \times \mathbf{i} = \mathbf{j} \qquad \mathbf{i} \times \mathbf{j} = \mathbf{k}$$
$$\mathbf{k} \times \mathbf{j} = -\mathbf{i} \quad \mathbf{i} \times \mathbf{k} = -\mathbf{j} \quad \mathbf{j} \times \mathbf{i} = -\mathbf{k}$$

【對稱律與交錯律】

最怵目驚心的是最後兩列式子的「交錯律」，這應該與內積的對稱律（也是在其處的最後兩列式子）相對照！那麼，利用分配律，就知道：這對於任何兩向量都成立：

$$\mathbf{p} \cdot \mathbf{q} = \mathbf{q} \cdot \mathbf{p}$$
$$\mathbf{p} \times \mathbf{q} = -\mathbf{q} \times \mathbf{p}$$

內積、叉積這兩個向量運算的分配律是：

$$\mathbf{p} \cdot (\mathbf{q} + \mathbf{r}) = \mathbf{p} \cdot \mathbf{q} + \mathbf{p} \cdot \mathbf{r}$$
$$\mathbf{p} \cdot (a * \mathbf{q}) = a * \mathbf{p} \cdot \mathbf{q}$$
$$\mathbf{p} \times (\mathbf{q} + \mathbf{r}) = \mathbf{p} \times \mathbf{q} + \mathbf{p} \times \mathbf{r}$$
$$\mathbf{p} \times (a * \mathbf{q}) = a * \mathbf{p} \times \mathbf{q}$$

【習題公式：叉積】

對於 $\mathbf{p} = u * \mathbf{i} + v * \mathbf{j} + w * \mathbf{k}$，$\mathbf{q} = a * \mathbf{i} + b * \mathbf{j} * c * \mathbf{k}$，馬上算出：

$$\mathbf{p} \times \mathbf{q} = (\qquad)\mathbf{i} + (\qquad)\mathbf{j} + (\qquad)\mathbf{k}$$

$$= \begin{vmatrix} v, & w \\ b, & c \end{vmatrix} \mathbf{i} + \begin{vmatrix} w, & u \\ c, & a \end{vmatrix} \mathbf{j} + \begin{vmatrix} u, & v \\ a, & b \end{vmatrix} \mathbf{k} = \begin{vmatrix} \mathbf{i}, & \mathbf{j}, & \mathbf{k} \\ u, & v, & w \\ a, & b, & c \end{vmatrix}$$

【公式：定準積】

對於 $\mathbf{p} = p_1 * \mathbf{i} + p_2 * \mathbf{j} + p_3 * \mathbf{k}$，$\mathbf{q} = q_1 * \mathbf{i} + q_2 * \mathbf{j} + q_3 * \mathbf{k}$，$\mathbf{r} = r_1 * \mathbf{i} + r_2 * \mathbf{j} + r_3 * \mathbf{k}$，馬上算出：

$$(\mathbf{p} \times \mathbf{q}) \cdot \mathbf{r} = \begin{vmatrix} p_1, & q_1, & r_1 \\ p_2, & q_2, & r_2 \\ p_3, & q_3, & r_3 \end{vmatrix}$$

於是：

$$(\mathbf{p} \times \mathbf{q}) \cdot \mathbf{r} = (\mathbf{q} \times \mathbf{r}) \cdot \mathbf{p} \quad = (\mathbf{r} \times \mathbf{p}) \cdot \mathbf{q}$$
$$= \mathbf{p} \cdot (\mathbf{q} \times \mathbf{r}) = \mathbf{q} \cdot (\mathbf{r} \times \mathbf{p}) \quad = \mathbf{r} \cdot (\mathbf{p} \times \mathbf{q})$$
$$= -\mathbf{r} \cdot (\mathbf{q} \times \mathbf{p}) = -\mathbf{q} \cdot (\mathbf{p} \times \mathbf{r}) = -\mathbf{p} \cdot (\mathbf{r} \times \mathbf{q})$$

【二維向量的叉積】

對於 $\mathbf{p} = \overrightarrow{OP}$，$\mathbf{q} = \overrightarrow{OQ}$，畫出平行四邊形 $OPRQ$：
$P = (a, b)$，$Q = (c, d)$，$O = (0, 0)$，$R = (a+c, b+d)$
故 $\mathbf{p} = a * \mathbf{i} + b * \mathbf{j}$，$\mathbf{q} = c * \mathbf{i} + d * \mathbf{j}$，馬上算出：

$\mathbf{p} \times \mathbf{q} = ($　　　　$)\mathbf{k}$

它的方向 $\mathbf{k}$ 與 $\mathbf{p}, \mathbf{q}$ 的平面垂直；而大小就是平行四邊形 $OPRQ$ 的面積。

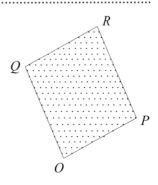

【二維向量的直轉】

對於 $P = (a, b)$，$\mathbf{p} = \overrightarrow{OP} = a * \mathbf{i} + b * \mathbf{j}$，計算出：

$$\mathbf{p}^{j*} := \mathbf{k} \times \mathbf{p} = -b * \mathbf{i} + a * \mathbf{j} \; ; \; \mathbf{p}^{\times k} := \mathbf{p} \times \mathbf{k} = b * \mathbf{i} - a * \mathbf{j}$$

兩者都是在平面上將線段 $\overline{OP}$ 旋轉90°的結果，但是前者叫正轉，後者是負轉！（你看出來：後者的記號之涵意！）

【立體幾何】

我們可以把平面坐標幾何的辦法推廣到立體空間來！

想像 xy 坐標面就是（地面）桌面，x 軸是自西向東，而 y 軸自南向北，那麼通過這個坐標平面的原點，取鉛垂線當做 z 軸。習慣上以向上為正，這是右手系：若握緊右手，姆指向上而置於桌面，則手指頭的轉向是自 x 軸轉向 y 軸。

於是三個軸中的兩個，就定出一個平面，叫做坐標面，有 xy 坐標面，xz 坐標面，yz 坐標面。

空間每一點 P，都可以投影到這三個坐標面，由投影線的長度就定出其一個坐標，例如，投影到 xy 面的垂線長，就是此點 P 的 z 坐標的絕對值。但正負必須由 P 點是在 xy 面的上方或下方而決定。P 點的 x 坐標 p_x 與 y 坐標 p_y，也用類似的辦法來決定！於是就寫成：$P = (p_x, p_y, p_z)$。（當然，這樣寫的時候，就已經假定「建好坐標系」了！）

自空間的兩點 P 與 Q，就可以連接出一條線段 $\overline{PQ}$；如果擇定其一如 P 為起點，另一 Q 為終點，這樣子的概念叫做有向線段（或者「有號線段」）。我們就寫成 $\overrightarrow{PQ}$，我們就說它代表了一個向量

$$\overrightarrow{PQ} = [q_x - p_x, q_y - p_y, q_z - p_z]$$

【叉積的立體幾何解釋】

假設空間有四點 P, Q, S, R，連成一個平行四邊形。

投影到 xy 坐標面，得到一個平行四邊形 $P_zQ_zS_zR_z$，等等；而平行四邊形 $P_zQ_zS_zR_z$ 的有號面積就是：$\mathbf{u} + \overrightarrow{PQ} \times \overrightarrow{PR}$（有向線段所代表的向量之叉積）的 z 成分；而這些投影面積的平方和之平方根，就是 $\overrightarrow{PQ} \times \overrightarrow{PR}$ 的大小，其實也就是這個向量之叉積 $\mathbf{u}$ 的大小。$\mathbf{u}$ 的方向就是與此平行四邊形 $PQSR$ 垂直的方向！（而且可以用右手姆指規約確定其正負向。）

如下的圖不夠好：$P = (6, 6, 12)$，$Q = (12, 9, 4)$，$R = (9, 12, 2)$，$S = (3, 9, 10)$，都在平面 $\dfrac{x}{36} + \dfrac{y}{18} + \dfrac{z}{24} = 1$ 上面。

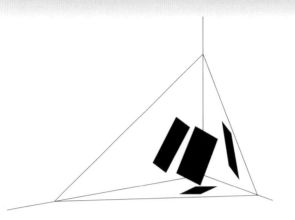

15.4 對稱交錯與輪換

對稱,是科學中最重要、最廣泛、最有用的一個概念。但我們這裡只講到最簡單的兩三種情形。

【對稱式,交錯式】

我們學過的最簡單的對稱式是 $x + y$,或 $x * y$。為什麼叫做對稱式?因為把 x, y 相對換,不會改變它!

我們學過的最簡單的交錯式是 $x - y$,或 $x^2 - y^2$。為什麼叫做交錯式?因為把 x, y 相對換,簡直不會改變它!只是改了正負號。

習題 1 如下各式子,指出哪些是對稱式,哪些是交錯式。

$$x^3y - y^3x \,,\, 2x^2 - 4xy + 2y^2 \,,\, \frac{x^3y^2 - x^2y^3}{x^4y^3 - x^3y^4} \,,\, 4x^2 + 3xy + 2y^2$$

☞ 注意:$x^3y^2 - x^2y^3$, $x^4y^3 - x^3y^4$,都是交錯式,因此,$\frac{x^3y^2 - x^2y^3}{x^4y^3 - x^3y^4}$ 是對稱式。這個道理是負負得正!對稱式乘除對稱式是對稱式,交錯式與對稱式乘除,是交錯式,交錯式乘除交錯式是對稱式。

對稱式與對稱式相加減是對稱式,交錯式與交錯式相加減是交錯式。

但是對稱式與交錯式相加減,什麼也不是。

習題2 請將 $4x^2 + 3xy + 2y^2$ 寫成一個交錯式與一個對稱式的和。

【多元的情形】

問：$x^2u^4 - y^2u^4 + x^2v^4 - y^2v^4$ 是對稱式還是交錯式？

相對於 (x, y) 來說，這是交錯式，相對於 (u, v) 來說，這是對稱式。所以，要談到「對稱式」與「交錯式」，當然應該先說清楚是「相對於哪些變數（文字，元）來說的」。當我們說

$$x^3 + y^3 + z^3 - 3xyz \text{ 是三元對稱多項式}$$

意思是：隨便拿兩個變數來相對換，都不會改變它！

事實上這是最重要的一個：

$$x^3 + y^3 + z^3 - 3xyz = (x + y + z) * (x^2 + y^2 + z^2 - xy - yz - zx)$$

習題3 如果知道：

$$x + y + z = 13 \text{ , } yz + zx + xy = 17$$

請算出：$x^3 + y^3 + z^3 - 3xyz$。（當然算不出：$x^3 + y^3 + z^3, xyz$）

習題4 如下是三元基本交錯多項式

$$x^2y + y^2z + z^2x - xy^2 - yz^2 - zx^2$$

意思當然是：隨便拿兩個變數來相對換，都會恰恰只乘上 -1。

【對稱的和式與積式】

我們應該利用這個方便的記號！

・用 Σ（讀作Sigma）來表示：「把同一類的東西加起來」！

用 Π（讀作 Pi）來表示：「把同一類的東西乘起來」！

例如：（如果已經說好，相對於 (x, y, z) 三元來討論！）

$$\Sigma x^3 - 3\Pi x := x^3 + y^3 + z^3 - 3xyz = (\Sigma x) * (\Sigma x^2 - \Sigma xy)$$

【足碼與和式積式】

我們也可以利用這個方便的記號：

$$\Sigma_{j=5}^{17} j^3 = 5^3 + 6^3 + 7^3 + \cdots + 17^3$$

這樣讀：將 j 的立方加總起來，j 由 5 變化到17。

你也可以這樣記：$\Sigma_{5 \le j \le 17} j^3$。

所以你知道這兩個冪和的公式：

$$\Sigma_{j=1}^{n} j = \frac{n(n+1)}{2}$$

$$\Sigma_{1 \le j \le n} j^2 = \frac{n(n+1)(2n+1)}{6}$$

【輪換式】

我們在討論多邊形例如五邊形 $ABCDE$ 的時候，這五個文字是有一種前後的順序關係：A 之後是 B，B 之後是 C，C 之後是 D，D 之後是 E，但是 E 之後是回到 A，要輪一圈才算結束。

我們也可以利用這個方便的記號：

$$\Sigma_{1 \le j \le 5}^{cycl} (x_j * y_{j+1} - x_{j+1} * y_j)$$

這是「輪換式」。

我們在初等數學中，通常足碼不太多，例如，討論三角形$\triangle ABC$，足碼只要三個。但是邊 $BC = a$ 是對應到 A 的。

【三元基本交錯式是輪換式】

在 x, y, z 三元的情形，

$$\Sigma^{cycl} (x^2 y - x y^2) = - (x - y)(y - z)(z - x)$$

三元交錯多項式一定是輪換式，三元對稱多項式也一定是輪換式。

由此可知：三元輪換式多項式，不一定是交錯，也不一定對稱，通常應該兩者都不是！例如：

$$\Sigma^{cycl} x^2 y = x^2 y + y^2 z + z^2 x$$

【對於足碼的對稱式與交錯式】

我們學過$\triangle ABC$ 的有號面積，

$$\frac{1}{2}\det\begin{bmatrix}1, & x_1, & y_1\\ 1, & x_2, & y_2\\ 1, & x_3, & y_3\end{bmatrix}=\frac{1}{2}(\overset{\cdots\times\rightarrow}{AB}+\overset{\cdots\times\rightarrow}{BC}+\overset{\cdots\times\rightarrow}{CA})$$

這是對於三個足碼的交錯式。（並不能說成是對於六個變數 $x_1, y_1, \cdots$ 中的哪幾個變數的交錯式！）

是要把 $A(x_1, y_1)$ 看成「一個點」，把 $B=(x_2, y_2)$, $C=(x_3, y_3)$ 也各看成「一個點」，然後說成是對於這三「點」的交錯式。

如果再取絕對值，那就得到「絕對（無號）面積」，那麼這是對於這三「點」的對稱式。

【重心定理】

$\triangle ABC$ 的三條中線，交於同一點。

（利用對稱性的證明）

我們將計算兩條中線的交點，如果算出的點是對於這三「點」的對稱式，那就證明完畢了！

今取 $\overline{CA}$ 的中點 $M=\left(\dfrac{x_3+x_1}{2}, \dfrac{y_3+y_1}{2}\right)$，則得中線

$$\overline{BM}: (y-y_2) = (x-x_2) * \left(\frac{y_3+y_1-2y_2}{x_3+x_1-2x_2}\right)$$

由輪換，又得中線

$$\overline{CN}: (y-y_3) = (x-x_3) * \left(\frac{y_1+y_2-2y_3}{x_1+x_2-2x_3}\right)$$

於是（相減）：

$$y_3-y_2 = x * \left(\frac{y_1+y_2-2y_3}{x_1+x_2-2x_3} - \frac{y_3+y_1-2y_2}{x_3+x_1-2x_2}\right) + x_2 * \frac{y_3+y_1-2y_2}{x_3+x_1-2x_2} - x_3 * \frac{y_1+y_2-2y_3}{x_1+x_2-2x_3}$$

只要脾氣好！你一定可以算出：$x = \dfrac{x_1+x_2+x_3}{3}$

事實上：通分，先計算 x 的係數，就得到 $3 * \Sigma^{cycl}(x_1y_2 - x_2y_1)$，你就很安心了：這是交錯式。（最終交錯式相除，就得對稱式！）

常數項移到另一邊，（而且你早已猜到答案！）就可以湊出 $(x_1 + x_2 + x_3)$ * (　)。

計算 y？其實由於「x, y 的對稱性」，當然 $y = \dfrac{y_1 + y_2 + y_3}{3}$ 。

【定理】

··

$\triangle ABC$ 的三條高線，有共同的交點。

（利用對稱性的證明）

我們將計算兩條高線的交點，如果算出的點是對於這三「點」的對稱式，那就證明完畢了！

邊 $\overline{BC}$ 的斜率 $= \dfrac{y_3 - y_2}{x_3 - x_2}$，則高線 $\overline{AH}$ 的斜率 $= \dfrac{x_3 - x_2}{y_3 - y_2}$，故得高線

$$\overline{AH} : (x_3 - x_2)(x - x_1) + (y_3 - y_2)(y - y_1) = 0$$

由輪換，得高線

$$\overline{BH} : (x_1 - x_3)(x - x_2) + (y_1 - y_3)(y - y_2) = 0$$

$H = (x_H, y_H)$ 是聯立方程式的解：

$$(x_3 - x_2)x + (y_3 - y_2)y = x_1(x_3 - x_2) + y_1(y_3 - y_2)$$
$$(x_1 - x_3)x + (y_1 - y_3)y = x_2(x_1 - x_3) + y_2(y_1 - y_3)$$

用 Cramer 規則，計算「係數定準」，得：

$$D = \det \begin{bmatrix} x_3 - x_2, & y_3 - y_2 \\ x_1 - x_3, & y_1 - y_3 \end{bmatrix} = \sum{}^{cycl} (x_1 y_2 - x_2 y_1)$$

而

$$D * x = (y_1 - y_3) * (x_1(x_3 - x_2) + y_1(y_3 - y_2)) + (y_3 - y_2)(-x_2(x_1 - x_3) - y_2(y_1 - y_3))$$

寫成比較整齊的形狀，則是：

$$D * x = x_1 y_1(x_3 - x_2) + x_2 y_2(x_1 - x_3) + x_3 y_3(x_2 - x_1) - (y_2 - y_1)(y_3 - y_2)(y_1 - y_3)$$

我們可以用輪換的寫法：

$$x = x_H = \frac{\sum{}^{cycl}(x_1 y_1(x_3 - x_2) + y_1^2 y_3 - y_1^2 y_2)}{\sum{}^{cycl}(x_1 y_2 - x_2 y_1)}$$

當然只要對調 (x, y)，就算出 $y = y_H$。

【定理】

△*ABC* 的三邊中垂線，有共同的交點

 證 （利用對稱性的證明）

我們將計算兩條中垂線的交點，如果算出的點是對於這三「點」的對稱式，那就證明完畢了！

邊 $\overline{BC}$ 的斜率 $= \dfrac{y_3 - y_2}{x_3 - x_2}$ ，則中垂線 $\overline{LO}$ 的斜率 $= -\dfrac{x_3 - x_2}{y_3 - y_2}$

因為中點 $L = \left(\dfrac{x_2 + x_3}{2}, \dfrac{y_2 + y_3}{2}\right)$ ，故得中垂線

$$\overline{LO} : (x_3 - x_2)x + (y_3 - y_2)y = \frac{1}{2}(x_3^2 + y_3^2 - x_2^2 + y_2^2)$$

由輪換，得中垂線

$$\overline{MO} : (x_1 - x_3)x + (y_1 - y_3)y = \frac{1}{2}(x_1^2 + y_1^2 - x_3^2 + y_3^2)$$

聯立方程式的解 (x_O, y_O)，也可用 Cramer 規則計算！「係數定準」還是

$$D = \Sigma^{cycl}(x_1 y_2 - x_2 y_1)$$

而

$$x_O = \frac{1}{2} * \frac{\Sigma^{cycl}(y_1^2 y_2 - y_2^2 y_1 + x_1^2 y_2 - x_2^2 y_1)}{\Sigma^{cycl}(x_1 y_2 - x_2 y_1)}$$

當然只要對調 (x, y)，就算出 y_O。

CHAPTER 16

[複數的介紹]

16.1 複數的代數

【複習多項式】

我們只需要討論一個文字變數的多項式，暫時我們就都寫 x。那麼，x 的多項式，例如說：$5 + 6x^2 - 4x$，都可以整理成降冪式 $6x^2 - 4x + 5$，或者升冪式 $5 - 4x + 6x^2$，通常用前者的機會比較多！那麼，它的二次項係數是 6，一次項係數是 -4，零次項係數是 6，這是個二次（多項）式。

 問 1 （如果 a, b, c, d 都是數，）$ax^3 + bx^2 + cx + d$ 是幾次式？當然，一般地說，它是三次；但若考問的人「居心叵測」，她（他）說：a 可以是零啊！所以安全的答案是：三次以下；若 $a = 0$，則是二次以下；若 $a = 0 = b$，則是一次以下；若 $a = 0 = b = c$，則這個多項式是常數「多項式」，是零次以下。若 $a = 0 = b = c = d$，則這個多項式是零多項式，那是 $-\infty$ 次。（$-\infty$，讀做「負無限大」，意思是「比任何數都居下方」的意思。）

問 2 兩個三次式相加（或減）會變幾次？答案是：三次以下；當然，兩個一次式相加減，會變一次以下。

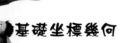

基礎坐標幾何

【複數與虛數單位】

現在對任何一個（單一個文字變數的）多項式，例如說：$5 + 6x^2 - 4x$，把其中的文字變數 x 改寫為 j，例如說：$7x^5 + 6x^2 - 4x + 7$，改寫成 $7j^5 + 6j^2 - 4j + 7$，然後規定：

$$j^2 = -1，（因而）j^3 = -j，j^4 = 1，j^5 = j，j^6 = -1，j^7 = -j，\cdots$$

例如說：$7j^5 + 6j^2 - 4j + 7 = 3j + 1$。如此，我們只會得到 j 的一次以下的式子；我們就說它是個複數（complex number）。習慣上現在要寫為 j 的升冪式，也就是把 $3j + 1$ 寫成 $1 + 3j$。

簡單地說：我們只是發明一個東西 j，叫做虛數單位，就把它當做代數學中，處理多項式裡的 x, y 等等文字一樣來計算，不過我們加上一個規則：$j * j = -1$，如此而已。

註 虛 = imaginary，通常用 i，但我們採用電機學者的習慣。

【實部與虛部】

這樣子，如果 a, b 都是（我們本來就會的）實數，我們就記做 $a, b \in \mathbb{R}$，然後，（以此為係數，）我們就可以造出複數 $\gamma = a + bj$，記作 $\gamma \in \mathbb{C}$；零次項（的係數）a，稱為這複數 γ 的實部（real part），而「一次項係數」b，就稱為此複數 γ 的虛部（imaginary part）。記作

$$a = \mathfrak{R}(\gamma)，b = \mathfrak{I}(\gamma)$$

【虛虛實實原則】

當 $w, z \in \mathbb{C}$ 時，$w = z$ 表示：實部 = 虛部，而虛部 = 虛部！

$$\mathfrak{R}(w) = \mathfrak{R}(z)，\mathfrak{I}(w) = \mathfrak{I}(z)$$

（我們是「反曹操」，他的虛虛實實原則是「虛者實之，實者虛之」。）

事實上，如果 a, b, c, d 都是數（= 平常的實數），而兩多項式 $a + bx$ 與 $c + dx$ 相同，意思是指係數都對應相等！（我們並非在解方程式 $a + bx = c + dx$。）代數學中，當我們說「一次以下」的多項式，當然包括「零次以下」，因為常數 -77.8 可以看成 $-77.8 + 0 * x$。所以我們當然（「可以」，而且「應該」！）把一個實數 $a \in \mathbb{R}$ 看成是虛部為零的一個複數 $a + j * 0$，因而「實數系」$\mathbb{R}$ 只是

「複數系」$\mathbb{C}$ 的一部分。

【咬文嚼字】

若虛部分為零，則此複數為實數，不必多加一個字，說成「純實數」，但若實部為零，我們該說這個複數是<u>純虛數</u>，這是比較安全的用詞。因為，有的人的習慣是「不實為虛」。

【共軛】

兩個複數稱為共軛，若是實部相同而虛部只差個正負號。所以自己共軛的複數，就是實數！

若 $a, b \in \mathbb{R}$ ，複數 $\gamma = a + jb$ 的「共軛」是複數

$$Cj(\gamma) = a + j(-b)；也記做 \gamma^{\bigstar}$$

【定理】

兩個共軛複數的和必是實數！（兩個共軛複數的差必是純虛數！）兩個共軛複數的積必是實數！

事實上，當 a, b 都是實數，共軛的一對複數 $\gamma = a + jb, Cj(\gamma) = a - jb$，和是

$$\gamma + Cj(\gamma) = (a + jb) + (a - jb) = 2a \in \mathbb{R}$$

而兩者的積是

$$\gamma * Cj(\gamma) = (a + jb) * (a - jb) = a^2 + b^2 \geq 0$$

這個計算的重要推論是：

【倒逆原理】

只要複數 $\gamma = a + j * b \neq 0$，則它的倒逆就是：

$$\frac{1}{\gamma} = \frac{a - j * b}{a^2 + b^2}$$

【除法原理】

對於複數，除法也是可行的，只要除數 γ 不是零！事實上，除以 γ，就是乘以 $\frac{1}{\gamma}$。

我們可以把兩個複數 $\gamma_j = a_j + jb_j$（$a_j, b_j \in \mathbb{R}$）之間的四則運算，明白寫出：

$$\gamma_1 + \gamma_2 = (a_1 + a_2) + j(b_1 + b_2)$$

$$\gamma_1 - \gamma_2 = (a_1 - a_2) + j(b_1 - b_2)$$

$$\gamma_1 * \gamma_2 = (a_1 * a_2 - b_1 * b_2) + j(a_1 * b_2 + a_2 * b_1)$$

$$\gamma_1 \div \gamma_2 = \frac{a_1 * a_2 + b_1 * b_2}{b_1^2 + b_2^2} + j\frac{-a_1 * b_2 + a_2 * b_1}{b_1^2 + b_2^2}$$

例題1 實數 0 就是複數系的零；實數 1 就是複數系的么：

$$\forall \gamma \in \mathbb{C} , \gamma = \gamma + 0 = 0 + \gamma = 1 * \gamma = \gamma * 1$$

【共軛原理】

兩個複數先運算再共軛，等於這兩個複數先共軛再運算！（由此，你再度證明：一個複數與它的共軛複數之和，或之積都是實數！）

習題1 做如下的計算：

$$(3 - 3j) + (72 - 23j) * (55 + 23j)/(3 + 7j)$$

例題2 求未知數 x, y，使得：

$$x * (23 - 11j) + y * (15 - 7j) = 9 - 5j$$

 我們的虛虛實實原則，就把一個複數方程式變成兩個方程式！

$$\left(\begin{array}{l} 23 * x + 15 * y = 9 \\ -11 * x - 7 * y = -5 \end{array} \right.$$

那麼：

$$\Delta = \begin{vmatrix} 23, & 15 \\ -11, & -7 \end{vmatrix} = 4$$

$$x\Delta = \begin{vmatrix} 9, & 15 \\ -5, & -7 \end{vmatrix} = 12 , \quad y\Delta = \begin{vmatrix} 23, & 9 \\ -11, & -5 \end{vmatrix} = -16$$

$$x = 3 , \quad y = -4$$

習題2 求未知數 x, y ，使得：

$$x * (2 - 3j) + y * (7 + 4j) = 39 + 43j$$

我們發明虛數是為了「開方」，實際上有：

【開方原理】

任何一個複數 γ 都可以開方，其實都有兩個平方根！（只要 $\gamma \neq 0$）

設

$$\gamma = a + jb \neq 0 ; z = x + jy \ (a, b, x, y \in \mathbb{R})$$

我們為了讓 $z^2 = \gamma$ ，只要

$$x^2 - y^2 = a ; 2xy = b ; 4x^2y^2 = b^2$$

故 $x^2, -y^2$ 的和 $= a$ ；而積 $= -b^2/4$ ；兩者是

$$t^2 - at - b^2/4$$

的兩個根：

$$x^2 = \frac{a + \sqrt{a^2 + b^2}}{2}$$

$$-y^2 = \frac{a - \sqrt{a^2 + b^2}}{2}$$

因此

$$x = \sqrt{\frac{a + \sqrt{a^2 + b^2}}{2}}$$

$$y = \pm \sqrt{\frac{\sqrt{a^2 + b^2} - a}{2}}$$

（此地 $x \geq 0$ ； y 的正負號與 b 的一樣； γ 的另外一個平方根則是 $-x-jy$ 。）

【推論】

在複數系中，任何一個二次方程式都可以解，其實，「根的公式」仍然成立！

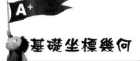

問 $j = \sqrt{-1}$ 的平方根？

答 $\sqrt{j} = \sqrt{0 + j1} = \pm \left(\dfrac{\sqrt{2}}{2} + j\dfrac{\sqrt{2}}{2} \right)$

習題 3 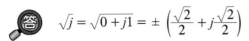 求未知的複數 $z = x + jy$，使得：

$$(2 - 3j)z^2 + (8 + 12j)z + 118 + 21j = 0$$

16.2 絕對值原則

【實數的正負符號】

對於實數 $a \in \mathbb{R}$，我們可以定義其絕對值與正負符號，實際上，前者是：

$$\text{abs}(a) = |a| = \sqrt{a^2}$$

後者有一點點討厭：我們寧可說：$\sqrt{6} - 3$ 的正負符號是 -1，而 $\dfrac{355}{113} - \pi$ 的正負符號是 $+1$。正負符號的英文是 sign，但是我們建議你使用拉丁文 signum，把它用國際音標唸出！於是用記號：

$$\text{sgn}(x) = \frac{x}{|x|} = \frac{x}{\text{abs}(x)} \quad （假設 x \neq 0）$$

我們又規定：

$$\text{sgn}(0) = 0$$

當然我們知道在坐標直線上的涵意：a 的絕對值是它與原點 0 的距離，而正負符號就表示它在原點看來是向右或向左。正負符號就可以說成「正負向」。在實數坐標直線上，正負向就只有三種：1, −1, 0。其中，0 代表迷向！而 ±1 代表僅有的兩個方向！

【實數的極式分解原理（甲）】

對於任何實數 $a \in \mathbb{R}$，它都有兩個部份：絕對值的部份與正負符號的部份，它是由這兩個部份湊成的！（這裡的「湊成」，是指「相乘」！）

$$a = \text{abs}(a) * \text{sgn}(a)$$

【實數的極式分解原理（乙）】

對於任何兩個實數 $a_1, a_2 \in \mathbb{R}$，都有：

$$\text{abs}(a_1 * a_2) = \text{abs}(a_1) * \text{abs}(a_2)；\text{sgn}(a_1 * a_2) = \text{sgn}(a_1) * \text{sgn}(a_2)$$

當然我們應該練習說說台灣話：兩個實數相乘的絕對值，就是絕對值相乘；兩個實數相乘的「正負向」，就是「正負向」相乘。

【複數的絕對值】

當 a, b 都是實數，複數 $\gamma = a + jb$ 的平方，就不一定是實數（例如 $(4 + 3j)^2 = 7 + 24j$），而若是實數，也可以是負的（例如 $(3j)^2 = -9$），所以，對於複數 γ，絕對值的說法要改一改！

如前，已經說過：複數 $\gamma = a + jb$ 與它的共軛 $Cj(\gamma) = a - jb$，相乘積是

$$\gamma * Cj(\gamma) = (a + jb) * (a - jb) = a^2 + b^2 \geq 0$$

不止是實數，而且簡直「必定」是正數。（只差了一點點：若 $\gamma = 0, a^2 + b^2 = 0$。這是僅有的例外！）

於是我們就以這個積的平方根，做為複數 $\gamma = a + jb$ 的絕對值（absolute value）：

$$\text{abs}(\gamma) := |\gamma| = \sqrt{\gamma * Cj(\gamma)} = \sqrt{a^2 + b^2}$$

例題 $|3 - 4j| = 5 = |4 + 3j|$，$|-3j| = 3$，$|-3| = 3$。（符合我們本來的說法！）

☞注意：當然

$$|\gamma| \geq 0；|\gamma| = 0 \text{ 表示 } \gamma = 0$$

對於純實數，因為它就是自己的共軛，這定義就是本來的絕對值！

【絕對值的乘法原理】

兩個複數之積的絕對值，等於這兩個複數絕對值之積！

這句話就是所謂如下：

【Lagrange恆等式】

對四個實數 x, y, u, v，

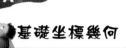
$$(x^2 + y^2) * (u^2 + v^2) = (x * u - y * v)^2 + (x * v + u * v)^2$$

【絕對值的加法原理】

兩個複數之和的絕對值，不大於這兩個複數絕對值之和！

對兩個複數 $\gamma_j = a_j + j b_j$（$a_j, b_j \in \mathbb{R}$）

$$|\gamma_1 + \gamma_2| \leq |\gamma_1| + |\gamma_2|$$

若等號，則 $a_1 : a_2 = b_1 : b_2$；且比數為正！

這要好好計算！我們把左右兩邊（正數！）都平方，再來比較：

左：$|\gamma_1 + \gamma_2|^2 = (a_1 + a_2)^2 + (b_1 + b_2)^2 = a_1^2 + b_1^2 + a_2^2 + b_2^2 + 2a_1a_2 + 2b_1b_2$

右：$|\gamma_1 + \gamma_2|)^2 = |\gamma_1|^2 + |\gamma_2|^2 + 2|\gamma_1| * |\gamma_2| = a_1^2 + b_1^2 + a_2^2 + b_2^2 + 2|\gamma_1| * |\gamma_2|$

所以我們只要證明：

$$a_1a_2 + b_1b_2 \leq |\gamma_1| * |\gamma_2|$$

右邊非負，因此我們可以把左右兩邊都平方，再來比較：

左：$(a_1a_2 + b_1b_2)^2 = a_1^2a_2^2 + b_1^2b_2^2 + 2a_1a_2b_1b_2$

右：$(|\gamma_1| * |\gamma_2|)^2 = a_1^2a_2^2 + a_1^2b_2^2 + b_1^2a_2^2 + b_1^2b_2^2$

只剩下：

$$2a_1a_2b_1b_2 \leq a_1^2b_2^2 + b_1^2a_2^2 \, ?$$

但是：

$$(a_1^2b_2^2 + b_1^2a_2^2) - 2a_1a_2b_1b_2 = (a_1b_2 - b_1a_2)^2 \geq 0$$

16.3 Gauss平面

Descartes 的坐標法，簡單地說，就是用「一對實數」(x, y) 去表達平面上的一「點」！

我們學了「向量」，那麼從原點 O 到點 $P = (x, y)$ 的有向線段（向徑）$\overrightarrow{OP}$，又可以表達（平面上的）一個「向量」$x\mathbf{i} + y\mathbf{j}$。

Gauss 又用平面上的一點 (x, y) 去表達一個複數 $z = x + jy$；因此複數系 $\mathbb{C}$ 又叫做 <u>Gauss 平面</u>。

總而言之：一對實數 (x, y) 就是（平面上的）一「點」，又是（平面上的）一個「向量」$x\mathbf{i} + y\mathbf{j}$，又是一個複數 $z = x + jy$。

【複數是二維向量】

複數的一個簡單的好處，就是可以代表一個二維向量。這是因為其加法、係數乘法，都和平常的二維向量一樣。

但是，更進一步，複數還有一些別的特別的機能！這些機能常有很好的幾何解釋！

【共軛與鏡射】

共軛化 Cj，乃是 Gauss 平面上，對 x 軸的鏡射：從這一點 P，向 x 軸作垂線，到達 x 軸之後，又繼續延長到兩倍長！到點 $P^{\#}$。

【絕對值與距離】

（二維）向量的大小與複數的絕對值完全一致！$|x + jy|$ 也代表了從原點 O 到點 $P = (x, y)$ 的距離；於是，用複數 γ_1, γ_2 所代表的兩點之距離就是：$|\gamma_2 - \gamma_1|$。

【三角不等式】

用複數 $\gamma_A, \gamma_B, \gamma_C$ 所代表的三點，從 γ_A 到 γ_C 的距離，不大於兩個距離之和 $|\gamma_C - \gamma_A| \leq |\gamma_B - \gamma_A| + |\gamma_C - \gamma_B|$，事實上等號的條件是：三點共線，且 γ_B 介於兩點之間。

 在前述的絕對值的加法原理中，

$$記：\gamma_1 = \gamma_C - \gamma_B，\gamma_2 = \gamma_A - \gamma_C$$
$$則：\gamma_1 + \gamma_2 = \gamma_A - \gamma_B$$

【共軛化】

共軛化 Cj，乃是保距的：

$$|z| = |Cj(z)|$$

註 把點 $P=(x, y)$ 與複數 $z=x+jy$ 看成一樣，則：

由原點 $O=0$ 到 $P=z$ 的距離＝由原點 $O=0$ 到 $P^{\#}=C_j(z)$ 的距離。

由原點 $O=0$ 到 $Q=w$ 的距離＝由原點 $O=0$ 到 $Q^{\#}=C_j(w)$ 的距離。

由點 $Q=w$ 到點 $P=z$ 的距離＝$|w-z|$＝由點 $Q^{\#}=C_j(w)$ 到點 $P^{\#}=C_j(z)$ 的距離。

總之，三角形 OPQ 與 $OP^{\#}Q^{\#}$ 全等（「合同」congruent），這是 sss 原理（下左圖）：

$$\triangle OPQ \cong \triangle OP^{\#}Q^{\#}$$

那麼，推廣說來：任意的三角形 PQR 與它的共軛化 $P^{\#}Q^{\#}R^{\#}$ 也全等（合同），這仍然是 sss 原理。

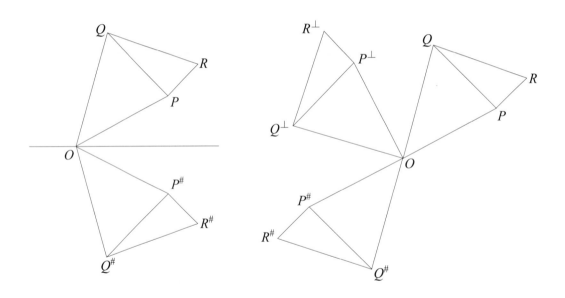

【絕對值與乘法，伸縮原理】

我們已經知道：兩複數的相乘積的絕對值，等於其絕對值的相乘積。這件幾何事實，有非常深遠的後果！

假定 γ 是個固定的非零的複數，拿它來和變動的一個複數 z 相乘，我們就從 z 得到 $\gamma * z$。以幾何來解釋，這是從 Gauss 平面上的一點 z 得到一點 $\gamma * z$。那麼，由一點 z_1 得到一點 $\gamma * z_1$，由另一點 z_2 得到一點 $\gamma * z_2$；原來兩點的距離是

$|z_2 - z_1|$，現在變成了

$$|\gamma * z_2 - \gamma * z_1| = |\gamma * (z_2 - z_1)| = |\gamma| * |z_2 - z_1|$$

這就是以倍率$|\gamma|$而伸長！

那麼，Gauss 平面上的任意三點 z_A, z_B, z_C，乘以 γ 之後，成為 $\gamma * z_A, \gamma * z_B, \gamma * z_C$，原來的三點所成三角形之三邊長，與變換後的三邊長，就有相同的伸長倍率$|\gamma|$，因此是相似形！

> **註** 記住數學家的用字！財產「增加」-10^6 元，就是說虧損了百萬元，不論賺賠，都可以計算「增加的量」。同樣地，不論伸縮，都可以計算伸長倍率！如果這伸長倍率 < 1，那麼，物理地說，是縮小而非膨脹伸長。

【例：純伸縮】

將一個複數 z 乘上一個固定的正的數，例如 3.2，這叫做「純伸縮」。（這時，伸長倍率就是這個固定的正數 3.2。）原點當然不變。（而且，從原點看 z 來的方向也不變！）

【單位複數】

如果$|\gamma| = 1$，$\gamma \in \mathbb{C}$ 就叫做單位複數；這也對應到單位向量！而且在 Gauss 平面上，就是與原點 0 距離為 1 的點，這樣子的點就在一個圓上：這圓以原點為心，半徑為 1「么」，稱為么圓（unit circle），換句話說：我們把單位複數的全體叫做么圓，記做

$$S = \{ \gamma \in \mathbb{C} : |\gamma| = 1 \}$$

剛剛所說的伸縮原理現在變成了全同原理：「用一個單位複數 γ 去乘」，就會把一個三角形變成全同的三角形！

例題 1 直轉：「以虛數單位 j 去乘」的功能是：

$$j * (x + jy) = -y + jx$$

在坐標平面上，點 $P = (x, y)$（或向量 $\mathbf{i}x + \mathbf{j}y$，）相對於原點，被轉了 90°，變成 $P^\perp = (-y, x)$。（上右圖）！

當然這不改變其絕對值或大小！所以任何一個 $\triangle PQR$，直轉之後，一定是

變成合同的 $\triangle P^{\perp}Q^{\perp}R^{\perp}$。（當然，對於任何多邊形也如此！）

例題2 反向：「以 -1 去乘」的功能是：相對於原點，被轉了 $180°$，變成 $P^{\#}=(-x, -y)$。（上右圖）！

所以任何一個 $\triangle PQR$，反向之後，一定是變成合同的 $\triangle P^{\#}Q^{\#}R^{\#}$。（當然，對於任何多邊形也如此！）

【極分解定理：大小與方向】

任何一個非零複數 $z \in \mathbb{C}$，都可以唯一地分解為 $z=u*v$；其中 $u>0$，$|v|=1$；其實

$$u=|z| \text{，} v=\text{sgn}(z)=\frac{z}{|z|}$$

這裡，$u=|z|$ 是 z 的絕對值，即大小（magnitude），而 $\text{sgn}(z)$ 仍然是（由原點看來！）z 的方向（direction）！

【例題：正號的合同與負號的（瑕）合同】

在上面的圖中，將一點 P 變為 P^* 對應到「共軛化」，而將一點 P 變為 $P^{\perp}$ 對應到「直轉」，將一點 P 變為 $P^{\#}$ 對應到「反向」（轉了180度！）；一個 $\triangle PQR$ 就此變為 $\triangle P^*Q^*R^*$，$\triangle P^{\perp}Q^{\perp}R^{\perp}$ 與 $\triangle P^{\#}Q^{\#}R^{\#}$。這三個三角形，都與原來的 $\triangle PQR$ 合同！

於是，面積也都一樣！可是，我們學過「有號面積」，那麼正負號會相同嗎？根據公式，

$$(0)：A(\triangle PQR)=\frac{1}{2}\begin{vmatrix} 1, & p_x, & p_y \\ 1, & q_x, & q_y \\ 1, & r_x, & r_y \end{vmatrix}$$

$$(i)：A(\triangle P^*Q^*R^*)=\frac{1}{2}\begin{vmatrix} 1, & p_x, & -p_y \\ 1, & q_x, & -q_y \\ 1, & r_x, & -r_y \end{vmatrix}$$

$$(ii)：A(\triangle P^{\perp}Q^{\perp}R^{\perp})=\frac{1}{2}\begin{vmatrix}1, & -p_y, & p_x\\ 1, & -q_y, & q_x\\ 1, & -r_y, & r_x\end{vmatrix}$$

$$(iii)：A(\triangle P^{\#}Q^{\#}R^{\#})=\frac{1}{2}\begin{vmatrix}1, & -p_x, & -p_y\\ 1, & -q_x, & -q_y\\ 1, & -r_x, & -r_y\end{vmatrix}$$

拿來和 (0) 比較，

在 (iii) 中，有末兩行都差了個負號，負負得正，故(iii)＝(0)。

(ii) 中，中間行差了個負號，末兩行則 x, y 對調，故負負得正，(ii)＝(0)。

(i) 中，末行差了個負號，故 (iii)與(0) 差了個負號。

所以，共軛化是「負號的合同」，或者叫「瑕合同」。而直轉與反向，都是「正號的合同」。

16.4 輻　角

【輻角坐標】

在上節中，我們已經引入這樣的記號 $z \in S$，表示：z 是一個單位複數，也就是說：若 $z＝x + jy$，$x\in\mathbb{R}$，$y\in\mathbb{R}$，則 $x^2 + y^2 = 1$。我們用 S 表示：所有「絕對值為么（＝1）的複數」的全體，而幾何上就是「么圓」：以原點為心，半徑為么的圓。對於圓上的點，我們可以寫 $z＝x + jy$ 來表示，這是複數寫法，我們也可以寫 $P＝(x, y)$ 來表示，這是坐標幾何的寫法，但是這兩種寫法都沒有利用到它是「在么圓上」的這件事實！所以就要寫到兩個實數 x 與 y。實際上，我們應該有辦法「只要用一個實數」，就可以標出么圓上的點才對！最簡單的辦法就是輻角坐標法。

我們回憶起在一條直線 λ 上，建立（卡氏）坐標系的辦法：取 λ 上的一點 O_λ 做為原點，再任取 λ 上另外一點 E_λ，當做基準點，於是就規定：$O_\lambda＝0$，$E_\lambda＝1$，線上其它的點 P，（以 $O_\lambda E_\lambda$ 為長度單位，）先量度距離 $O_\lambda P$，配合上正負號，就是 P 點的坐標 $\pm O_\lambda P$ 了。（正負號是要看 O_λ, E_λ, P 三點的關係來決定

的！若 O_λ 在三點的一端則取正號。）

我們可以模仿（或者說「利用」！）上述的辦法，來建立 S 上的輻角坐標系。假定你已經有了一條直線 λ，而且已經在其上建立了坐標系，（有了「原點」O_λ 與「基準點」E_λ，）想像這條線是用理想的、柔順的質料做成的；可以隨意彎曲，而不會改變線上任一段的長度！

現在，你把它「放置到么圓 S 之上」：把「原點」O_λ 放在么圓 S 的基礎點 $E=(1, 0)=1+j*0$ 處，然後順著這條圓，把無限柔順的、無限纖細的、無限長的 λ，一圈又一圈的，繞著么圓轉。

如果是真實的絲線，一定「有粗細」，繞了很多圈之後疊出高度了！（下圖中有約九圈！）但是我們用的是「仙絲」，無限纖細，所以整條無限長的 λ，就捲置在么圓上。（下圖中最下面的圓。）

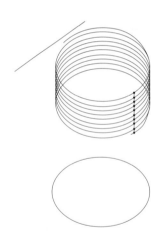

數學家的「術語」，亦即「黑話」，是說：把 λ 覆蓋在 S 上。例如說：O_λ 覆蓋在 E 處，λ 的每一點，都覆蓋在 S 上的某一點！但是反過來說，S 上的每一點，就有「無限多的」λ 的點，覆蓋在其上！

什麼叫做 S 上的輻角坐標法？這就是把 λ 上的坐標系覆蓋到 S 上！如果 λ 的一點 P_λ，覆蓋在 S 上的一點 P，我們就以點 P_λ 的坐標 θ，當成點 P 的坐標，這就是 S 上的輻角坐標系，而 P 點的輻角坐標 θ，就簡稱為此點 $P=(x, y)$ 或者對應的單位複數 z 的輻角，通常的記號是 $\arg(z)$。

【巴比倫制】

例如說，在直線 λ 上的長度單位，取為 $O_\lambda E_\lambda = \dfrac{2\pi}{360}$，（把這個單位叫做一「度」，）這樣子的輻角坐標就是巴比倫制！

為什麼？因為么圓的一圈，長度是 $2\pi = 6.2831\cdots$，如果用一「度」$= \dfrac{2\pi}{360}$ 來度量，當然就得到一圈$=360$ 度。

【弧度制】

如果說，在直線 λ 上的長度單位，就是么圓的半徑 1，把這個自然的單位叫做一「弧度」，這樣子的輻角坐標就是弧度制！

所以，1弧度 $= \dfrac{360}{2\pi}$ 度，反過來說，$1° = \dfrac{2\pi}{360} = \dfrac{\pi}{180}$ 弧度。

有兩個小問題！第一個是正負號的問題。（坐標當然有正負。）通常我們採用「右手系」，也就是說，在平面坐標系中，縱橫 x, y 軸，畫分出：右上第一象限，左上第二象限，左下第三象限，右下第四象限，而輻角坐標增加的方向就是照這個象限的旋轉順序！

【同餘的寫法】

第二個小問題比較重要：么圓上的一點 P，其實是被無限多個 λ 上的點 $P_\lambda^0, P_\lambda^1, P_\lambda^2, P_\lambda^3, \cdots, P_\lambda^{-1}, P_\lambda^{-2}, P_\lambda^{-3}, \cdots$ 所覆蓋！這些點在直線 λ 上，都是差了幾個整圈的長度。每一圈都是周長 2π，也就是 $360°$。

舉個例子：S 上的一點 j，（也就是坐標幾何寫為 $N=(0, 1)$ 者，）在 λ 上是長度 $O_\lambda N_\lambda = \dfrac{\pi}{4}$ 處的點 N_λ，所以它的輻角可以寫 $\dfrac{\pi}{4}$（弧度）或者寫 $90°$，但是寫 $450°, 810°$ 或 $-990°$ 等等，也都對！數學家就發明了一種<u>同餘</u>的寫法。這就是說：寫

$$u = v \pmod{w}$$

的時候，意思是：$u-v$ 是 w 的整倍數，$\dfrac{u-v}{w}$ 是整數：

$$\frac{u-v}{w} \in \mathbb{Z}$$

用這樣的記號，我們就可以寫：

$$\arg(j) = 90°\ (\text{mod } 360°)$$

註 大部分的電腦軟體，不喜歡「不確定性」。所以，電腦上的輻角 arg，會明確地限制在區間(−180°..180°]之內。

例題 1 求 −1 的輻角。

解 $\arg(-1) = 180°$（mod 360°），或者說：180° 的奇數倍。

例題 2 求 $\dfrac{-1}{2} - \dfrac{\sqrt{3}}{2}j$ 的輻角。

解 $\arg\left(\dfrac{-1}{2} - \dfrac{\sqrt{3}}{2}j\right) = 240°$（mod 360°）。

【一般的輻角】

對於任何一個非零複數 $z \in \mathbb{C}$，由極分解定理，它都可以唯一地分解為 $z = u * v$；其中 $u = |z|$（> 0）是其「大小」，而 $v = \text{sgn}(z) = \dfrac{z}{|z|}$（$|v| = 1$）是其「方向」；我們就把 v 的輻角 $\arg(v)$，叫做 z 的輻角：

$$\arg(z) = \arg\left(\dfrac{z}{|z|}\right)$$

例題 3 求 −1−j 的輻角。

解 立知：$\arg(-1-j) = 225°$（mod 360°）。

習題 1 在 Gauss 方格紙上畫圖，然後求以下諸複數的輻角。

$$-4 + 3j；12 - 5j；-15 - 8j$$

【向量的大小與方向】

我們前面開始談向量的時候並沒有解釋這概念的物理意義，只是算術地說：把幾個實數以逗號分隔，再以框括號起來，就是「向量」了。而二維的向量就是「兩個」實數框起來。當然我們當時是著重在算術：如何讓向量相加，

或乘以幾倍（伸縮）。

事實上，向量來自物理，因為很多概念，如：速度、加速度、動量、與力，都是向量，而最重要的是：這種物理量，例如「力」，在「相加」的時候，就可以用「平行四邊形的圖解法」，得到「合力」。而這個「圖解」，其實就是：選定了幾個基準方向，（例如在地平面上，就選定向東與向北，）把向量分解為這幾個方向上的分量（如「分力」），相加就只是讓各個方向的成份去相加。

如果強調物理，我們其實該強調：「向量」就是有「向」有「量」，向是方向（direction），量是大小（magnitude）。

如果我們暫時都侷限在平面上來討論，那麼，我們就可以把向量 $[u, v]$，看做是複數 $u + jv$，這向量的大小就是複數的絕對值 $|u+jv| = \sqrt{u^2+v^2}$，而其方向就是「單位複數」

$$\text{sgn}(u+j*v) = \frac{u+jv}{\sqrt{u^2+v^2}}$$

或者我們也可以說這向量的方向就是<u>單位向量</u>

$$\text{sgn}([u, v]) = \left[\frac{u}{\sqrt{u^2+v^2}}, \frac{v}{\sqrt{u^2+v^2}}\right]$$

註 當然零向量是迷向的！

【平面極坐標】

我們知道：「二維向量」，與「複數」，與「平面上的點」，簡直是「三位一體」：

$$u\mathbf{i}+v\mathbf{j} = [u,v] \cong u+j*v \cong (u,v)$$

「二維向量」要講「大小」與「方向」。（以單位向量來表現！）

「複數」要講「絕對值」與「方向」。（以單位複數來表現！）

這裡的「平面上的點」要講「距程」與「方向」。

方向，最簡便的表達方式就是用「輻角」。於是乎，我們要講平面上的一點時，就可以採用「極坐標」了。

什麼是極坐標呢？假設有一個人（叫她「觀測者」好了，）詢問我某個對

象物的位置，我可以把這個觀測者看成位在原點，然後，我可以叫她：

從基準方向 $\vec{OE}$ 轉到 θ 角的方向，那物件就在距離你 ρ 處

(ρ, θ) 合起來，就是物件那一點的極坐標。ρ 叫做距程，而 θ 就是輻角。

【例與註】

其實，在警匪小說或電影片中也會出現「極坐標」！警察聽到的語句是：「你的 10 點鐘方向上，100 公尺處，是匪徒同黨。」這時的基準方向，12 點鐘方向，是此警察眼睛直視的方向，而「10 點鐘方向」，就是反時針的轉了 60°。（在解析幾何中，基準方向則是正 x 軸向，若以鐘錶面的12點鐘方向為 y 軸方向，則「10點鐘方向」的輻角將是 150°。）

 例題4 地圖上說「西北西的方向」，輻角多少？

(解) 「西的方向」，輻角＝180°：「北的方向」，輻角＝90°，西北的方向，輻角是以上兩者的平均，即 135°：西北西的方向，輻角是「西北方向」的輻角與「西方向」的輻角，兩者的平均，亦即 157.5°。

 例題5 求 Descartes 坐標平面上一點 $P=(4, 3)$ 的極坐標。

(解) 在方格紙上定出這一點 P！就可以用量角器，量出輻角＝36.8698°，距程當然也可以用量的！若用 Pythagoras，則可算出 $\sqrt{4^2+3^2}=5$。
答：極坐標＝$(5, 36.8698°)$。（順序不能馬虎！）

 例題6 求 Descartes 坐標平面上諸點的極坐標：

$P_2=(-4, 3), P_3=(-4, -3), P_4=(4, -3),$

$P_5=(3, 4), P_6=(-3, 4), P_7=(-3, -4), P_8=(3, -4)$。

(解) 距程都是 $5=\sqrt{3^2+4^2}$，但輻角就不同了！

【一些對稱原則】

若： $P=(x, y)$ 的極坐標是 (ρ, θ)

則：（補角原則） $(-x, y)$ 的極坐標是 $(\rho, 180°-\theta)$

　　（周缺原則） $(x, -y)$ 的極坐標是 $(\rho, 180°-\theta)$

　　（反向原則） $(-x, -y)$ 的極坐標是 $(\rho, 180°-\theta)$

　　（餘角對稱原則）(y, x) 的極坐標是 $(\rho, 90°-\theta)$

【極坐標原理】

對於平面上任何一點 $P=(x, y) \neq O=(0, 0)$，（或者說：對於任何一個複數 $z \neq 0$，）必定可以找到正實數 ρ，與實數 θ，使得 P 的絕對值是 ρ，而輻角為 θ，（最多差個 $360°$ 的整倍數，）這樣的 (ρ, θ)，就是 P 的極坐標；反過來說：對於 $\rho > 0$，以及任意實數 θ，一定有一點 P（$\neq O$），以 (ρ, θ) 為極坐標。

習題2　對於如下的幾組極坐標，請在方格紙上點畫，然後估寫其 Descartes 坐標。

$$(9.434, 32°), (9.434, 58°), (9.434, 212°), (9.434, -58°)$$

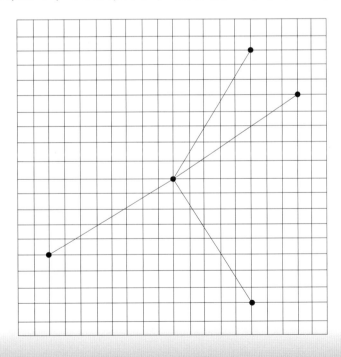

CHAPTER 17
三角學的介紹

17.1 三角函數

【Euler 的記號】

在上述的極坐標原理中，已經說到：對於任意的正實數 ρ、以及任意實數 θ，一定有一點 P（$\neq O$），以 ρ 為距程，以 θ 為輻角，或者說：一定有一個複數 z（$\neq O$），以 ρ 為絕對值，以 θ 為輻角。我們現在就固定（距程，或）絕對值 $\rho = 1$，那就是說：對於任意的實數 θ，一定有一個單位複數 z（$|z| = 1$），以 θ 為輻角。我們就以（Euler 式的）記號來表示：

$$Cis(\theta) = \cos(\theta) + j\sin(\theta)$$

換句話說：給了方向角 θ，我們就以單位向量

$$\cos(\theta)\,\mathbf{i} + \sin(\theta)\,\mathbf{j} = [\cos(\theta),\, \sin(\theta)]$$

來呈現這個方向。

註 這記號是 Harkness－Morley 的。我原先是用 εi。

【表】

這記號的涵意是：有一個這樣子的餘弦函數表，使得：給出一個角度 θ，就可以查出 $\cos(\theta)$，又有一個這樣子的正弦函數表，使得：給出一個角度 θ，就可以查出 $\sin(\theta)$。

註 現在科技進步，這些表就內建於計算器之中！

習 題 查表（或用計算器）寫出：

$\cos(36°)$，$\sin(36°)$；$\cos(18°)$，$\sin(18°)$

$\cos(54°)$，$\sin(54°)$；$\cos(72°)$，$\sin(72°)$

【極坐標轉換】

那麼，到此為止，極坐標的轉換才完全：

由 (x, y) 求 (ρ, θ)，辦法是：

$$\rho = \sqrt{x^2 + y^2}，\theta = \arg(x, y) = \arg(x + jy)$$

由 (ρ, θ) 求 (x, y)，辦法是：

$$x = \rho * \cos(\theta)，y = \rho * \sin(\theta)$$

註 還差一點點：有 arg 的表（或內建於計算器之中）？

【銳角的三角函數】

我們已經得到：

$$\cos(\theta) = \frac{x}{\sqrt{x^2 + y^2}}；\sin(\theta) = \frac{y}{\sqrt{x^2 + y^2}}$$

而千餘年來的數學家已經想到：必須做出這些三角函數表，以方便幾何計算！

先假設 $0° < \theta < 90°$，來思考 $\cos(\theta), \sin(\theta)$ 的幾何意涵。

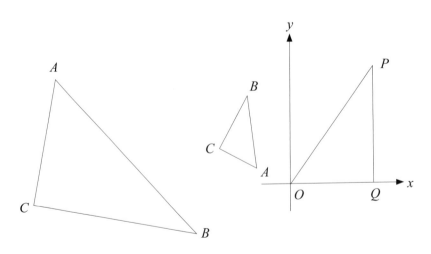

　　如果我們隨意地，畫一個直角三角形 $\triangle ABC$，$\angle C = 90°$，只要求：$\angle BAC = \theta$，每個人畫的都不一樣！但是都相似！（此地取 $\theta = 53.13°$，）圖中畫了三個 $\triangle ABC$，有一個是放在「比較標準的位置」，也就是 $A = O$ 在原點，$R = C$ 在 x 軸上，$Q = B$ 在第一象限。那麼任意取一個 $\triangle ABC$，它就有三個邊，$\overline{BC}$, $\overline{CA}$, $\overline{AB}$，邊長與你所畫的 $\triangle ABC$ 有關，可是，若取三邊中的兩個來比（一共有 6 種比！），這就和你所畫的 $\triangle ABC$ 無關了！（只要確定 $\angle BAC = \theta$，$\angle ACB = 90°$，）所以，古時的（千餘年來！）數學家就算出來這 6 種比，就稱為 6 個自由變數銳角 θ 所算出來的三角函數。這些三角函數都有簡單的幾何意義：勾股弦中兩邊的比例！

（對邊比斜邊）$\sin(\theta) = BC : AB = \dfrac{a}{c}$	（鄰股比斜邊）$\cos(\theta) = AC : AB = \dfrac{b}{c}$
（對邊比鄰股）$\tan(\theta) = BC : AC = \dfrac{a}{b}$	（鄰股比對邊）$\cot(\theta) = AC : BC = \dfrac{b}{a}$
（斜邊比鄰股）$\sec(\theta) = AB : AC = \dfrac{c}{b}$	（斜邊比對邊）$\csc(\theta) = AB : BC = \dfrac{c}{a}$

　　如果你的規約是：$BC = a$，$CA = b$，$AB = c$（$c = \sqrt{a^2 + b^2}$）$a > 0$，$b > 0$，$c > a$，$c > b$。那麼：

　　最上面一對，最重要：正弦 sin 與餘弦 cos，函數值就一定在零一之間。

　　中間的一對，次重要：正切 tan 與餘切 cot，函數值就可以是任意正數。

　　最下面一對，不重要：正割 sec 與餘割 csc，函數值一定大於一。

　　在同一側，從上到下，一定是變大：

$$\sec(\theta) > \tan(\theta) > \sin(\theta) \; ; \; \csc(\theta) > \cot(\theta) > \cos(\theta)$$

註 讀法：永遠要完整讀出「餘」，就是 co-

　　sine, co-sine

　　tangent, co-tangent

　　secant, co-secant

　　右側是 co（餘）族；左側是正族。

　　正族的三個，都是遞增函數：當銳角 θ 變大的時候，函數值跟著變大！

　　餘族的三個，都是遞減函數：當銳角 θ 變大的時候，函數值跟著變小！

基礎坐標幾何

【餘角原則】

$\angle C = 90°$，因此 $\angle A, \angle B$ 互餘：

$$\angle A + \angle B = 90°$$

$\angle A$ 的鄰股 $\overline{AC}$，就是 $\angle B$ 的對邊；而 $\angle A$ 的對邊 $\overline{BC}$，就是 $\angle B$ 的鄰股；至於斜邊則是一樣的！因此，對 $\angle A$ 的 tan，一定是對 $\angle B$ 的 cot；等等！總之：sine of co- = cosine；cosine of co- = co-co-sine = sine。（負負得正！餘了再餘等於不動！）37°的餘角的餘角，一定是37°。你如果去算：$co(37°) = (90-37)° = 53°$，那真不是我的徒弟了！（不用算的就不准算！）

【平方關係】

Pythagoras 的公式 $a^2 + b^2 = c^2$，用 c^2 去除，就給我們：

$$\sin^2(\theta) + \cos^2(\theta) = 1$$

註 這是自古到今三角學的習慣，把 $(\sec(\theta))^2$ 寫成 $\sec^2(\theta)$，把 $(\cot(\theta))^3$ 寫成 $\cot^3(\theta)$，等等。可是，非常糟糕的是：禁止把 $(\sec(\theta))^{-1} = \dfrac{1}{\sec(\theta)}$ 寫成 $\sec^{-1}(\theta)$，犯禁者，…。

你可以把 $c^2 - b^2 = a^2$，用 a^2 去除，或者，把 $c^2 - a^2 = b^2$，用 b^2 去除！

$$\csc^2(\theta) - \cot^2(\theta) = 1 ; \sec^2(\theta) - \tan^2(\theta) = 1$$

正餘弦是「小國」，平方和才是 1。正餘割是「大國」，值都大於 1。而正餘切是「中國」，正餘割與對應的正餘切之平方差是 1。

【倒逆關係】

左上與右下，左下與右上，倒逆，中間正餘切則是倒逆的一對。

$$1 = \sin(\theta) * \cos(\theta) = \cos(\theta) * \sec(\theta) = \tan(\theta) * \cot(\theta)$$

只要再加上商數關係就差不多了！

$$\tan(\theta) = \frac{\sin(\theta)}{\cos(\theta)} = \frac{\sec(\theta)}{\csc(\theta)}$$

（你可以把上式整個 co 一下！）

【一些特別角的三角函數】

其實你知道：45°是「自餘的」：45°＝90°－45°，因此：

$$\sin(45°)=\cos(45°)\;;\;\sec(45°)=\csc(45°)=\sqrt{2}\;;\;\tan(45°)=\cot(45°)=1$$

在正方形的衍生計算中（p.109）知道了：

$$\sin(22.5°)=\frac{1}{\sqrt{4+2\sqrt{2}}}\;;\;\cos(22.5°)=\frac{\sqrt{2}+1}{\sqrt{4+2\sqrt{2}}}\;;\;\tan(22.5°)=\frac{1}{\sqrt{2}+1}$$

在正三角形的衍生計算中（p.109）知道了：

$$\sin(30°)=\frac{1}{2}=\cos(60°)\;;\;\cos(30°)=\frac{\sqrt{3}}{2}=\sin(60°)$$

$$\tan(30°)=\frac{1}{\sqrt{3}}=\cot(60°)\;;\;\cot(30°)=\sqrt{3}=\tan(60°)$$

在正五角形的衍生計算中（p.111）知道了：該處圖中∠AEB＝36°，因此：

$$\sin(36°)=\cos(54°)=\frac{\sqrt{10-2\sqrt{5}}}{4}\;;\;\cos(36°)=\sin(54°)=\frac{\sqrt{5}+1}{4}$$

$$\tan(36°)=\cot(54°)=\sqrt{5-2\sqrt{5}}$$

另外，∠cAU＝18°，於是：

$$\sin(18°)=\cos(72°)=\frac{\sqrt{5}-1}{4}\;;\;\cos(18°)=\sin(72°)=\frac{\sqrt{10+2\sqrt{5}}}{4}$$

$$\tan(18°)=?（不簡單。）$$

17.2 一般角的三角函數

【一般角的三角函數】

對於一般的角，如何定義其三角函數呢？

因為：如果 θ 在第一象限，或者更清楚些，如果：$0<\theta<90°$，我們已經知道：$\cos(\theta), \sin(\theta)$ 就是輻角 θ 的單位複數的實數與虛數部分，

$$Cis(\theta)=\cos(\theta)+j\sin(\theta)$$

顯然這是很好的定義！不論 θ 是多少，我們都可以這樣來定義！

或者我們說：對於任何的輻角 θ，任取正數 $\rho>0$ 為絕對值，就可定出點

$$P=(\rho*\cos(\theta),\ \rho*\sin(\theta))\equiv z=\rho*Cis(\theta)$$

自點 P 到兩軸作投影：$Q=(x,0)$，$R=(0,y)$，此時：

$$x = 'OQ' \cdot y = 'OR'$$

（加上引號，是因為：OQ 這距離是 $|x|$，引號是指明「有號的距離」，OQ 是正向時，才有 $x = OQ$。y 也類似。）

於是，$\theta = \angle EOP$ 也是有號角，$E = (1, 0)$ 可取基準點。x, y 都是可正可負，但 $OP = \rho = \sqrt{x^2 + y^2} > 0$。那就定義：

$$\sin(\theta) = \frac{y}{\rho} \cdot \cos(\theta) = \frac{x}{\rho}$$

$$\tan(\theta) = \frac{y}{x} \cdot \cot(\theta) = \frac{x}{y}$$

$$\sec(\theta) = \frac{\rho}{x} \cdot \csc(\theta) = \frac{\rho}{y}$$

所以，銳角三角函數只是特殊情形下的定義！對於一般角，我們由此先定義 $\cos(\theta), \sin(\theta)$，接著，我們可以定義：

$$\tan(\theta) = \frac{\sin(\theta)}{\cos(\theta)} \cdot \cot(\theta) = \frac{\cos(\theta)}{\sin(\theta)}$$

$$\sec(\theta) = \frac{1}{\cos(\theta)} \cdot \csc(\theta) = \frac{1}{\sin(\theta)}$$

【正負號】

現在的定義，將使得：所有的三角函數都有取負值的可能！

而在第 I 象限時：全部函數值為正

    在第 II 象限時：sin, csc 函數值為正，餘為負

    在第 III 象限時：tan, cot 函數值為正，餘為負

    在第 IV 象限時：cos, sec 函數值為正，餘為負

分母可能為零，而分子若不為零則分數就說成無限大（且無正負可言）！

因此：

$$\infty = \tan(90°) = \tan(270°) = \sec(90°) = \sec(270°)$$

$$= \cot(0°) = \cot(180°) = \csc(0°) = \csc(180°)$$

其實，以絕對值來說，在各個象限也照樣有：

$$|\sec(\theta)| > |\tan(\theta)| > |\sin(\theta)| \cdot |\csc(\theta)| > |\cot(\theta)| > |\cos(\theta)|$$

因此只要背：

$$\infty = \tan(90°) = \tan(270°) = \cot(0°) = \cot(180°)$$

就夠了！其他，如倒逆關係、商除關係、平方關係，對於一般角的三角函數，完全成立！

【奇偶性】

共軛化的結果是輻角變號而 y 坐標也變號，但 x 坐標不變。由此可知：

$$\cos(-\theta)=\cos(\theta)；\sin(-\theta)=\sin(\theta)，\tan(-\theta)=-\tan(\theta)$$
$$\sec(-\theta)=\sec(\theta)；\csc(-\theta)=\csc(\theta)，\cot(-\theta)=-\cot(\theta)$$

習題 1 證明如下式子：

$$\text{(i)} \quad \frac{\sin(\theta)}{1+\cos(\theta)}+\frac{1+\cos(\theta)}{\sin(\theta)}=2\csc(\theta)$$

$$\text{(ii)} \quad \sin(\theta)(1+\tan(\theta))+\cos(\theta)(1+\cot(\theta))=\sec(\theta)+\csc(\theta)$$

$$\text{(iii)} \quad \frac{4-5\cos(\theta)}{3-5\sin(\theta)}+\frac{3+5\sin(\theta)}{4+5\cos(\theta)}=0$$

$$\text{(iv)} \quad \frac{\sin(\theta)-\cos(\theta)+1}{\sin(\theta)+\cos(\theta)-1}=\sec(\theta)+\tan(\theta)$$

$$\text{(v)} \quad \frac{1+\sec(\theta)+\tan(\theta)}{1+\sec(\theta)-\tan(\theta)}=\frac{1+\sin(\theta)}{\cos(\theta)}$$

$$\text{(vi)} \quad \frac{\sin(\theta)+\cos(\theta)}{\sin(\theta)-\cos(\theta)}=\frac{1+2\sin(\theta)\cos(\theta)}{1-2\cos^2(\theta)}$$

例題 1 已知 $\cot(\theta)=\dfrac{-4}{3}$ ，試求其它的三角函數值。

解 由正負號的規則，知道 θ 在第二或第四象限，但是這並無太多資訊！我們只有先利用倒逆關係，得到 $\tan(\theta)=\dfrac{-3}{4}$ ；其它的正負號還是曖昧不明！其次要利用平方關係，就得到：

$$\csc(\theta)=\pm\sqrt{\left(\frac{-4}{3}\right)^2+1}=\pm\frac{5}{3}；\quad \sec(\theta)=\pm\sqrt{\left(\frac{3}{4}\right)^2+1}=\pm\frac{5}{4}$$

於是由倒逆，又得到：

$$\sin(\theta)=\frac{1}{\csc(\theta)}=\pm\frac{3}{5}；\quad \cos(\theta)=\frac{1}{\sec(\theta)}=\pm\frac{4}{5}$$

【象限關聯角的三角函數】

由 θ 去和 $90°$ 的整倍數相加或減，所得的角 φ，叫做 θ 的象限關聯角。$\varphi=$

$n*90°±\theta$ 或 $\varphi=\theta±n*90°$，此時：φ 的三角函數 $f(\varphi)$（f 是 sin, cos 等等六者之一）與 θ 的三角函數，有何關聯？只要利用兩個要訣就好了！

- 奇餘原則：不論是 $\varphi=n*90°±\theta$，或 $\varphi=\theta±n*90°$，如果 n 是奇數，那麼要計算 $f(\varphi)$，就要把函數 f, co- 一下！（多了個「餘」字，正弦 sin 變餘弦 cos，餘弦 cos 變正弦 sin，等等！）再施行到 θ 去：

$$f(\varphi)=±co\,f(\theta)；正負號是暫時未定的$$

例如，$\csc(270°-\theta)=±\sec(\theta)$，這是因為：$270°$ 是 $90°$ 的奇數倍；而 $co\text{-}\csc=\sec$；如果 n 是偶數，則「正餘」不改。

例如，$\cot(180°-\theta)=±\cot(\theta)$。

- 正負號原則：上述暫時未定的正負號，可以如此決定：你就想像 θ 是銳角，$0<\theta<90°$，那麼就可以知道 φ 在哪一個象限，從而決定 $f(\varphi)$ 的正負號，就決定了：$f(\theta)$ 或 $co\,f(\theta)$ 之前的正負號。

例如，$\csc(270°-\theta)=-\sec(\theta)$；$\cot(180°-\theta)=-\tan(\theta)$。

【共軛原理】

共軛化 Cj 乃是 $x\longmapsto x$，$y\longmapsto -y$（由此得到函數的奇偶性：）

$$\cos(-\theta)=\cos(\theta)；\sin(-\theta)=-\sin(\theta)$$

【直轉原理】

「轉直角」乃是 $z=(x+jy)\longmapsto j*z=(-y+jx)$

$$\cos\left(\theta+\frac{\pi}{2}\right)=-\sin(\theta)；\sin\left(\frac{\pi}{2}+\theta\right)=\cos(\theta)$$

【轉平角原理】

「轉平角」乃是 $z=(x+jy)\longmapsto -z=(-x)+j(-y)$：（也就是反向）

$$\cos(\theta+\pi)=-\cos(\theta)；\sin(\pi+\theta)=-\sin(\theta)$$

【餘角原理】

「取餘角」乃是 $x\longmapsto y$，$y\longmapsto x$

$$\cos\left(\frac{\pi}{2}-\theta\right)=\sin(\theta)；\quad \sin\left(\frac{\pi}{2}-\theta\right)=\cos(\theta)$$

【補角原理】

「取補角」乃是 $x \longmapsto -x,\ y \longmapsto y$

$$\cos(\pi - \theta) = -\cos(\theta) ; \sin(\pi - \theta) = \sin(\theta)$$

例題2 求 $\dfrac{\sin(-\theta)}{\sin(180° + \theta)} + \dfrac{\tan(90° + \theta)}{\cot(\theta)} + \dfrac{\cos(\theta)}{\sin(90° - \theta)} = ?$

習題2

計算如下式子：（但記住：$\dfrac{\pi}{6} = 30°$; $\dfrac{\pi}{3} = 60°$; $\dfrac{\pi}{4} = 45°$; $\dfrac{\pi}{2} = 90°$）

1. $\csc(-1380°)$

2. $\sec(60°) + \sin(210°) - \cot(315°)$

3. $\cos\left(\dfrac{\pi}{3}\right) \tan\left(\dfrac{5\pi}{6}\right) + \sin\left(\dfrac{31\pi}{4}\right) \cos\left(\dfrac{13\pi}{3}\right)$

4. $\dfrac{\sin(360° + t)}{\cos(90° - t)} + \dfrac{\cos(-t)}{\sin(90° + t)} - \dfrac{\tan(270° - t)}{\cot(180° - t)} + \sin(90° - t)\sec(360° + t)$

例題3 求 $f(t) := 1 - 2\sin^2(t) + 4\cos(t)$ 的極大與極小。

 這是在考驗我們對於平方關係的了解！事實上，若令 $u := \cos(t)$，則：

$$f(t) = 1 - 2(1 - u^2) + 4u = 2u^2 + 4u - 1$$
$$= 2(u^2 + 2u + 1) - 3 = 2(u + 1)^2 - 3 =: g(u)$$

這裡，$u = \cos(t)$ 的變化範圍是：$-1 \le u \le 1$，而在這個範圍內，$g(u)$ 的極大是當 u 離 $u + 1 = 0$ 越遠越好，此即當 $u = 1$，$t = 0 \ (\bmod\ 360°)$ 時，極大值是：$g(1) = 5$。

至於 $g(u)$ 的極小，當然是在 $u + 1 = 0$，$u = -1$，$t = 180° \ (\bmod\ 360°)$ 時，其時之極小值為 $g(-1) = -3$。

【三角函數的單調性】

我們知道：$Cis(\theta) = \cos(\theta) + j\sin(\theta)$ 一定在么圓上，實部 $\cos(\theta)$ 是在橫軸上的投影，那麼，當 θ 在第三、第四象限變動時，$\cos(\theta)$ 是遞增的：θ 增加則跟著增加，θ 減少則跟著減少；反之，θ 在第一、第二象限變動時，$\cos(\theta)$ 是遞減的：θ 增加則跟著減少，θ 減少則跟著增加。

虛部 $\sin(\theta)$ 是 $Cis(\theta)$ 在縱軸上的投影，那麼，當 θ 在第四、第一象限變動時，$\sin(\theta)$ 是遞增的：θ 增加則跟著增加，θ 減少則跟著減少；反之，θ 在第二、第三象限變動時，$\sin(\theta)$ 是遞減的：θ 增加則跟著減少，θ 減少則跟著增加；至於 tan，它在第四、第一象限變動時，是遞增的。在第二、第三象限變動時，也還是遞增的，但是它在 90° 的奇數倍時，其實是有間斷！

【三角函數的周期性】

$$\sin(n * 360° + \theta) = \sin(\theta)$$
$$\cos(n * 360° + \theta) = \cos(\theta)$$
$$\tan(n * 180° + \theta) = \tan(\theta)$$

（實際上，$\sin(180° + \theta) = -\sin(\theta)$，$\cos(180° + \theta) = -\cos(\theta)$，結果負負得正。）

【反三角函數】

例如說，給了 θ，求 $\sin(\theta) = u$，當然有顛倒的問題：給了 u，要反求一個 θ。那這叫做反正弦函數，記做：$\theta = \arcsin(u)$。

當然這裡有些限制：必須 $|u| \leq 1$，才有解答！而且，如果有一個解答，那就一定有「無窮多個」解答！這是由於補角原則與周期原則：

$$\sin(\theta) = \sin(180° - \theta) = \sin(360° + \theta)$$

註 主值規約：於是，在 $|u| \leq 1$ 的限制下，我們就規定在所有滿足 $\sin(\theta) = u$ 的角度 θ 當中，選一個，這就是計算器中的 $\arcsin(u)$。（arc 的原意是「弧」，但是在此，它就翻譯為「反」。）所有的三角函數也如此有規約！列表如下：

反函數	變數限制	主值範圍
arcsin	$-1 \leq u \leq 1$	$-90° \leq \theta \leq 90°$
arccos	$-1 \leq u \leq 1$	$0° \leq \theta \leq 180°$
arctan	$-\infty < u < \infty$	$-90° < \theta < 90°$
arccot	$-\infty < u < \infty$	$0° < \theta < 180°$
arcsec	$|u| \geq 1$	$0° \leq \theta < 180°$，但 $\theta \neq 90°$
arccsc	$|u| \geq 1$	$0° < |\theta| \leq 90°$

註 我們必須練習 mod 的寫法，這是很方便的記號！

我們用記號 $u \equiv v \pmod s$ 表示：「$(u-v)$為 s 的整數倍」，讀法是：「u 等於 v 加減 s 的整倍數」。所以，講 arcsin, arccos 都是 mod $(2\pi)=$ mod $(360°)$；至於 arctan，則是只定到 mod $\pi=$ mod $(180°)$ 而已！

17.3 加法公式

【Euler虛指數原理】

$$Cis(\theta + \varphi) = Cis(\theta) * Cis(\varphi)$$

但是 $Cis(\theta) = \cos(\theta) + j\sin(\theta)$，因此，由虛虛實實原理，得到：

【三角函數的加法公式】

$$\cos(\theta + \varphi) = \cos(\theta) * \cos(\varphi) - \sin(\theta) * \sin(\varphi)$$

$$\sin(\theta + \varphi) = \sin(\theta) * \cos(\varphi) + \cos(\theta) * \sin(\varphi)$$

$$\tan(\theta + \varphi) = \frac{\tan(\theta) + \tan(\varphi)}{1 - \tan(\theta) * \tan(\varphi)}$$

如何證明這個加法原理？我們只要思考複數相乘的意義就好了！這個 Euler 虛指數原理，實質上就是說：

【旋轉原理】

用「單位複數 $\gamma = Cis(\varphi)$ 去乘任何複數 z」（即 Gauss 平面上的一點 P），乃是個旋轉：把線段 $\overline{OP}$ 繞原點 O 旋轉了角度 φ。

假設：複數 $z = \rho * Cis(\theta)$ 用一點 $P = (x, y)$ 來代表，即：

$$z = x + j * y = \rho * (\cos(\theta) + j * \sin(\theta))$$

現在乘以 $\gamma = Cis(\varphi) = \cos(\varphi) + j * \sin(\varphi)$，（設之為 Gauss 平面上的點 E_1），得到複數

$$z_1 := \rho * Cis(\theta_1) = \gamma * z = Cis(\varphi) * \rho * Cis(\theta)$$

對應到 Gauss 平面上的點 P_1；而前面已經說過：$\triangle EOP$ 與 $\triangle E_1OP_1$ 是合同

的：$|z_1|=OP_1=OP=|z|$，$OE_1=1=OE$，$E_1P_1=EP$，那麼：

$$\angle E_1OP_1=\angle EOP=\theta$$

於是

$$\theta_1=\angle EOP_1=\angle EOE_1+\angle E_1OP_1=\varphi+\theta$$

這就證明了 Euler 虛指數原理！

注意到：對於 tan，只要把 sin 與 cos 的兩個加法公式相除，再於分子分母都同除以 $\cos(\theta)\cos(\varphi)$，就好了！

【減法公式與對稱交錯】

$$\cos(\theta-\varphi)=\cos(\theta)*\cos(\varphi)+\sin(\theta)*\sin(\varphi)$$

$$\sin(\theta-\varphi)=\sin(\theta)*\cos(\varphi)-\cos(\theta)*\sin(\varphi)$$

$$\tan(\theta-\varphi)=\frac{\tan(\theta)-\tan(\varphi)}{1+\tan(\theta)*\tan(\varphi)}$$

例題 1 已知 $\tan(\theta)=\dfrac{12}{5}$ 與 $\tan(\varphi)=\dfrac{-3}{4}$，求 $\tan(\theta\pm\varphi)$。

解 $\tan(\theta\pm\varphi)=\dfrac{\dfrac{12}{5}\mp\dfrac{3}{4}}{1\pm\dfrac{12}{5}\dfrac{3}{4}}=\dfrac{48\mp15}{20\pm36}=\dfrac{33}{56}$ 或 $\dfrac{63}{-16}$

例題 2 已知 $\sin(\theta)=\dfrac{12}{13}$ 與 $\sin(\varphi)=\dfrac{-3}{5}$，求 $\sin(\theta\pm\varphi)$。

解 當然，$\cos(\theta)=\pm\dfrac{5}{13}$ 與 $\cos(\varphi)=\pm\dfrac{4}{5}$，正負號曖昧不明而且兩者互不相涉！共有四種可能的答案！

$$\sin(\theta\pm\varphi)=\pm\dfrac{5}{13}*\dfrac{3}{5}\pm\dfrac{12}{13}\dfrac{4}{5}=\pm\dfrac{33}{65} \text{ 或 } \pm\dfrac{63}{65}$$

註 如何背公式？

如果知道 $\tan(\theta)$ 與 $\tan(\varphi)$，不必知道 θ 與 φ，就能夠知道 $\tan(\theta\pm\varphi)$ 了！

而且，若 $\tan(\theta),\tan(\varphi)$ 都是有理數，則 $\tan(\theta\pm\varphi)$ 也是有理數！

如果知道 $\sin(\theta)$ 與 $\sin(\varphi)$，（而不知道 θ 與 φ，）就不能夠知道 $\cos(\theta)=\pm\sqrt{1-\sin^2(\theta)}$ 與 $\cos(\varphi)=\pm\sqrt{1-\sin^2(\varphi)}$。（兩個正負號都曖昧不明！）

反過來說：如果知道 $\cos(\theta)$ 與 $\cos(\varphi)$，（而不知道 θ 與 φ，）也不能夠明確知道 $\sin(\theta), \sin(\varphi)$。

要定出 $\sin(\theta \pm \varphi)$，或 $\cos(\theta \pm \varphi)$，都必須明確知道：θ 的正餘弦與 φ 的正餘弦！而且：必定是由兩角各定出一個函數值，相乘，另外的一個函數值也相乘，兩項再加減！

在 $\sin(\theta \pm \varphi)$ 時，每項乘積都是「混的」，$\sin(\theta) * \cos(\varphi)$，或 $\cos(\theta) * \sin(\varphi)$。

在 $\cos(\theta \pm \varphi)$ 時，每項乘積都是「純的」，$\cos(\theta) * \cos(\varphi)$，或 $\sin(\theta) * \sin(\varphi)$。

最後要確定「加減號」！要注意交錯性與對稱性！

$$\sin(\theta - \varphi) = -\sin(\varphi - \theta) \, ; \, \sin(\theta + \varphi) = \sin(\varphi + \theta)$$
$$\cos(\theta + \varphi) = \cos(\varphi + \theta) \, ; \, \cos(\theta - \varphi) = \cos(\varphi - \theta)$$

故 $\sin(\theta + \varphi)$ 只有一個寫法！$\cos(\theta + \varphi) = \cos(\theta) * \cos(\varphi) \mp \sin(\theta) * \sin(\varphi)$ 稍稍奇怪，你可以這樣子去除加減號的困擾：想像 θ, φ 都是很小的正的角度，此時，$\cos(\theta), \cos(\varphi)$ 都是小於但接近 1 的正數，$\sin(\theta), \sin(\varphi)$ 都是很小的正數！但是最重要的是：在第一象限中，角度越變大，則 $\cos$ 越變小！如此就確定了其中的加減號！

【二倍角公式】

$$\sin(2\theta) = 2\sin(\theta) * \cos(\theta)$$
$$\cos(2\theta) = 2\cos^2(\theta) - 1 = 1 - 2\sin^2(\theta) = \cos^2(\theta) - \sin^2(\theta)$$
$$\tan(2\theta) = \frac{2\tan(\theta)}{1 - \tan^2(\theta)}$$

註 如果知道 $\tan(\theta)$，就能夠知道 $\tan(2\theta)$ 了！

如果知道 $\cos(\theta)$（而不明確知道 $\sin(\theta)$，卻）就能夠知道 $\cos(2\theta)$ 了。

事實上，如果知道 $\sin(\theta)$ 也就能夠算出 $\cos(2\theta)$ 了！

但如果知道 $\sin(\theta)$（而不明確知道 $\cos(\theta)$，）就不能夠知道 $\sin(2\theta)$ 的正負號！

【習題：三倍角公式】

$$\sin(3\theta) = 3\sin(\theta) - 4\sin^3(\theta)$$
$$\cos(3\theta) = 4\cos^3(\theta) - 3\cos(\theta)$$

【三角多項式】

用 $\sin(\theta), \cos(\theta)$，乘來乘去，加來加去，乘上個常數，等等，這樣子得到的叫做三角多項式。所以，$\sin(2\theta), \cos(2\theta)$ 都是（θ 的）三角二次式。$\sin(3\theta), \cos(3\theta)$ 都是（θ 的）三角三次式。

【習題：半角公式】

餘弦的二倍角公式，有三種寫法，我們寫的順序就是先寫最有用的！

於是，由 $\cos(2\theta)$，用二次方程來看，就可以反求 $\cos(\theta)$ 與 $\sin(\theta)$。如此得到半角公式：

$$\sin\left(\frac{t}{2}\right) = \pm\sqrt{\frac{1-\cos(t)}{2}}$$

$$\cos\left(\frac{t}{2}\right) = \pm\sqrt{\frac{1+\cos(t)}{2}}$$

$$\tan\left(\frac{t}{2}\right) = \frac{1-\cos(t)}{\sin(t)} = \frac{\sin(t)}{1+\cos(t)}$$

【deMoivre-Euler 的倍角公式】

由 Euler 虛指數原理，我們就得到，例如說：$Cis(2\theta) = Cis(\theta) * Cis(\theta)$；那麼：

$$\cos(2\theta) + j * \sin(2\theta) = (\cos(\theta) + j\sin(\theta))^2 = \cos^2(\theta) - \sin^2(\theta) + 2j\sin(\theta)\cos(\theta)$$

虛實原理就讓我們同時得到正弦與餘弦的兩倍角公式。其他，如三倍角公式等等，也都可以如此導出！

$$(\cos(\theta) + j\sin(\theta))^n = \cos(n * \theta) + j\sin(n * \theta)$$

【轉軸公式】

設我們將坐標軸旋轉了 ω 角，得到新坐標系$(O-x'y')$；於是一點 P 原來的坐標 (x, y) 變為新坐標 (x', y')；然則：

$$x' = x\cos\omega + y\sin\omega$$
$$y' = y\cos\omega - x\sin\omega$$

這其實是一種相對論！我們用複數（也就是極坐標）的寫法：

假設 P 點原本的卡氏坐標是 (x, y)，極坐標是 (ρ, θ)

轉變為新坐標系 $(O-x'y')$ 之後，P 點的新的卡氏坐標是(x', y')，極坐標是 (ρ', θ')

那麼：

$$x + j * y = \rho * (\cos(\theta) + j * \sin(\theta))$$
$$x' + j * y' = \rho' * (\cos(\theta') + j * \sin(\theta'))$$

但是，在新坐標系看起來，$\rho = OP$ 是距程，不會改變！$\rho = \rho'$。

而新的輻角為 $\varphi' = \varphi - \omega$；那麼，代入之後，又利用虛虛實實原理，就得到證明！

如右圖中，舊軸 Ox 轉到新軸 Ox'，

轉角為 $\omega = \angle xOx'$

舊坐標 $x = OQ$，$y = QP$

新坐標 $x' = OQ'$，$y' = Q'P$

舊輻角 $\theta = \angle QOP$

新輻角 $\theta' = \angle Q'OP$

距程 $\rho = \rho' = OP$

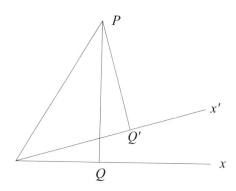

基礎坐標幾何

三角函數的一些代數

【很奇怪的因式分解公式】

$$\sin(x+y) * \sin(x-y) = \sin^2(x) - \sin^2(y)$$

看起來很像：$(u+v)*(u-v)=u^2-v^2$

事實上，$\sin(x \pm y) = \sin(x)*\cos(y) \pm \cos(x)*\sin(y)$，於是，就用這公式

到 $u = \sin(x)*\cos(y)$，$v = \cos(x)*\sin(y)$，那麼：

$$\sin(x+y)*\sin(x-y) = u^2 - v^2 = \sin^2(x)*\cos^2(y) - \cos^2(x)*\sin^2(y)$$

$$= (\sin^2(x)*\cos^2(y) + \sin^2(x)*\sin^2(y)) - (\cos^2(x)*\sin^2(y) + \sin^2(x)*\sin^2(y))$$

$$= \sin^2(x) - \sin^2(y)$$

【積化和差公式】

（只要把右側展開整理就好了！）

$$2\sin s \cos t = \sin(s+t) + \sin(s-t)$$

$$2\cos s \cos t = \cos(s+t) + \cos(s-t)$$

$$2\sin s \sin t = \cos(s-t) - \cos(s+t)$$

【和差化積公式】

（只要把上公式代以 $u=s+t$，$v=s-t$ 就好了！）

$$\sin u + \sin v = 2\sin\frac{u+v}{2}\cos\frac{u-v}{2}$$

$$\cos u + \cos v = 2\cos\frac{u+v}{2}\cos\frac{u-v}{2}$$

$$\cos u - \cos v = 2\sin\frac{u+v}{2}\sin\frac{v-u}{2}$$

【三角等差公式】

n 為自然數，$b = a + n*d$，

$$\sin(a) + \sin(a+d) + \sin(a+2d) + \cdots + \sin(b) = \frac{\sin\left(b+\frac{d}{2}\right) - \sin\left(a-\frac{d}{2}\right)}{2\sin\left(\frac{d}{2}\right)}$$

$$\cos(a)+\cos(a+d)+\cos(a+2d)+\cdots+\cos(b)=-\frac{\cos\left(b+\frac{d}{2}\right)-\cos\left(a-\frac{d}{2}\right)}{2\sin\left(\frac{d}{2}\right)}$$

你不用背公式！只要記得：把「公差角度 d 的一半的正弦的兩倍」
（即：右側的分母！）乘到左側來！

然後就用積化和差法，到每一項去！

例題 1　$\cos\left(\dfrac{360°}{7}\right)+\cos\left(\dfrac{720°}{7}\right)+\cos\left(\dfrac{1080°}{7}\right)=\,?$

解　（公差角度 $d=\dfrac{360°}{7}$）故「乘以再除以」$2\sin\left(\dfrac{180°}{7}\right)$，得：原式 =

$$=\left(\frac{1}{2\sin\left(\frac{180°}{7}\right)}\right)乘以$$

$$\left(\left[\sin\left(\frac{540°}{7}\right)-\sin\left(\frac{180°}{7}\right)\right]+\left[\sin\left(\frac{900°}{7}\right)-\sin\left(\frac{540°}{7}\right)\right]+\left[\sin\left(\frac{1260°}{7}\right)-\sin\left(\frac{900°}{7}\right)\right]\right)$$

$$=\frac{\sin\left(\frac{1260°}{7}\right)-\sin\left(\frac{180°}{7}\right)}{2\sin\left(\frac{180°}{7}\right)}=\frac{-\sin\left(\frac{180°}{7}\right)}{2\sin\left(\frac{180°}{7}\right)}=\frac{-1}{2}$$

在三角形 $\triangle ABC$ 中，三邊長記為 $a=\overline{BC}$ 等，三個（幾何的）夾角記為 $\angle A$
等，（它們都在 0 與 $\pi=180°$ 之間！）則有如下諸定律：

【正弦定律】

$$\frac{a}{\sin\angle A}=\frac{b}{\sin\angle B}=\frac{c}{\sin\angle C}\ (=2R)$$

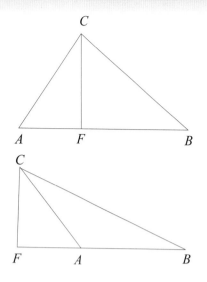

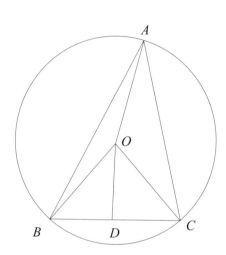

上左圖，各是銳角與鈍角 $\triangle ABC$ 的情形。

作高線 $\overline{CF}$ 到 $\overleftrightarrow{AB}$。於是高線長

$$CF = h_C = b * \sin(A) = a * \sin(B)$$

這只要看直 $\triangle ACF, \triangle BCF$ 就好了！於是：

$$\frac{a}{\sin(A)} = \frac{b}{\sin(B)}$$

（然後是「同理可證」！）

上右圖是作外接圓（設其半徑 $= R$）。$a = \overline{BC}$ 的中垂線是 $\overline{OD}$。
然則：$\angle BOD = \angle COD = \angle BAC$。這就得到

$$\frac{a}{2} = BD = R * \sin(A)\ ；\ \frac{a}{\sin(A)} = 2R$$

（然後是「同理可證」！）

註 外接圓半徑：右圖的證明有個副產品：得到外接圓半徑的公式。通常講
正弦定律，只講到邊長與角的正弦正比！

【餘弦定律】

‥‥‥‥‥‥‥‥‥‥‥‥‥‥‥‥‥‥‥‥‥‥‥‥‥‥‥‥‥‥‥‥‥

（要會輪換！請填空。）

$$a^2 = b^2 + c^2 - 2bc\cos(A)$$
$$b^2 =$$
$$c^2 =$$

（上左圖！）記 $p = b * \cos(A) = AF$（於上圖銳角 $\angle A$）或 $= -FA$（於下圖鈍角 $\angle A$，）又記 $FB = q$。則：

$$h_C^2 + p^2 = b^2，h_C^2 + q^2 = a^2$$

故得

$$a^2 = b^2 - p^2 + q^2 = b^2 - p^2 + (c-p)^2 = b^2 + c^2 - 2cp$$

註 若 $\angle C = 90°$，則：

$$c^2 = a^2 + b^2；\cos(C) = 0$$

故餘弦定律就是 Pythagoras 定律的推廣！

【射影定律】

$$a =$$
$$b =$$
$$c = a\cos(B) + b\cos(A)$$

（上左圖！）$c = AB = AF + FB$。當然要注意銳角與鈍角影響到餘弦（投影）的正負！

例題2 試由正弦定律導出餘弦定律！

要注意「量綱」，量綱就是「物理量的單位」。這裡的餘弦定律，當然兩側的量綱都是面積，即長度平方。對於三個邊長 a, b, c 是「齊」「二次式」。「齊」字很重要！齊次式的要點在比例！

那麼，由（弱的）正弦定律，我們得到 $a = k * \sin(A)$ 等三式，（不需要知道 $k = $ 外接圓直徑！）就可以計算：

$$a^2 = k^2\sin^2(A)$$

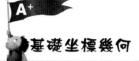
$$b^2 + c^2 - 2b * c * \cos(A) = k^2 * (\sin^2(B) + \sin^2(C) - 2\sin(B)\sin(C)\cos(A))$$

所以只要證明下式就好了：

$$\sin^2(B) + \sin^2(C) - \sin^2(A) = 2\sin(B)\sin(C)\sin(A)$$

現在用

$$\sin(B) = \sin(\pi - (A + C)) = \sin(A + C)$$

$$\sin^2(C) - \sin^2(A) = \sin(C + A) * \sin(C - A) = \sin(B) * \sin(C - A)$$

則括出公因子，再和差化積：

$$\sin^2(B) + \sin^2(C) - \sin^2(A) = \sin^2(B) + \sin(B) * \sin(C - A)$$

$$= \sin(B) * (\sin(A + C) + \sin(C - A)) = 2\sin(B)\sin(C)\cos(A)$$

例題3 試由餘弦定律導出正弦定律！

 由餘弦定律得：

$$\cos(A) = \frac{b^2 + c^2 - a^2}{2bc}$$

就可以算出 $\sin^2(A) = 1 - \cos^2(A)$，（一切都用邊長 a, b, c 來計算！）於是就算出 $\sin(A)$，因為這裡沒有負號的疑慮！然後我們只要計算出 $\dfrac{\sin(A)}{a}$ 是 a, b, c 的對稱式就好了！

實際上，你不需要去開方！只要算出 $\dfrac{\sin^2(A)}{a^2}$ 是 a, b, c 的對稱式就好了！

事實上：

$$\sin^2(A) = 1 - \cos^2(A) = \frac{(2bc)^2 - (b^2 + c^2 - a^2)^2}{(2bc)^2}$$

故：

$$\frac{\sin^2(A)}{a^2} = \frac{(2bc)^2 - (b^2 + c^2 - a^2)^2}{(2abc)^2}$$

分子是

$$(2bc + b^2 + c^2 - a^2)(2bc - b^2 - c^2 + a^2) = ((b+c)^2 - a^2)(a^2 - (b-c)^2)$$

$$= (b + c + a)(b + c - a)(a + b - c)(a - c + b)$$

果然是 a, b, c 的對稱式！

註 實際上，這個計算就是：（記得前此的 Heron 公式！）

$$\frac{\sin^2(A)}{a^2}=\frac{2s*2(s-a)*2(s-b)*2(s-c)}{(2abc)^2}=\left(\frac{4*\triangle ABC}{2abc}\right)^2$$

故得：

$$2R=\frac{abc}{2\triangle ABC}$$

【正切定律】

（利用正弦定律導出！）

$$\frac{a+b}{a-b}=\frac{\tan\left(\frac{A+B}{2}\right)}{\tan\left(\frac{A-B}{2}\right)}$$

【半角公式】

令半周長 $s=\frac{a+b+c}{2}$，則：

$$\cos\left(\frac{A}{2}\right)=\sqrt{\frac{s(s-a)}{bc}}$$

$$\sin\left(\frac{A}{2}\right)=\sqrt{\frac{(s-b)(s-c)}{bc}}$$

$$\tan\left(\frac{A}{2}\right)=\sqrt{\frac{(s-b)(s-c)}{s(s-a)}}$$

由餘弦定律出發，計算半角函數，而此地絕無正負號的困擾！

$$2\cos^2\left(\frac{A}{2}\right)=1+\cos(A)=\frac{2bc+b^2+c^2-a^2}{2bc}=\frac{2s*2(s-a)}{2bc}$$

$$2\sin^2\left(\frac{A}{2}\right)=1-\cos(A)=\frac{2bc-b^2-c^2+a^2}{2bc}=\frac{2(s-b)*2(s-c)}{2bc}$$

【其它的量】

假設我們已知三邊長，由 $\triangle ABC$ 的 Heron 面積公式，馬上導出內切圓半徑

$$r=\sqrt{\frac{(s-a)(s-b)(s-c)}{s}}$$

其次，各邊上的高也就算出來了：（上左圖的 $CF=h_C$）

$$h_C=\frac{\triangle ABC}{2a}=\frac{\sqrt{s(s-a)(s-b)(s-c)}}{2c}$$

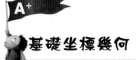
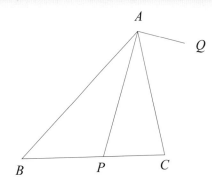

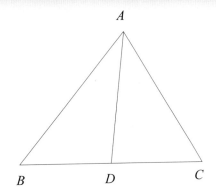

如何計算分角線的長度？

$$t_A = AP = \frac{2bc}{b+c} \cos\left(\frac{A}{2}\right)$$

$$t'_A = \frac{2bc}{|b-c|} \cos\left(\frac{A}{2}\right)$$

如上左圖，利用兩邊夾角的面積公式：

$$\triangle PAB = \frac{t_A * c}{2} \sin\left(\frac{A}{2}\right)$$

$$\triangle PCA = \frac{t_A * b}{2} \sin\left(\frac{A}{2}\right)$$

$$\triangle ABC = \frac{b * c}{2} \sin(A)$$

於是，由：$\triangle PAB + \triangle PCA = \triangle ABC$，得到：

$$t_A * (b+c) * \sin\left(\frac{A}{2}\right) = b * c * \sin(A) = bc * 2 * \sin\left(\frac{A}{2}\right) \cos\left(\frac{A}{2}\right)$$

（外分角線圖上畫不好，你可以自己導出吧！）

如何計算中線的長度？

$$m_A = \frac{1}{2}\sqrt{b^2 + c^2 + 2bc\cos(A)}$$

這是我們知道的平行四邊形定理（p.54）：

$$(2m_A)^2 + a^2 = 2(b^2 + c^2)$$

再配合餘弦定律就好了！

本節的主旨是澄清一些容易混淆的概念。這些概念都牽涉到「角」。

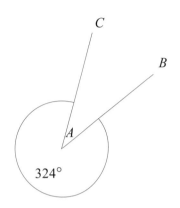
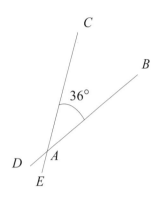

【線段與角的比較】

角和線段是幾何學中最重要的素材。它們有一些可以比較的地方。

線段其實有兩種：有號（或有向）線段與無號（或無向的）線段；後者的度量叫做「長度」，而前者更可以用來代表物理學中的向量。有號線段的要點是：它的兩個端點是不對等的！必須區辨始點與終點！

角也一樣其實有兩三種：有號（或有向）角與無號（或無向的）角；後者的度量叫做「角度」，而前者更可以用來代表物理學中的轉動性的向量。有號角的要點是：它的兩個端邊是不對等的！必須區辨始邊與終邊！

【幾何角，優角與劣角】

幾何中的（無號）角有三個要素。第一個要素是頂點，如上圖中的 A 點。第二個要素是兩邊，如上圖中的 $\overrightarrow{AB}$, $\overrightarrow{AC}$，這是從頂點出發的半線。第三個要素是角域。在上圖中，左右是不同的角域！左方的角域是優角域，右方的角域是劣角域。通常為 $\angle BAC$，都是指劣角域所形成的角。

以角度來說，優角度 $> 180°$（如上左圖的 $324°$），劣角度 $< 180°$（如上右圖的 $36°$）。如上圖，優劣兩角互稱周缺。

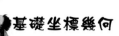

【無號的幾何角】

我們的規約是：寫角 ∠BAC，中間的字母 A 是頂點，而以 $\overrightarrow{AB}$, $\overrightarrow{AC}$ 為兩邊。因此，幾何角

$$\angle BAC = \angle CAB$$

幾何角的「兩邊」，地位完全相等！（並無始終之分。）

【有號的角】

所謂「有號（signed）角」，就是認為「角」除了「角頂點」（vertex）與角的兩「邊」（sides）之外，這兩邊還要分「始」（initial）「終」（final）。

我們就規定：寫「有號 ∠BAC」，意思就是有號角，那麼，$\overrightarrow{AB}$ 是始邊，而 $\overrightarrow{AC}$ 是終邊。

如何度量「有號的角」，這是很需要用心的！因為有號的角度應該解釋為「旋轉的程度」，尤其應該考慮旋向：順時針旋轉或逆時針旋轉。我們已經說過：現在通行的規約是以「逆時針旋轉」的角度為正的有號角度。

但是角度比長度更多了一個麻煩：如果不知道旋轉的過程，單單知道始邊與終邊，我們還是無法確定有號的角度到底是多少！

如上圖，有號 ∠BAC = 36°, 396°, 756°, …, −324°, −684°, …都有可能！這些都是幾何上等價的有號角度！換句話說：相差都是360°的整倍數。

註 如果單單看分針，那麼，從 17' 到 25'，有號角度為何？可能是−48°，也可能是−408°，或者−768°。（負號是因為順時針！）物理上通常很容易決定！（你已經吃過午飯，又開始上課了，所以判斷大約過了一個小時多，那就是−408°。）

【兩直線的交角】

兩直線 $\overleftrightarrow{BD}$, $\overleftrightarrow{CE}$ 若相交於 A，這時候，以 A 點為頂點，其實有四個劣角！如上右圖中的 ∠BAC, ∠CAD, ∠DAE, ∠EAB。

兩個幾何劣角 ∠BAC, ∠DAE，互相是對頂角，因為它們的兩邊（半線！），恰好與對頂的兩邊（半線），連接成一直線！

$$\overrightarrow{AB} \cup \overrightarrow{AD} = \overleftrightarrow{BD} \; ; \; \overrightarrow{AC} \cup \overrightarrow{AE} = \overleftrightarrow{CE}$$

（兩個幾何劣角∠*CAD*, ∠*EAB* 也是對頂。）而對頂的角度相同：

∠*BAC* = ∠*DAE*（如圖中的 = 36°），∠*CAD* = ∠*EAB*（如圖中的 = 144°）

（以上圖的例子來說，這四個角其實各有兩個有號的角。）

我們必須強調：「兩線的交角」這一詞有點危險！就無號的幾何角度來說，還是有兩種可能，這兩個角度是<u>互補的</u>。

【有號與無號的方向】

方向，是個危險的概念，因為它有兩種解釋：一種是「沒有正負號的方向」，一種是「有正負號的方向」。

「向南」、「向北」是不同的方向。（恰好顛倒方向！）這樣講的時候，方向的意思是「有正負號的方向」。

建國南路與復興南路，是相同的方向。這樣講的時候，方向的意思是「沒有正負號的方向」。事實上，建國北路與復興南路，也是相同的方向，建國南路與復興北路，也是相同的方向，都是「南北向」！你單單從這個字眼，（把南與北合在一起講）就知道這個（方）向，指的是「沒有正負號的方向」！如果你講：忠孝東路與忠孝西路是同方向，你的意思是它們都是東西向，指的當然是「沒有正負號的方向」！

如果你講「東北－西南」方向，或者「西北－東南」方向，你指的當然都是「沒有正負號的方向」！

所以，講「一直線的方向」時，指的當然都是「沒有正負號的方向」！

現在有兩部車子以手機通話，「我現在在復興南路上」，而接話者說：「我也在復興南路上，所以我們同方向」！

這就是一個大困擾：他很可能錯。他有一半的機會錯！接話者所說的方向，指的當然是「有正負號的方向」！「我們同方向」，指的是都「向南」，或者都「向北」。否則就是「南轅北轍」了。

通常，靜態的講方向，大都指「無號的方向」，而動態的講方向，大都指「有號的方向」。

以市區交通來說：如果規定某條道路為單行道，當然那時候，那條道路的「路向」就成為「有正負號的方向」了！我們換個眼光來看：此時，它的單行

道有起點！所以，這道路寧可說成是半線，不算直線！

　　我們可以總結一下：半線的方向是「有正負號的方向」，（相差 180° 看成是不同的方向！是反方向！）而「直線的方向」則是「沒有正負號的方向」！（相差 180° 看成是相同的方向！）

【由一直線到一直線的有號轉角】

　　上面說過：「兩線的交角」這一詞有點危險，因為交點是角的頂點，而角的兩邊指的是半線；所以，交角可能是 $\angle BAC, \angle CAD, \angle DAE, \angle EAB$ 四者之中的任一個！

　　我們也說過：改為有號角，就變成有八個，因為要區別始邊（半線）與終邊（半線）。（若要講有號角度，則有四種，如前圖中的 $\pm 36°$, $\pm 144°$，當然不用說可以加上 360° 的倍數。）

　　可是，若我們考慮從一線到一線的有號轉角，問題反倒簡單！這時候，若以 $\overleftrightarrow{BD}$ 為出發的直線，而 $\overleftrightarrow{CE}$ 為終結的直線，那麼，有號角的始邊只能是 $\overrightarrow{AB}$ 或 $\overrightarrow{AD}$，終邊只能是 $\overrightarrow{AC}$ 或 $\overrightarrow{AE}$。因此，這四個有號角：有號 $\angle BAC$, 有號 $\angle DAC$, 有號 $\angle BAE$, 有號 $\angle DAE$，最多只差個 180° 的倍數。

【斜率與方向】

　　我們說過，「直線的方向」是無號的方向，不是有號的方向！另一方面，我們用斜率來代表一直線的方向，我們要問：斜率所代表的是無號的方向嗎？

　　事實上，我們是任取線上兩點，用縱橫坐標差的商 $\dfrac{\Delta y}{\Delta x}$ 來計算斜率，這兩點若對調，則差的計算要變號，但是分子分母同時變號，當然不改變斜率！所以這兩點不分「始終」。

　　一直線的斜率就是：以橫軸或其平行線為始邊，以該直線為終邊的轉角的正切。這個轉角叫做該直線的斜角。

【斜角公式】

直線 $y = m * x + k$ 的斜角是：

$$\theta = \arctan(m)$$

【兩直線的有號轉角公式】

從直線 $y = m_0 x + k_0$ 到直線 $y = m_1 x + k_1$ 的有號轉角是：

$$\arctan\left(\frac{m_1 - m_0}{1 + m_0 m_1}\right)$$

兩直線的斜角各為：$\theta_j = \arctan(m_j)$，若轉角為 φ，則：$\theta_1 = \theta_0 + \varphi$，即：
$\varphi = \theta_1 - \theta_0$，現在利用如下的反正切的加法定理就好了！

【反正切的加法公式】

三角函數的加法定理要反用，有點複雜！只有反正切值得談！

今設：$\tan(\theta_1) = m_1$，$\tan(\theta_2) = m_2$，則有：$\tan(\theta_1 + \theta_2) = \dfrac{m_1 \pm m_2}{1 \mp m_1 m_2}$。因此：

$$\arctan(m_1) \pm \arctan(m_2) = \arctan\left(\frac{m_1 \pm m_2}{1 \mp m_1 m_2}\right)$$

 例題 1 兩直線垂直的條件為何？

解 有號轉角須為 $90°$，其正切為 ∞（無限大），即分式 $\dfrac{m_1 - m_0}{1 + m_0 m_1}$ 的分母 $1 + m_0 m_1 = 0$。

 例題 2 證明圓周角定理。

解 我們想硬算！設單位圓周上有三點

$$A = (\cos(\alpha),\ \sin(\alpha)),\ B = (\cos(\beta),\ \sin(\beta)),\ C = (\cos(\gamma),\ \sin(\gamma))$$

就可以計算斜率：$\sigma(\overline{CA}),\ \sigma(\overline{CB})$，再計算夾角 $\angle ACB$。

$$\sigma(\overline{CA}) = \frac{\sin(\alpha) - \sin(\gamma)}{\cos(\alpha) - \cos(\gamma)} = \frac{2\sin\left(\dfrac{\alpha - \gamma}{2}\right)\cos\left(\dfrac{\alpha + \gamma}{2}\right)}{-2\sin\left(\dfrac{\alpha - \gamma}{2}\right)\sin\left(\dfrac{\alpha + \gamma}{2}\right)} = -\cot\left(\frac{\alpha + \gamma}{2}\right)$$

那麼，同理算出：

$$\sigma(\overline{CB}) = -\cot\left(\frac{\beta+\gamma}{2}\right)$$

於是：

$$\tan\left(\angle ACB\right) = \frac{-\cot\left(\dfrac{\beta+\gamma}{2}\right) + \cot\left(\dfrac{\alpha+\gamma}{2}\right)}{1 + \cot\left(\dfrac{\beta+\gamma}{2}\right)\cot\left(\dfrac{\alpha+\gamma}{2}\right)}$$

利用正切的加法公式，就得到：

$$= \tan\left(\frac{\beta-\gamma}{2} - \frac{\alpha-\gamma}{2}\right) = \tan\left(\frac{\beta-\alpha}{2}\right)$$

這答案與 C 點無關！

CHAPTER 18

[指數函數]

★ 18.1 指數函數

【指數地興盛】

細菌，開始滋長時，是分裂生殖，如果分裂之後到下一次分裂，所需的時間為 λ，那麼，在 t 時刻，細菌的總質量是多少？

假設出發時刻總質量是 $w(0)$，那麼，在 t 時刻，細菌的總質量是

$$w(t) = w(0) * 2^{\frac{t}{\lambda}} = w(0) * A^t$$

（當然 $A = 2^{\frac{1}{\lambda}} > 1$，$w(0) > 0$，）所以很可怕！

當然這個公式只適用於短期間內，滋長的養分「供應無缺」時。

【指數地衰減】

放射性物質，例如「碳十四」，經過一定時間 λ（≈ 5730）年，就只剩下一半！如果剛開始時，質量是 $w(0)$，那麼，在 t 時刻，剩下的質量是

$$w(t) = w(0) * 2^{\frac{-t}{\lambda}} = w(0) * B^t = A^{-t}$$

當然 $B = 2^{\frac{-1}{\lambda}} < 1$，$A = \dfrac{1}{B} > 1$，$w(0) > 0$。

（這個公式倒是不受任何限制：溫度、壓力，什麼都奈何不得它，一直到原子寥寥可數時，才不成立。）

下圖是 $y = A^x$，$y = B^x$ 的圖解，而 $A = 1.105170918, B = 0.9048374180$，因為指數增加得太快了！必須取 A, B 很接近1。

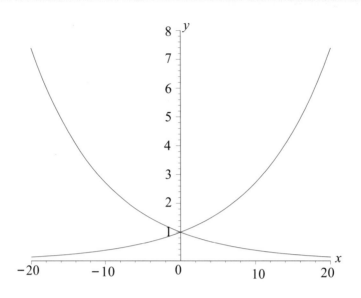

【要旨】

大自然中最重要的函數是指數函數！

對於 $A > 0$，及任意的實數 t，都可以定義正數 A^t。

$$A^0 := 1 \text{ , } A^1 := A \text{ , } A^{-1} = \frac{1}{A}$$

若是自然數 n，我們定義：A^n 是 A 自己乘 n 次，而

$$A^{-n} := \frac{1}{A^n}$$

其次，我們可以找到一個正數 u，使得：$u^n = A$，這是 A 的 n 次方根 $u = \sqrt[n]{A}$，那麼對整數 m，我們就記：

$$A^{\frac{m}{n}} = (\sqrt[n]{A})^m$$

所以，對於有理數 t，我們都可以定義 A^t。而在定義的範圍內，一定有<u>指數律</u>：

$$A^{s+t} = A^s * A^t$$

$$A^{s*t} = (A^s)^t$$

$$(A * B)^t = A^t * B^t$$

最後還有個<u>單調律</u>：若 $A > 1 > B > 0$，

當 $s > t$ 時，則 $A^s > A^t$，$B^s < B^t$

今若 t 非有理數，又將如何定義 A^t？例如 $t = \sqrt{2} = 1.4142\cdots$；那麼，這些有窮位的小數都是有理數：

$$t_1 = 1.4，t_2 = 1.41，t_3 = 1.414，t_4 = 1.4142，\cdots$$

（這數列會越來越接近 $t = \sqrt{2}$，）所以可以定義：

$$A^{1.4}，A^{1.41}，A^{1.414}，\cdots$$

這個數列就會越來越接近 A^t。這就萬事 OK 了！而且，如此定義的指數函數，會滿足指數律與單調律！底數 $A > 1$ 與（$0 <$）$B < 1$，分別是單調遞增、單調遞減，就是上述指數地興盛、指數地衰減的情形！

【換底定理】

所有的指數（興盛）函數，不同的底數，其實只是時間的尺度不同而已！如果 $A > 1, A_1 > 1$，那麼，一定有個 $c > 0$，使得：

$$A_1^t = A^{c*t}$$

（所以這兩個函數圖 $y = A^t, y = A_1^t$，簡直是一樣，只要把（橫軸）t 軸的尺度調節一下！）

如果 $0 < B < 1, 0 < B_1 < 1$，那麼，一定有個 $c > 0$，使得：

$$B_1^t = B^{c*t}$$

（所以這兩個函數圖 $y = B^t, y = B_1^t$，簡直是一樣，只要把（橫軸）t 軸的尺度調節一下！）

實際上，若 $0 < B < 1, A > 1$，那麼，一定有個 $c > 0$，使得：

$$B^t = A^{-c*t}$$

（所以這兩個函數圖 $y = B^t, y = A^t$，簡直是一樣，只要把（橫軸）t 軸先正負顛倒，再將尺度調節一下！）

Euler由此找到宇宙最重要的常數

$$e = 2.71828182845\cdots$$

用它來定義<u>自然指數函數</u>

$$\exp(t) := e^t$$

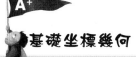

【Cauchy定理】

若有（「不壞的、不恆為零的」）函數滿足了「加法公式」：

$$f(s+t) = f(s) * f(t)$$

那麼，它一定是指數函數：

$$f(t) = e^{c*t}$$

18.2 單頻振動

【de Moivre‑Euler 公式的意義】

我們規定的

$$Cis(\theta) := \cos(\theta) + j\sin(\theta)$$

合乎加法公式：

$$Cis(s+t) = Cis(s) * Cis(t)$$

因此必是個指數函數！但因為它不盛不衰：

$$|Cis(t)| = 1，即使 t 越來越大$$

這必須是一種虛指數！事實上，在高等數學中可以證明：

$$e^{j\theta} = Cis(\theta) = \cos(\theta) + j\sin(\theta)$$

【角速度】

我們日常生活中最常遇到的旋轉運動就是鐘錶的時針、分針與秒針的運動。我們由此就有了物理上<u>角速度</u>這個概念。

為了簡化問題，我們就假定這個鐘是固定在那裡，或者說讓錶就擱在桌面上不動。我們就只看針尖，那麼它的運動就是個<u>等速率圓周運動</u>。它具有「等角速」：在相同時間內掃過相同的角度！角速度的定義就是：將一段時間內這質點（針尖）所掃過的角度，除以所經過的時間。

錶上的三根針其支點在錶面的中心，我們取為平面坐標系的原點。取錶面上的一點，做為基準點，例如，取「時針 12 點整標記處」，定這一點為 N。所

以在整分時，秒針應該在此處，那麼秒針在 60 秒內掃過 360°，由此可知：秒針的角速度為

$$\frac{360°}{60\ 秒} = 6°\ 每秒$$

習題 1 那麼時針與分針的角速度為何？

習題 2 地球繞太陽的角速度為何？

【等速圓周運動定理】

若一質點在半徑 R 的圓上作等速圓周運動，設角速率為 ω，則

其速率固定為　$v = R * \omega$

其加速率固定為　$a = R * \omega^2 = v * \omega$

【單頻振動】

若一質點在半徑 R 的圓上作等速圓周運動，而角速率為 ω，我們要如何描述它的運動狀況呢？

最好取圓心為坐標系的原點，則質點永遠在圓

$$x^2 + y^2 = R^2$$

之上，而任何時刻只要知道質點的輻角 θ，就知道質點的位置 (x, y)：

$$x = R * \cos(\theta)，y = R * \sin(\theta)$$

角速度為 ω，意思就是：質點在時刻 t 的輻角為

$$\theta = \omega * t + \theta_0$$

當然這裡 θ_0，意思就是「初時的輻角」。

現在想像：當一個質點在做這樣子的運動時，將它投影在 x 軸上，那麼也將這個影子看成一個質點，這影子質點所做的運動，當然是在一條線（即 x 軸）上的運動，而可以寫成：

$$x(t) = R * \cos(\theta_0 + \omega * t)$$

這樣子的運動叫做餘弦振動。

完全同樣地，我們如果是考慮投影在 y 軸上的影子的運動，那麼將得到正弦振動：

$$y(t) = R * \sin(\omega * t + \theta_0)$$

數理物理學上，就推廣這個概念，任何一個函數，具有如下形狀的，就稱為單頻振動（也常見到「簡諧運動」的譯詞）：

$$g(t) = g_0 + R * \cos(\omega * t + \theta_0)$$

註 也許你看到的是用 sin 代替cos。但是這兩種式子是一樣的！事實上：

$$R * \cos(\theta_1 + \omega * t) = R * \sin(\omega * t + \theta_2)$$

只要滿足這個條件：$\theta_1 + 90° = \theta_2$。有的人喜歡講正弦波，有的人喜歡講餘弦波。

我們要一再強調：這簡直是和指數函數一樣地重要！這是宇宙間最重要的一類函數。在科學中，它和指數函數相結合，而到處出現！它的解釋是千變萬化：自變數 t 通常是時間，（但也可以是空間，那就改寫為 x, y, z，）而這個隨時間而振動的物理量 $g(t)$，也許是溫度、壓力、濃度、某農產品的「價格」，⋯，應用太廣了！

這裡 g_0 是此振動量的平衡值，或平均值；R 是振幅（amplitude），而 ω 稱為圓頻。週期是 $T = \dfrac{2\pi}{\omega}$，而頻率是週期的倒逆：$v = \dfrac{1}{T} = \dfrac{\omega}{2\pi}$。

【單頻合成定理】

若：

$$g(t) = A * \cos(\omega * t) + B * \sin(\omega * t) + g_0$$

則此為單頻振動，g_0 為平衡值，振幅為 C，而初幅相為 $\theta_0 = -\gamma$：

$$g(t) = g_0 + C * \cos(\omega * t - \gamma)$$
$$C = \sqrt{A^2 + B^2}$$
$$C * \cos(\gamma) = A, \ C * \sin(\gamma) = B$$

這是餘弦加法定理的計算。

 例題 1 求 $g(t) = 2 + 4\cos(t) - 3\sin(t)$ 的極大與極小。

解 $\sqrt{3^2 + 4^2} = 5$，$\arcsin\left(\dfrac{-3}{5}\right) = -36.87° = \gamma$

故：$g(t) = 2 + 5 * \cos(\gamma) * \cos(t) + \sin(\gamma) * \sin(t) = 2 + 5 * \cos(t - \gamma)$

於是：當 $t = \gamma = -36.87°$ 時，$g(t) = 2 + 5 = 7$ 有最大值，而當 $t = \gamma + 180°$ 時，$g(t) = 2 - 5 = -3$ 為最小！

當然，時間點是以 $360° = 2\pi$ 為周期的。

例題 2 畫 $g(t) = 4\cos(t) - 3\sin(t) + 10$ 的圖。

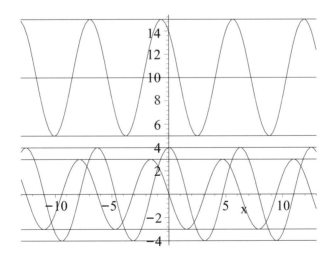

我們特地也畫了正弦成分 $-3\sin(t)$、餘弦成分 $4\cos(t)$ 與常數成分10。也標出極大值15，極小值5。

註 畫 $y = \sin\left(\dfrac{1}{x}\right)$ 的圖。

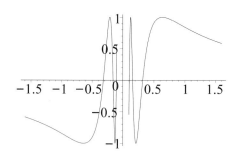

18.3 雙曲函數

我們在 Euler 的虛指數函數公式中，看出它的實部與虛部就是餘弦與正弦函數；另外，我們也知道餘弦函數與正弦函數分別是偶與奇的函數，其實這也可以拿來作為餘弦、正弦函數的定義。

現在我們就可以對實指數函數，以這種偶奇分解，類似地得到雙曲函數！

【Euler 公式】

$$e^t := \cosh(t) + \sinh(t)$$

$$\cosh(-t) := \cosh(t) = \frac{1}{2}(e^t + e^{-t})$$

$$\sinh(-t) := -\sinh(t) = \frac{1}{2}(e^t - e^{-t})$$

於是我們也可以模仿三角函數造出另外的四個雙曲（三角）函數

$$\tanh(t) = \frac{\sinh(t)}{\cosh(t)} = \frac{e^t - e^{-t}}{e^t + e^{-t}} \ , \ \coth(t) = \frac{\cosh(t)}{\sinh(t)} = \frac{e^t + e^{-t}}{e^t - e^{-t}}$$

$$\text{sech}(t) = \frac{1}{\cosh(t)} = \frac{2}{e^t + e^{-t}} \ , \ \text{csch}(t) = \frac{1}{\sinh(t)} = \frac{2}{e^t - e^{-t}}$$

這樣，商除關係與逆數關係當然成立！另外也有

【平方關係】

$$1 = \cosh^2(t) - \sinh^2(t) = \operatorname{sech}^2(t) + \tanh^2(t) = \coth^2(t) - \operatorname{csch}^2(t)$$

【加法定理】

$$\cosh(s + t) = \cosh s \cosh t + \sinh s \sinh t$$
$$\sinh(s + t) = \sinh s \cosh t + \cosh s \sinh t$$
$$\tanh(s + t) = \frac{\tanh s + \tanh t}{1 + \tanh s \tanh t}$$

當然也就有對應的倍角定律！

$$\cosh(2t) = 2\cosh^2 t - 1$$
$$\sinh(2t) = 2\sinh(t)\cosh(t)$$
$$\tanh(2t) = \frac{2\tanh(t)}{1 + \tanh^2(t)}$$

【積化和差公式】

$$2\sinh(s)\cosh(t) = \sinh(s + t) + \sinh(s - t)$$
$$2\cosh(s)\cosh(t) = \cosh(s + t) + \cosh(s - t)$$
$$2\sinh(s)\sinh(t) = \cosh(s + t) - \cosh(s - t)$$

【和差化積公式】

$$\sinh(s) + \sinh(t) = 2\sinh\left(\frac{s + t}{2}\right)\cosh\left(\frac{s - t}{2}\right)$$
$$\cosh(s) + \cosh(t) = 2\cosh\left(\frac{s + t}{2}\right)\cosh\left(\frac{s - t}{2}\right)$$
$$\cosh(s) - \cosh(t) = 2\sinh\left(\frac{s + t}{2}\right)\sinh\left(\frac{s - t}{2}\right)$$

註 我們在上述，依照三角函數的習慣，寫 $\sinh^2(x) := (\sinh(x))^2$，等等。但是指數 -1 卻不行！

雙曲函數和三角函數一樣，是「讀書人的標準配備」！

在科學計算器上，都有這些雙曲函數！通常你就唸做：hyp sine＝sinh（等等）；按鍵也如此！

在解析幾何中，圓的標準寫法是（！）

$$x = \cos(t) , y = \sin(t)$$

而雙曲線的標準寫法是（！）

$$x = \cosh(t) , y = \sinh(t)$$

這就是命名的由來！（事實上三角函數的「標準讀法」是圓函數！）

【反函數】

雙曲函數cosh是偶函數，因此不可能是嵌射的，見下面的註。但是在 $0 \le t < \infty$ 範圍內是嵌射的，映到 $[1..\infty)$ 去！所以有反函數存在：$(\cosh^{-1}=)$arccosh 把區間 $[1..\infty)$ 映到 $[0..\infty)$。

另外也有：arcsinh 把實軸映到實軸；arctanh 把開區間 $(-1..1)$ 映到實軸。

註 這些反雙曲函數和反三角函數也一樣是「讀書人的標準配備」，在科學計算器上都有！通常你就唸做arc hyp sine＝arcsinh（等等）；按鍵也如此！

【反雙曲正切加法公式】

$$\operatorname{arctanh}(u) + \operatorname{arctanh}(v) = \operatorname{arctanh}\left(\frac{u+v}{1+uv}\right)$$

對反函數的註解

【例 子】

現代數學中最重要的觀念是函數。我們先舉一些常見的例子。

甲：把攝氏溫度換算為華氏溫度的函數，記做：FC，故：

$$FC(x) = 32 + 1.8 * x ; \text{例如說：} FC(19.5) = 67.1$$

乙：把華氏溫度換算為攝氏溫度的函數，記做：CF，故：

$$CF(x) = \frac{5}{9} * (x - 32) ; \text{例如說：} CF(50) = 10$$

丙：平方根函數，記做$\sqrt{\ }$。故，例如

$$\sqrt{729} = 27$$

在許多軟體與計算器中，這個函數常記做sqrt(＝square root)。因此這是個有「固定名稱」的函數！通常的函數都沒有「固定名稱」，只是「臨時起意」，臨時命名！有如上面的 *FC, CF*。（有時，甚至於「不須命名」，那就是啞引函數。）

【函數引用】

有了名稱的函數，就成了個「機器」，我們寫 *FC*(19.5)，意思是把「原料」19.5放入這個機器，而得到「產品」67.1。讀的時候，就讀成：*FC* of 19.5 ＝67.1。這裡的 of 就是那個圓括弧。這是「函數引用」的意思：「把原料放進去了！請運轉吧！」平方根函數的引用，如果是寫$\sqrt{729}$，就不用寫括弧，因為不會混淆，（可省則省！）但是你還是應該讀成：the square-root of 729(＝27)，因為還是有「函數引用」。

【反函數】

我們說過：絕大多數的函數都沒有名字！都是臨時給名字。甚至於連平方函數都沒有名稱。真正要寫，寫成 ( )^2，似乎不是辦法！？

當然平方函數和平方根函數應該是「反函數」。

何謂反函數？函數是機器，一個函數的反函數就是其「反向操作」的機器！在我們上述的例子中，*FC*與*CF*，就是互為反函數。因為：例如說，*CF*(50) ＝10，*FC*(10)＝50。對於機器*CF*，原料＝50 則產品＝10，而對於機器*FC*，原料＝10 則產品＝50。

當然平方函數可以寫為 *Sq*（或*Square*），意思是如：*Sq*(7.5)＝56.25。

而$\sqrt{56.25}$＝7.5。所以說：平方函數和平方根函數是反函數。你馬上想到一個麻煩了：

$$(-7.5)^2＝56.25，\sqrt{56.25}＝7.5≠-7.25$$

如果，「不同的原料必定得到不同的產品」則這個機器就稱作是個「嵌射」。只有在這個情形下，說「反函數」（「逆映射」，「反向操作的機器」）才不會有疑義！所以，平方函數「其實沒有反函數」，或者說：平方函數的反函數其實可以有兩種選擇！你可以選正平方根函數，也可以選負平方根

函數。（不要反反覆覆！這叫做連續性規約！）通常的人都同意用正平方根函數。這只是「主值規約」。

我們對於非嵌射的三角函數，（及雙曲餘弦函數，）都擇定了主值。（這適用於一切電腦軟體與電算器！）

18.4 等比級數

【等比級數】

如果有許多數：

$$a_1, a_2, a_3, \cdots, a_n$$

相鄰兩項之間有一定的比例，

$$\frac{a_2}{a_1}=\frac{a_3}{a_2}=\frac{a_4}{a_3}=\cdots=\frac{a_n}{a_{n-1}}=r$$

這就叫做等比數列。（r 叫做公比。我們假定：$r \neq 1$，$r \neq 0$，有聊！）實際上這一來，

$$a_2=a_1*r, a_3=a_1*r^2, a_4=a_1*r^3, \cdots, a_n=a_1*r^{n-1}$$

通常說「等比級數」，指的是把它們加總起來：

$$S_n=a_1+a_2+a_3+\cdots+a_n$$

但是我們都知道：

$$1+x+x^2+x^3+\cdots+x^{n-1}=\frac{1-x^n}{1-x}=\frac{x^n-1}{x-1}$$

所以有

$$S_n=a_1*\frac{1-r^n}{1-r}$$

【無窮等比級數】

例如無限循環小數：

$$0.3737373737\cdots=?$$

我們可以認為這是

$$a_1=0.37，a_2=0.0037=a_1*r, r=\frac{1}{100}, a_3=a_2*r, a_4=a_3*r, \cdots$$

因此，到了加到 n 項，就是：

$$0.37 * \frac{1 - 0.01^n}{1 - 0.01}$$

所以，這個無限循環小數

$$0.3737373737\cdots = \frac{0.37}{0.99} = \frac{37}{99}$$

例題　$1 + \frac{1}{2} + \frac{1}{4} + \frac{1}{8} + \cdots = 2$

【例：Archimedes 的級數】

考慮這條拋物線 $y = x^2$；取其上的兩點 $A = (a, a^2)$，$B = (b, b^2)$，這兩點的連線是：

$$(y - a^2) = (x - a) * \frac{b^2 - a^2}{b - a} = (a + b)(x - a)$$

線段 $\overline{AB}$ 就割出一個弓形域：

$$a < x < b，x^2 < y < a^2 + (b + a)(x - a)$$

要計算它的面積。

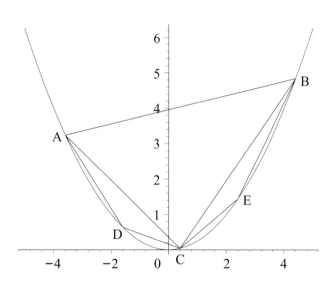

問1 若取這個拋物弧段上的另一點 $C=(c, c^2)$ $(a<c<b)$ ，作出 $\triangle ACB$ ，如何可得最大面積？

解 由公式，

$$\triangle ACB = \frac{1}{2}\begin{vmatrix} 1, & a, & a^2 \\ 1, & b, & b^2 \\ 1, & c, & c^2 \end{vmatrix} = \frac{1}{2}(b-a)(c-a)(b-c)$$

這裡 a, b 是固定的，因此只要取 c 於 $a<c<b$ 之中，使得：$(c-a)(b-c)$ 越大越好！那麼，必須是：

$$c-a=b-c \text{，} c=\frac{a+b}{2}$$

$$\triangle ACB = \frac{1}{2}\left(\frac{b-a}{2}\right)^2(b-a) = \frac{1}{8}(b-a)^3$$

於是Archimedes已經解決了這個求弓形域面積的問題！他先挖掉這塊「最大三角形域」，結果留下兩塊小的弓形域！於是他又再挖掉它們所含的那兩塊「最大三角形域」，依此類推！如此他就「搾盡了」這個弓形域！

【拋物弓形域的搾盡法】

對一個閉區間 $I=[a..b]$ ，它的中點是 $c=\frac{a+b}{2}$ ，這樣子，$x=a, c, b$ 就對應到拋物線 $y=x^2$ 上的三點；

$$A=(a, a^2) \text{，} B=(b, b^2) \text{，} C=(c, c^2)$$

我們就說 $\triangle ABC$ 是「建基於 I 的阿基米德三角形」，記做 $\triangle^0$ 。（這裡，附在 I 與 $\triangle$ 的碼，都只是標籤，不是指數。）

現在把 $I^0=I=[a..b]$ 對分，成為兩個閉區間$[a..c]$ 及$[c..b]$ ，我們又可以分別作出基於$[a..c]$ 及$[c..b]$的阿基米德三角形，這是自 $\triangle^0$ 導出的，這兩個阿基米德三角形記做 $\triangle_1^1$ 及 $\triangle_2^1$ ；如圖中的 $\triangle ADC, \triangle BCE$ 。（我們的圖把 y 軸縮小成 $\frac{1}{4}$ 。）

以下仿此，把 I_k^l 對分成 I_{2k-1}^{l+1} 及 I_{2k}^{l+1} 作出阿基米德三角形（把 $I_1^1=[a..c]$ 及 $I_2^1=[c..b]$ ，對分成 $I_1^2, I_2^2, I_3^2, I_4^2$ 作出新的 Archimedes 三角形 $\triangle_1^2, \triangle_2^2, \triangle_3^2, \triangle_4^2$ ），⋯⋯一直下去。

阿基米德就此算出這些三角形面積的總和，那就是在拋物線上方，AB弦以下部分的面積！（這是積分學的開始！）

先算$\triangle ABC=$？根據公式算出

$$\triangle ABC=\frac{1}{8}(b-a)^3$$

導出的兩個阿氏三角形，「建基」已打對折，故面積成了$\frac{1}{8}$，但有兩個，所以，面積共是$\triangle ABC$的$\frac{1}{4}$倍，以下依此類推。

所以我們得到無窮等比級數：

$$\frac{1}{8}(b-a)^3\left\{1+\frac{1}{4}+\frac{1}{4^2}+\cdots\cdots\right\}$$
$$=\frac{1}{8}(b-a)^3\bigg/\left(1-\frac{1}{4}\right)=\frac{1}{6}(b-a)^3$$

【定理】

拋物弓形域的面積就是其所含最大三角形域面積的$\frac{4}{3}$倍。

問2 在弧AB以下，x軸以上，這一段面積$A'ABB'$為何？

$$梯形 AA'B'B=\frac{1}{2}(A'A+B'B)A'B'$$
$$=\frac{1}{2}(a^2+b^2)(b-a)$$

所以，所求之面積

$$\frac{1}{2}(a^2+b^2)(b-a)-\frac{1}{6}(b-a)^3$$
$$=(b-a)\left(\frac{a^2+b^2+ab}{3}\right)=\frac{1}{3}(b^3-a^3)$$

註 如下左圖是「上下顛倒之！」，成為$y=1-x^2$，而且取對稱的弓形域。

從第0階（1個三角形域），第1階（2個三角形域），第2階（$4=2^2$個三角形域），其相同面積的三角形也畫在右側。

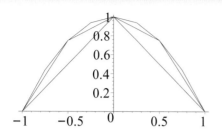

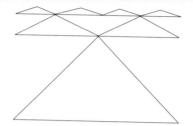

ANSWERS
習題解答

2 CHAPTER

p18. 【習題】

1.(a) 代數的寫法是：$4 < x < 10$，

（用我的）集合的寫法是：$(4..10)$。

1.(b) 代數的寫法是：$x < 1$ 或 $x > 3$，

（用我的）集合的寫法是：$(-\infty..1) \cup (3..\infty)$。

1.(c) 代數的寫法是：$x = -6$ 或者 0，

（用我的）集合的寫法是：$\{-6, 0\}$。

2. 若 $C = x$，則：$d(B, C) = |x - (-3)| = 2 * |x - (-9)|$，即 $|x + 3| = 2 * |x + 9|$。幾何上顯然不允許 $x \geq -3$。

若 $-9 < x < -3$，則 $|3 + x| = -(3 + x) = 2 * |x + 9| = 2 * (x + 9) = 2x + 18$，$3x = -21$，$x = -7$。

若 $x < -9$，則 $|3 + x| = -(3 + x) = 2 * |x + 9| = -2 * (x + 9) = -2x - 18$，$x = -15$。

3.(a) $x = \dfrac{1}{2}$ 或 $\dfrac{-7}{2}$。（與兩點的距離之和 $= 5$，超過兩點的距離。解答在兩點之外！與兩點的中點 -1 之距為 $\dfrac{5}{2}$。）

3.(b) $x = -3$ 或 $x = 1$。（與兩點的距離之和 $= 4 =$ 兩點的距離。解答就是這兩點！與兩點的中點 -1 之距為 2。）

3.(c) 無解！（與兩點的距離之和 $<$ 兩點的距離，矛盾！這是三角不等式！）

3.(d) 無解！（$|x+3|=|x-1|+5$，更靠近1，而遠離-3，但距離之差不可能比此兩點的距離小！這是三角不等式！）

3.(e) 恰好 $x=1$。

3.(f) $x=\dfrac{1}{2}$。（$|x+3|=|x-1|+3$，更靠近1，而遠離-3，距離之差為3，比此兩點的距離小！因此介於兩點之間！故 $x+3=1+|x-1|=1-x+3$。）

4. 故：$|x-3|=x-3\geq 0$，於是，左邊$|x-3|=x-3$，這是恆等式！
（只要 $x\geq 3$。幾何上這叫做「半線」。）

5.(a) $x=-1$ 或5。

5.(b) $-2\leq x\leq -1$。

5.(c) $x<-1$或 $x>5$。

5.(d) $-20<x<-6$。

5.(e) (c)(d)一起看！結果不用看(c)！（(d)保證(c)！）$-20<x<-6$。

p.21 【問1】

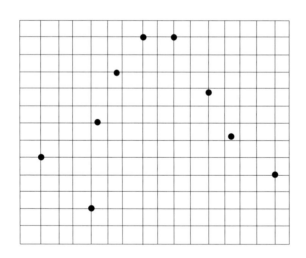

【問2】

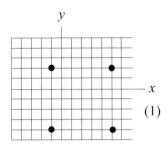

(1)

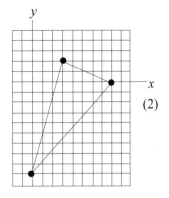

(2)

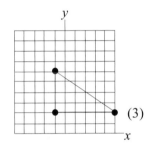

(3)

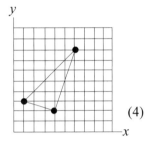

(4)

p.22 【習題】 $B=(-3, 2)$，$C=(0, 1)$，$D=(-4, -4)$，$E=(-2, -5)$，

$F=(4, -3)$，$G=(6, -5)$，$H=(9, -3)$，$I=(6, -1)$

3
CHAPTER

p.25 【習題】

1.(a)-48；(b)$\dfrac{-93}{2}$；(c)-56；(d)-49；(e)$\dfrac{-111}{2}$；(f)-37

2.(a)$\dfrac{-93}{2}$；(b)-56；(c)-120；(d)$\dfrac{-133}{2}$

p.26 【問】（這些問題是自由思考的題目！你可以想一下所有的可能性！）

格子十邊形，無內點

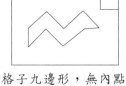

格子九邊形，無內點

格子十邊形，單一內點

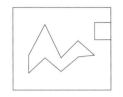

格子九邊形，單一內點

【卡氏格子矩形】設邊長為 m, n，則：

$$I(\mathcal{R}) = (m-1)*(n-1) = m*n - m - n + 1$$

$$B(\mathcal{R}) = m + n + m + n = 2*m + 2*n$$

$$A(\mathcal{R}) = m*n$$

$$A(\mathcal{R}) = I(\mathcal{R}) + \frac{1}{2}B(\mathcal{R}) - 1$$

p.30 【問】加上一點 $D = (9, 5)$，則

$$\triangle ABC = \triangle ABD \setminus (\triangle BCD \cup \triangle CAD)$$

【和的平方公式】

$$A(\square ABED) = u^2$$

$$A(\square EFIH) = v^2$$

$$A(\square ACIG) = (u + v)^2$$

$$A(\square BCFE) = u*v$$

$$A(\square GDBH) = u*v$$

p.35 【問】$s = 12$，面積 $= 12\sqrt{5}$。

p.36 【問】是共線！（畫圖就看出！）

$$AB = \sqrt{5^2 + 10^2} = 5\sqrt{5}，BC = 3\sqrt{5}，CA = 2\sqrt{5}；AB = BC + CA。$$

（用面積計算稍快些？$A(\triangle ABC) = 0$。）

5
CHAPTER

p.55 【問1】斜率為5，在 y 軸上之截距為 -16。

【問2】$\Gamma : y = -7x + 4$。

p.56 【問3】1. 斜率 $\dfrac{-3}{4}$，截距 $\dfrac{5}{4}$。

2. 斜率 $\dfrac{-3}{4}$，截距 $\dfrac{-9}{4}$。

3. 斜率 $\dfrac{-8}{5}$，截距 $\dfrac{11}{5}$。

p.57 【問1】1. $(y-3) = \dfrac{-4}{3} * (x-1)$，$3y + 4x - 13 = 0$。

2. $y + 7x - 10 = 0$。

p.59 【問2】$\dfrac{y+2}{x-1} = \dfrac{5-(-2)}{3-1} = \dfrac{7}{2}$，$2y - 7x + 11 = 0$。

p.60 【問3】$\dfrac{x}{3} + \dfrac{y}{-5} = 1$，$5x - 3y - 15 = 0$。

6
CHAPTER

p.62 【習題】一解是 $C = (7, -9)$，$D = (2, -6)$；
另一解是 $C = (12, -1)$，$D = (8, 2)$。

p.64 【問1】1. 2；2. ∞。

【問2】順次計算各邊斜率，得：

$$\dfrac{1-(-3)}{5-(-3)} = \dfrac{1}{2} \; ; \; \dfrac{5-1}{3-5} = -2 \; ; \; \dfrac{1-5}{-5-3} = \dfrac{1}{2} \; ; \; \dfrac{-3-1}{-3-(-5)} = -2$$

p.67 【習題】

$$78 + 84 + 49 + 69 + 95 + 76 + 81 = 532 \; ; \; \dfrac{532}{7} = 76$$

【煩惱題】把「總平方誤差」改為「總絕對誤差」，請參看 §9.2.1。答案
為 $x = 78$ 時，極小！

【問】$\overline{AP}^2 = (k-x)^2 + (\ell - y)^2$，$\overline{CP}^2 = (m-x)^2 + (n-y)^2$
$\overline{BP}^2 = (m-x)^2 + (y-\ell)^2$，$\overline{DP}^2 = (k-x)^2 + (n-y)^2$

p.69 【習題1】1. 距離 $= \dfrac{15}{\sqrt{13}}$，垂足 $= \left(\dfrac{47}{13}, \dfrac{27}{13} \right)$。

2. 距離 $=\dfrac{7}{\sqrt{5}}$ ，垂足 $=\left(\dfrac{18}{5}, \dfrac{-19}{5}\right)$ 。

3. 距離 $=\sqrt{13}$ ，垂足 $=(-1, 4)$ 。

p.71 【習題3】 1. $\dfrac{17}{2\sqrt{13}}$ ；2. 11 ；3. $\dfrac{24}{\sqrt{71}}$ ；4. 25 ；5. $\dfrac{5}{\sqrt{26}}$ 。

7
CHAPTER

p.74 【習題】 1. $x + 2y - 16 = 0$ ；2. $7x - 4y + 25 = 0$ ；3. $4x + 7y - 31 = 0$ ；
4. $5x - 7y + 23 = 0$ 。

p.76 【考驗題】

1. 中點 $L = (7, 3)$ ，$M = \left(\dfrac{1}{2}, \dfrac{15}{2}\right)$ ，$N = \left(\dfrac{3}{2}, \dfrac{3}{2}\right)$ 。中垂線 LO ：$6y - x - 11 = 0$ ，
   MO ：$3y + 11x - 28 = 0$ ，NO ：$9y - 13x + 6 = 0$ 。

   外心 $O = \left(\dfrac{45}{23}, \dfrac{149}{69}\right)$ 。

2. 高線 AU ：$6y - x - 41 = 0$ ；BV ：$3 * y + 11 * x - 79 = 0$ ；
   CW ：$9 * y - 13 * x - 3 = 0$ 。

   垂心 $H = \left(\dfrac{117}{23}, \dfrac{530}{69}\right)$ 。

3. 中線 AL ：$4y + x - 19 = 0$ ；BM ：$5y + 7x - 41 = 0$ ；CN ：$3y - 5x + 3 = 0$ ；
   重心 $G = (3, 4)$ 。

4. 內角平分線 BI ：$\dfrac{1}{50}(9x + 13y - 33)\sqrt{10} + \dfrac{1}{\sqrt{37}}(y + 6x - 45) = 0$

   CI ：$\dfrac{1}{\sqrt{37}}(y + 6x - 45) + \dfrac{1}{\sqrt{130}}(3x - 11y + 81) = 0$

   AI ：$\dfrac{3x - 11y + 81}{\sqrt{130}} - \dfrac{9x + 13y - 33}{\sqrt{250}} = 0$

   內心 $I = (I_x, I_y)$ ，$I_x = \dfrac{-3}{46}\sqrt{3810} + \dfrac{50}{23}\sqrt{13} - \dfrac{5}{46}\sqrt{370} \approx 3.180776447$

   $I_y = \dfrac{25}{69}\sqrt{13} - \dfrac{13}{138}\sqrt{3810} + \dfrac{50}{23}\sqrt{13} + \dfrac{45}{23} - \dfrac{5}{46}\sqrt{370} \approx 4.598692471$

p.77 【習題1】 取定 $A = (0, 0)$ ，$B = (2, 0)$ ，$D = (2e, 2f)$
   則：$C = (2 + 2e, 2f)$ ，$P = (1, 0)$ ，$R = (2 + e, f)$

$$\overline{DP} : y = \frac{2f}{2e-1}(x-1)$$

$$\overline{DR} : y - f = \frac{f}{e-2}(x-2-e)$$

$$\overline{AC} : y = \frac{f}{1+e}x$$

$$\overline{DP} \cap \overline{AC} : x = \frac{1}{3}(2+2e) , y = \frac{1}{3}2f$$

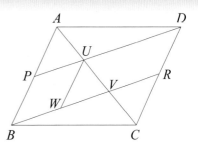

【習題2】這四點 A, B, C, D 是任意的，因此不值得傷腦筋去設置「方便的

坐標系」！（最一般的反倒最方便！）

就設：$A = (a_x, a_y)$（等等！），於是：

$$e_x = \frac{a_x + b_x}{2} ; e_y = \frac{a_y + b_y}{2}$$

$$f_x = \frac{b_x + c_x}{2} ; f_y = \frac{b_y + c_y}{2}$$

$$g_x = \frac{c_x + d_x}{2} ; g_y = \frac{c_y + d_y}{2}$$

$$h_x = \frac{d_x + a_x}{2} ; h_y = \frac{d_y + a_y}{2}$$

$$l_x = \frac{a_x + c_x}{2} ; l_y = \frac{a_y + c_y}{2}$$

$$k_x = \frac{b_x + d_x}{2} ; k_y = \frac{b_y + d_y}{2}$$

要證明「平行」，只須計算斜率：

$$\frac{f_y - e_y}{f_x - e_x} = \frac{c_y - a_y}{c_x - a_x} = \frac{h_y - g_y}{h_x - g_x}$$

$$\frac{h_y - e_y}{h_x - e_x} = \frac{d_y - b_y}{d_x - b_x} = \frac{f_y - g_y}{f_x - g_x}$$

共點當然是重心：$\left(\dfrac{a_x + b_x + c_x + d_x}{2}, \dfrac{a_y + b_y + c_y + d_y}{2} \right)$。

P.78 【習題3】你可以取 $A = (0, 0)$ 為原點。（希望 $\overline{QR}$ 為 x 軸，）就設：

$$B = (2b, -2a) , C = (2c, -2a) , P = (x, -2a)$$

於是：

$$N = (b, -a) , M = (c, -a)$$

那麼：

$$R = (2b - x, 0) , Q = (2c - x, 0)$$

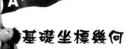

基礎坐標幾何

【習題4】你可以取 $A=(0,0)$ 為原點，$\overline{BC}$ 平行於 x 軸，而高線（中垂線，分角線）為 y 軸；即

$$\overline{AB} : y=m*x \;;\; \overline{AC} : y=-m*x \;;\; \overline{BC} : y=k\;(<0)$$

於是：（$x_2 < x_1 < 0$，$0 < x_3 < x_4$）

$$P=(x_1, mx_1)，Q=(x_2, mx_2)；R=(x_3, -mx_3)，S=(x_4, -mx_4)$$

則：

$$PQ=\sqrt{(x_2-x_1)^2+(y_2-y_1)^2}=\sqrt{1+m^2}\,|x_2-x_1|\;;\; RS=\sqrt{1+m^2}\,|x_4-x_3|$$

那麼，（由於假定 $x_2 < x_1 < 0$，$0 < x_3 < x_4$，）

$$x_4-x_3=x_1-x_2；或 x_4+x_2=x_1+x_3$$

現在只要計算出：

$$M=\left(\frac{x_1+x_4}{2}, \frac{y_1+y_4}{2}\right)，N=\left(\frac{x_2+x_3}{2}, \frac{y_2+y_3}{2}\right)，L=\left(\frac{x_1+x_3}{2}, \frac{y_1+y_3}{2}\right)$$

但是：

$$y_1+y_4=m*(x_4-x_1)；y_2+y_3=m*(x_3-x_2)；果然=y_1+y_4$$

你計算 $LM=LN$ 吧！（$=\frac{x_4-x_3}{2}*\sqrt{1+m^2}$。）

p.82 【習題1】三條直線就是：

$$\overleftrightarrow{PS} : (y-b)=\frac{1-b}{a}*x$$
$$\overleftrightarrow{RQ} : y=\frac{b}{1-a}(x-a)$$
$$\overleftrightarrow{AC} : y=x$$

那麼求交點

$$T=(x,y)=\overleftrightarrow{RQ}\cap\overleftrightarrow{AC}$$

就是解聯立方程組：

$$y=\frac{b}{1-a}(x-a)，y=x$$

得：$x=y=\dfrac{a*b}{a+b-1}$

將它代入方程式：

$$(y-b)=\frac{1-b}{a}*x$$

果然成立，即 $T\in\overleftrightarrow{PS}$。

【習題2】設置 $A=(0, 0)$，$F=(-p, -q)$，$E^-(u, -v)$；（其中，$p, q, u, v>0$
均為正！）那麼：

$$B=2*F=(-2p, -2q)，C=2*E=(2u, -2v)；D=(u-p, -v-q)$$

$$H=(-p-q, -q+p)，G=(u+v, u-v)$$

$$而 HD=\sqrt{(-p+u+p+q)^2+(-q-v+q-p)^2}=\sqrt{(u+q)^2+(v+p)^2}=DG \quad 。$$

8 CHAPTER

p.86 【問1】（只畫了(i), (ii)。）

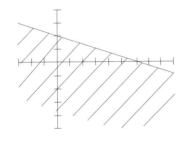 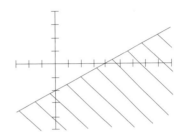

p.87 【問2】繪出聯立不等式：

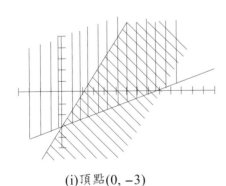

(i)頂點$(0, -3)$ (ii)頂點$\left(\dfrac{-2}{11}, \dfrac{84}{11}\right)$

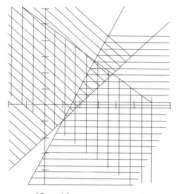 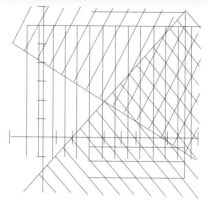

(iii)頂點 $\left(\dfrac{62}{11}, \dfrac{40}{11}\right), (1, -1), \left(\dfrac{48}{17}, \dfrac{45}{17}\right)$ 　　　(iv)頂點$(4, 2), \left(9, \dfrac{-1}{2}\right), (9, 6), (8, 6)$

p.89 【解(ii)】格子點總數？

$$y=3: \quad 3 \leq x \leq 72 \text{（共 70）}$$
$$y=4: \quad 3 \leq x \leq 70 \text{（共 68）}$$
$$y=5: \quad 3 \leq x \leq 67 \text{（共 65）}$$
$$\cdots \quad \cdots \quad \cdots$$
$$y=29: \quad 3 \leq x \leq 7 \text{（共 5）}$$
$$y=30: \quad 3 \leq x \leq 5 \text{（共 3）}$$

因此，格子點總數＝

$(68 + 63 + \cdots + 3) + (70 + 65 + 60 + \cdots + 5)=497 + 525=1022$

對照一下：三角形閉域的面積是1117.5>1022（？）

p.93 【習題】

1.頂點（除了$O=(0,0)$之外，）是：$A=(2,0)$，$C=(0,3)$；$B=\left(\dfrac{20}{19}, \dfrac{45}{19}\right)$；
而$f(x, y)=5 * x + 3 * y$；於是：

$$f(A)= 10 \text{，} f(C)= 9 \text{，} f(B)=\dfrac{235}{19} = 12.35\cdots$$

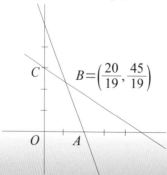 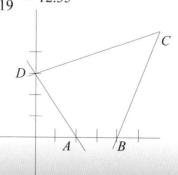

2.可許區域是上右圖中的□ABCD，其中D＝(0, 3)，A＝(2, 0)，B＝(4, 0)；C＝(6, 5)是(i), (iii)的交點！

$f(x, y)＝3 * x + 4 * y$，於是代入計算，得：

$$f(A)＝6，f(B)＝16，f(C)＝38，f(D)＝12$$

極大值38，在極大點C＝(6, 5)處；極小值6，在極小點A＝(2, 0)處。

3.設購第一種機器 x 台，第二種機器 y 台，於是：

$$(i)\ 3 * x + 5 * y \leq 135$$

$$(ii)\ 50 * x + 20 * y \leq 1800$$

可許域是□OABC，$A＝(36, 0)$，$B＝\left(\dfrac{630}{19}, \dfrac{135}{19}\right)$，$C＝(0, 27)$。

（這一題一定是「古時候」的事！當時是一元美金換算有40元新台幣。）我們現在以純利潤 3 萬元當做「一小元」，則利潤函數是 $f(x, y)＝3 * x + 2 * y$，那就得到：

$$f(A)＝108，f(C)＝54，f(B)＝\frac{2160}{19} \approx 113.6\cdots$$

B是極大點，而極大值 $\approx 113.6\cdots * 3＝341$萬元。

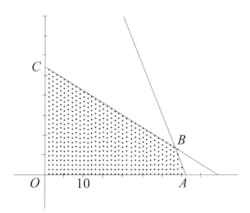

現在的麻煩是：機器只能整架買！可許的只是格子點！B＝(33.1…, 7.1…) 不可能是答案，那麼，域內最接近的格子點(33, 7)才是答案。

9 CHAPTER

p.95 【問1】floor(2.7)＝2，floor(5.02)＝5；floor(−1.6)＝−2；floor(−0.1)＝−1；floor(0.1)＝0

p.97 【問2】

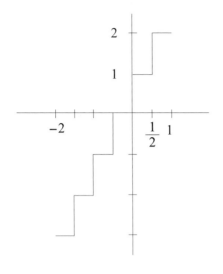

如左的階梯圖，只須考慮：

躍斷點	函數值
−2	−3
−1.5	−2
−1	−1
−0.5	0
0	1
0.5	2
1	3
1.5	4

p.98 【問1】圖形是p.98之右圖。函數值如下：

$x=$	−5	−4	−3	−2	−1	0	1	2	3	4
$y=$	7	5	3	1	−1	−3	−1	1	3	5

p.100【習題】

1.是圖左的下支，極小點在 $\overline{AB}$ 段。

2.是圖左的上支，極小點在 C 點。

3.是圖右的上支，極小點在 $\overline{AB}$ 段。

4.是圖右的下支，極小點在 C 點。

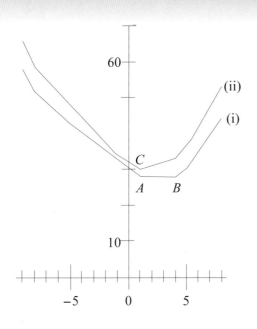

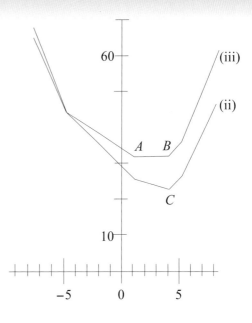

11 CHAPTER

p.116　【問】設所求的圓為 $x^2 + y^2 + Dx + Ey + F = 0$，

將三點坐標分別代入，得到聯立方程式：

$$\begin{cases} 5 + 2D - E + F = 0 \\ 2 + D + E + F = 0 \\ 13 - 2D - 3E + F = 0 \end{cases}$$

得：$D = 1$，$E = 2$，$F = -5$。

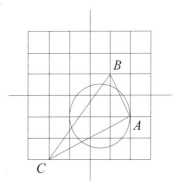

p.118　【習題1】

1.(1) $x^2 + y^2 - 2y - 8 = 0$

(2) $x^2 + y^2 + 12x + 6y + 20 = 0$

2.(1) $(x - 1)^2 + (y + 1)^2 = 0$，這是「點圓」！

(2) $(x+1)^2 + \left(y - \dfrac{5}{4}\right)^2 = \left(\dfrac{5}{4}\right)^2$

3.(1) 設所求的圓為 $x^2 + y^2 + Dx + Ey + F = 0$，將三點坐標分別代入，得：

$72 + 6D - 6E - F = 0$，$26 - D - 5E - F = 0$，$74 + 7D - 5E - F = 0$

解得$E=4$，$D=-6$，$F=12$。

(2) 解聯立方程 $x+3y+7=0$，$3*x-2*y-12=0$

得圓心$(x,y)=(2,-3)$，故圓為

$$(x-2)^2+(y+3)^2=(-1-2)^2+(1+3)^2=25$$

(3) $(x-4)(x-2)+(y-7)(y+3)=x^2+y^2-6x-4y-13=0$

p.119 【習題2】都是設動點為(x,y)

1. $(x-3)^2+y^2+(x+3)^2+y^2=68$；即 $x^2+y^2=5^2$

2. $\left(\dfrac{x+y-6}{\sqrt{1^2+1^2}}\right)^2=x*y$；$(x-6)^2+(y-6)^2=6^2$

3. $\left(\dfrac{x-2y-7}{\sqrt{1^2+2^2}}\right)^2+\left(\dfrac{2x+y-3}{\sqrt{5}}\right)^2=7$。即 $5*x^2-26*x+5*y^2+22*y+23$

$=0$；$\left(x-\dfrac{13}{5}\right)^2+\left(y+\dfrac{11}{5}\right)^2=7$。

【習題3】可設兩定點為$(\pm a,0)$，而常數$=2c^2$；於是得：

$(x-a)^2+y^2+(x+a)^2+y^2=2*c^2$，$x^2+y^2=c^2-a^2$（可設為$=b^2$）

【幾何題】就設四邊為：

$x=\pm1$，$y=\pm1$

$A=(-1,-1)$，$B=(1,-1)$

$C=(1,1)$，$D=(-1,1)$

對角線$\overline{AC}$：$x=y$

點 $P(p,p)$（$0\le|p|<1$）

於是：$E=(p,-1)$，$G=(p,1)$

$F=(1,p)$，$H=(-1,p)$

四點共圓：$x^2+y^2=1+p^2$

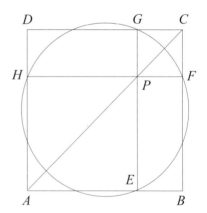

p.121 【習題4】可設圓 c 為么圓：$x^2+y^2=1$

$$B=(-1,0)，C=(1,0)$$

再設 $G=(g,\sqrt{1-g^2})$（$0<g<1$），$F=(g,f)$（$f>\sqrt{1-g^2}$）

於是：

$$FC：y=\frac{f}{g-1}*(x-1)$$

$A=(a_x,a_y)$是此方程式與么圓的聯立解！將此方程式代入圓，得到

$$x^2 + \frac{f^2}{(1-g)^2}(x-1)^2 = 1$$

這個二次方程式，有一根 $x=1$，（對應到 C 點！）故得：

$$a_x = \frac{f^2 - (1-g)^2}{f^2 + (1-g)^2}$$

因此：$a_y = \dfrac{2f(1-g)}{f^2 + (1-g)^2}$

那麼可以算出（兩點式）

$$\overline{BA} : y = \frac{1-g}{f} * (x+1)$$

將 $E = (g, e_y)$ 的 x 坐標代入：

$$e_y = \frac{1-g^2}{f} = DE$$

而 $DF = f$，則得證待證式！

p.121　【例1】的圖在左下，【問1】的圖在右下。

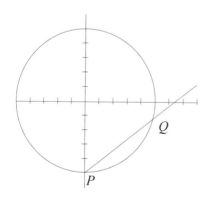 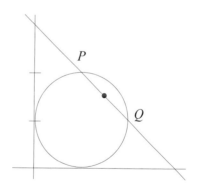

p.122　【問1】弦之兩割點 (x, y) 滿足聯立方程：

$$x + y = 3 ; (x-1)^2 + (y-1)^2 = 1$$

前者 $y = 3 - x$ 代入後者，

$$x^2 - 2x + 1 + 4 - 4x + x^2 = 1, \quad 2x^2 - 6x + 4 = 0 ; x = 1 \text{或} 2$$

$y = 2$ 或 1，割點為 $P = (1, 2)$，$Q = (2, 1)$。弦中點 $= \left(\dfrac{3}{2}, \dfrac{3}{2}\right)$。

【例2】如右圖，切點為：$T = \left(\dfrac{38}{13}, \dfrac{-21}{13}\right)$。

【例3】如下左圖，切點為：$A = \left(3 + \dfrac{12}{\sqrt{5}}, 4 - \dfrac{6}{\sqrt{5}}\right)$。

$B = \left(3 - \dfrac{12}{\sqrt{5}}, 4 + \dfrac{6}{\sqrt{5}}\right)$

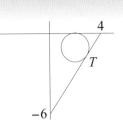

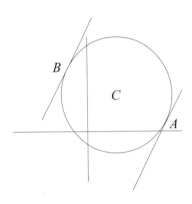

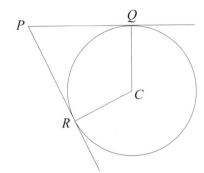

p.123　【例4】如上右圖。

　　　　【問2】$y = 10 \pm \dfrac{4}{7}\sqrt{42}\,(x+3)$。

p.125　【習題1】

　　　　1. $x + y + 1 \pm 3\sqrt{2} = 0$。如下左圖。
　　　　如果圓改為 $(x+2)^2 + (y-1)^2 = 8$，就好算一點！成為 $x + y + 1 \pm 4 = 0$。

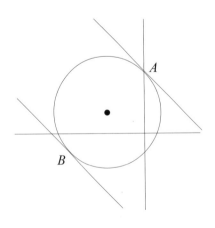

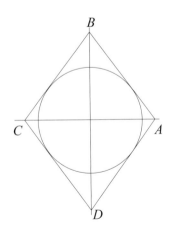

　　　　2. $3x + 4y = 25$。

【習題2】（如上右圖。）要點是注意「奇偶」對稱性！x 改為$-x$，不生影響！同理，y 改為$-y$，不生影響！而且兩者是獨立的！只要在第一象限做些什麼，自動可以在別的象限做同樣的事！

1.有一點是 $y=4.5$，當然$x=\sqrt{7.5^2-4.5^2}=1.5*\sqrt{5^2-3^2}=6$
　故這四點是：$\pm(6, \pm4.5)$。

2.切線有$6x+4.5y=7.5^2$，$8x+6y=75$。

3.當然是菱形！以兩軸為對角線，截距是 $\dfrac{75}{8}$，$\dfrac{75}{6}$。

p.130 圓冪定理【補錄：一般的情形之證明】設割線為（斜截式）
$$y-y'=m(x-x')$$
於是和
$$(x-h)^2+(y-k)^2=r^2$$
來聯立，以求出 $Q=(x_1, y_1)$，$R=(x_2, y_2)$兩點（的坐標）！然後計算：
$$\overline{PQ}*\overline{PR}=\sqrt{(x_1-x')^2+(y_1-y')^2}*\sqrt{(x_2-x')^2+(y_2-y')^2}$$
看起來有點可怕！

這裡要用到兩個高深一些的技巧！

甲：（定理）方程式 $a*X^2+b*X+c=0$ 的兩根，相乘積$=\dfrac{c}{a}$。
乙：令 $X=x-x'$，$Y=y-y'$，則原來的聯立方程式變成：
$$\text{(i) } Y=m*X$$
$$\text{(ii) } (X+(h-x'))^2+(Y+(k-y'))^2-r^2=0$$
如果解出兩組解：$(X_1, Y_1), (X_2, Y_2)$，那麼所要計算的：
$$\overline{PQ}*\overline{PR}=\sqrt{(x_1-x')^2+(y_1-y')^2}*\sqrt{(x_2-x')^2+(y_2-y')^2}$$
$$=\sqrt{X_1^2+Y_1^2}*\sqrt{X_2^2+Y_2^2}=\sqrt{X_1^2(1+m^2)}*\sqrt{X_2^2(1+m^2)}$$
$$=|X_1*X_2|*(1+m^2)$$
今將(i)代入(ii)：
$$X^2+2X(h-x')+m^2Y^2+2mX(k-y')+(h-x')^2+(k-y')^2-r^2=0$$
$$X^2(1+m^2)+2X((h-x')+m(k-y'))+((h-x')^2+(k-y')^2-r^2)=0$$

那麼這個方程式的兩根 X_1, X_2 相乘積

$$X_1 * X_2 = \frac{(h-x')^2 + (k-y')^2 - r^2}{1+m^2}$$

所以算出：

$$\overline{PQ} * \overline{PR} = |(h-x')^2 + (k-y')^2 - r^2|$$

p.133 【習題】

兩圓之交點為

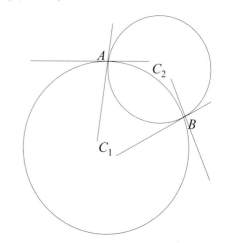

$A = (-2, 2)$，$B = (10, -6)$

A 對圓 c_1 之切線為：$y - 2 = 0$

B 對圓 c_1 之切線為：

$$12x + 5y - 90 = 0$$

A 對圓 c_2 之切線為：$-8x + y - 18 = 0$

B 對圓 c_2 之切線為：$4x - 7y - 82 = 0$

P.136 sas比例定理

【sas比例定理】兩個三角形 $\triangle PAB$，
$\triangle PDC$，有一個角相等，$\angle APB =$
$\angle DPC$，那麼：它們面積的比，其實
就是夾這個角兩邊相乘積的比！

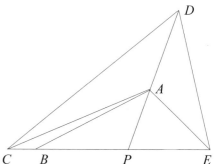

【證】夾角兩邊（延長）線相同，但
是不同長時，夾角兩邊不相同，都是
$\angle DPC = \angle APB$，則面積的比

$$\frac{\triangle PDC}{\triangle PAB} = \frac{\triangle PDC}{\triangle PAC} * \frac{\triangle PAC}{\triangle PAB}$$

此時，$\triangle PDC, \triangle PAC$ 有一邊 $\overline{PC}$ 相同，而面積的比，是高 $\overline{AL}$，$\overline{DM}$ 的
比，因此就是：

$$\frac{\triangle PDC}{\triangle PAB} = \frac{AL}{DM} = \frac{PD}{PA}$$

同理可知：

$$\frac{\triangle PAC}{\triangle PAB} = \frac{PC}{PB}$$

就證明了定理：

$$\frac{\triangle PDC}{\triangle PAB}=\frac{PD}{PA}*\frac{PC}{PB}$$

如果是 $\triangle PCD：\triangle PAE=$？這裡夾角互補！（$\angle DPC \angle APE$ 互為外角）

還是有相同結論：

$$\frac{\triangle PDC}{\triangle PAE}=\frac{PD}{PA}*\frac{PC}{PE}$$

反過來說也對：若兩個三角形面積的比，等於各夾一個角兩邊相乘積的比，則此兩個角，或者相同或者互補！

如此就可以證明「弱的圓周角定理」。

p.161 【有獎題：春分之前】

我們要計算掃過的面積 AFC。這裡，AOC 是全部橢圓域的面積的 $\frac{1}{4}$，因此 $=\frac{\pi a*b}{4}$。要扣掉 $\triangle FOC$ 的面積，即是：

$$|\triangle FOC|=\frac{b*c}{2}=(\pi ab)*\frac{c}{a}*\frac{1}{2\pi}$$

我們以地球離心率 $\frac{c}{a}=\frac{1}{300}$ 來計算，則：

$$\frac{|\triangle FOC|}{\pi ab}=\frac{c}{a}*\frac{1}{2\pi}\approx\frac{1}{1884}$$

折合為

$$\approx\frac{365.2425}{1884}日=4.65\text{ 小時}$$

p.170 【切焦準直角性】取雙曲線：$\frac{x^2}{a^2}-\frac{y^2}{b^2}=1$，焦點 $F=(c, 0)$，準線 $x=\frac{a^2}{c}$（$<a$），$c=\sqrt{a^2+b^2}>0$。

若切點為 $P=(x_0, y_0)$（$x_0>a$），則切線為：$\overline{PT}:\frac{x*x_0}{a^2}-\frac{y_0*y}{b^2}=1$

因此，$T=\left(\frac{a^2}{c},\frac{b^2}{y_0}\left(\frac{x_0}{c}-1\right)\right)$。

現在只要計算斜率：

$$\sigma(\overline{FT})=\frac{\frac{b^2}{y_0}\left(\frac{x_0}{c}-1\right)}{\frac{a^2}{c}-c}；\sigma(\overline{FP})=\frac{y_0}{x_0-c}$$

兩者的乘積 $=-1$。

15 CHAPTER

p.182 　【習題1】$4x^2 + 3xy + 2y^2$，兩者皆非。

p.183 　【習題2】若$4x^2 + 3xy + 2y^2 = f + g$，而 g 交錯，f 對稱，則有

$$(i)：4x^2 + 3xy + 2y^2 = f(x, y) + g(x, y)$$

對調 x, y，得：

$$4y^2 + 3xy + 2x^2 = f(y, x) + g(y, x)$$

但是「交錯」、「對稱」的意思是：$g(y, x) = -g(y, x)$，$f(y, x) = f(x, y)$，因此有

$$(ii)：4y^2 + 3xy + 2x^2 = f(x, y) - g(x, y)$$

此兩式用和差問題的解法就得到：

$$f(x, y) = 3(x^2 + y^2 + xy)；g(x, y) = x^2 - y^2$$

（果然也有：$f(x, y) = g(x, y) = 4x^2 + 3xy + 2y^2$。）

因此，在兩元的情形，任何一個多項式，都可以寫成一個對稱式與一個交錯式的和，而且不會有兩種寫法！但是，在（更）多元的情形，就不見得都可以這麼寫！

【習題3】因為：$x + y + z = 13$，$yz + zx + xy = 17$，而

$$x^3 + y^3 + z^3 - 3xyz = (x + y + z)(x^2 + y^2 + z^2 - yz - zx - xy)$$
$$(x^2 + y^2 + z^2 - yz - zx - xy) = (x + y + z)^2 - 3(yz + zx + xy)$$

（因此算出：$x^3 + y^3 + z^3 - 3xyz = 118$。）

【習題4】三元基本交錯多項式

$$x^2y + y^2z + z^2x - xy^2 - yz^2 - zx^2 = -(y - z)(z - x)(x - y)$$

（正負號當然是隨便你擇定的！）

16 CHAPTER

p.192 　【習題1】計算：

$$(3 - 3j) + (72 - 23j) * (55 + 23j)/(3 + 7j) = \frac{8189 - 15212j}{29}$$

p.193　【習題2】$x=-5$，$y=7$

p.194　【習題3】$z=4-7j$，$z=\dfrac{1}{13}(-32+43j)$

p.204　【習題1】$(180-36.8698)^\circ$；-22.61986495°；$(180+28.0725)^\circ$

p.207　【習題2】Descartes坐標為：$(8,5)$；$(5,8)$；$(-8,-5)$，$(5,-8)$

17 CHAPTER

p.210　【習題】$\cos(36^\circ)=0.8090=\sin(54^\circ)$，$\sin(36^\circ)=0.5878=\cos(54^\circ)$

　　　　　　　　$\cos(18^\circ)=0.9511=\sin(72^\circ)$，$\sin(18^\circ)=0.3090=\cos(72^\circ)$

p.215　【習題1】都化為sin, cos通分，然後用平方關係！

p.217　【習題2】$1.\dfrac{2}{\sqrt{3}}$；$2.\dfrac{5}{2}$；$3.\dfrac{-(\sqrt{2}+\sqrt{3})}{2\sqrt{6}}$；$4.4$

18 CHAPTER

p.241　【習題1】時針的角速度為 $\dfrac{30^\circ}{1\,時}$。分針的的角速度為 $\dfrac{360^\circ}{1\,時}$。

　　　　【習題2】地球繞太陽的角速度平均為

$$\frac{360^\circ}{1\,年}$$

INDEX

［索引］

國家圖書館出版品預行編目資料

楊維哲教授的數學講堂：基礎坐標幾何／楊維
哲作. -- 二版. -- 臺北市 ： 五南圖書出
版股份有限公司, 2023.07
面； 公分
ISBN 978-626-366-290-2（平裝）

1.CST: 數學教育 2.CST: 解析幾何 3.CST:
中等教育

524.32   112010553

ZD22

楊維哲教授的數學講堂—
基礎坐標幾何

編　　著 ― 楊維哲(313.5)

發 行 人 ― 楊榮川

總 經 理 ― 楊士清

總 編 輯 ― 楊秀麗

副總編輯 ― 王正華

責任編輯 ― 張維文

封面設計 ― 陳亭瑋

出 版 者 ― 五南圖書出版股份有限公司

地　　址：106台北市大安區和平東路二段339號4樓

電　　話：(02)2705-5066　　傳　真：(02)2706-6100

網　　址：https://www.wunan.com.tw

電子郵件：wunan@wunan.com.tw

劃撥帳號：01068953

戶　　名：五南圖書出版股份有限公司

法律顧問　林勝安律師

出版日期　2008年9月初版一刷
　　　　　2016年3月初版二刷
　　　　　2023年7月二版一刷

定　　價　新臺幣350元

經典永恆・名著常在

五十週年的獻禮——經典名著文庫

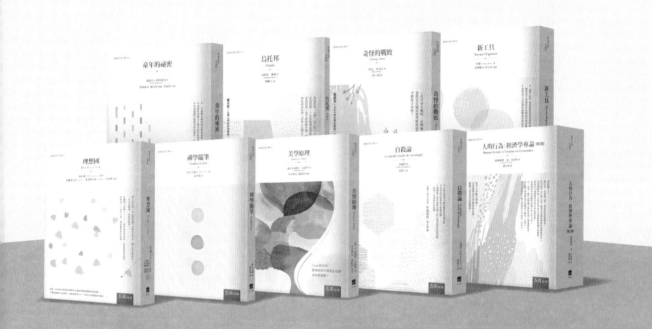

五南,五十年了,半個世紀,人生旅程的一大半,走過來了。

思索著,邁向百年的未來歷程,能為知識界、文化學術界作些什麼?

在速食文化的生態下,有什麼值得讓人雋永品味的?

歷代經典・當今名著,經過時間的洗禮,千錘百鍊,流傳至今,光芒耀人;

不僅使我們能領悟前人的智慧,同時也增深加廣我們思考的深度與視野。

我們決心投入巨資,有計畫的系統梳選,成立「經典名著文庫」,

希望收入古今中外思想性的、充滿睿智與獨見的經典、名著。

這是一項理想性的、永續性的巨大出版工程。

不在意讀者的眾寡,只考慮它的學術價值,力求完整展現先哲思想的軌跡;

為知識界開啟一片智慧之窗,營造一座百花綻放的世界文明公園,

任君遨遊、取菁吸蜜、嘉惠學子!